Xiaomi, Redmi & POCO

Der schnelle Einstieg in HyperOS 3

Verlag:
BILDNER Verlag GmbH
Bahnhofstraße 8
94032 Passau

http://www.bildner-verlag.de
info@bildner-verlag.de

ISBN: 978-3-8328-0738-2
Bestellnummer: 0755

Autoren: Andreas Lehner, Anja Schmid
Herausgeber: Christian Bildner

Druck: CPI Clausen & Bosse GmbH, Birkstr. 10, 25917 Leck

Bildquellen:
Cover: © Svitlana - stock.adobe.com
Seite 10: © realstockvector - stock.adobe.com

Einleitung

Machen Sie sich mit den wichtigsten Einstellungen, Apps und Einsatzmöglichkeiten Ihres neuen Xiaomi, Xiaomi Redmi, Redmi Note oder POCO-Smartphones vertraut. Wir starten mit der Einrichtung Ihres Gerätes, erklären grundlegende Einstellungen und zeigen Ihnen im Laufe des Buchs, wie Ihr Smartphone zum täglichen, hilfreichen Begleiter werden kann.

Was ist HyperOS?

HyperOS ist das Betriebssystem Ihres Smartphones. Es stellt die Plattform bereit, auf der Apps gespeichert und ausgeführt werden, und steuert zentrale Gerätefunktionen. Technisch basiert HyperOS auf dem Android Open Source Project (AOSP) sowie auf Xiaomis Vela-System und folgt damit einer hybriden Architektur. Aufgrund strenger Vorgaben und Einschränkungen für ausländische Apps und Software verfolgt Xiaomi in bestimmten Märkten das Ziel, sich mit eigenen Lösungen unabhängiger von Google zu machen – auch als Vorsorgemaßnahme gegenüber möglicher US-Sanktionen. Daher ist zu erwarten, dass sich HyperOS schrittweise weiter von Googles Android-Ökosystem entfernt. Für den europäischen Markt gilt jedoch: Google-Dienste und Android-Apps bleiben verfügbar. Mit HyperOS 3 legt Xiaomi den Fokus zusätzlich auf eine bessere Kompatibilität mit Apple-Geräten sowie auf die Vernetzung mit Smart-Home-Produkten und Elektroautos.

SIM-Karte kaufen

Neben dem Handy benötigen Sie noch eine SIM-Karte oder eSIM. Diese dient der Authentifizierung im Netz. Nur mit einer aktivierten SIM können Sie telefonieren, unterwegs im Internet surfen, also kurz Ihr Smartphone sinnvoll nutzen. Dieses Kapitel umreißt grob Ihre Möglichkeiten beim Kauf einer SIM-Karte, erhebt aber keinen Anspruch auf Vollständigkeit.

Grundsätzlich sind zwei Arten von Verträgen zu unterscheiden: Laufzeitvertrag und Prepaid. Sie können sich in einem der vielen Telekommunikationsgeschäften oder Elektrofachmärkten beraten lassen und dort einen Vertrag abschließen. Natürlich ist auch eine Bestellung im Internet möglich, dann erhalten Sie die SIM-Karte und die weiteren Informationen per E-Mail und Post. Letztendlich können Sie auch eine Prepaid-Karte in einem Supermarkt oder Elektrofachmarkt mitnehmen. Die meisten Unternehmen bieten sowohl Verträge mit einer Mindestlaufzeit als auch Prepaid-Tarife an.

Laufzeitvertrag: Hier entscheiden Sie sich für ein Angebot aus Datenvolumen (für Internet, WhatsApp etc.) und Kosten für Telefonate/SMS. Zusätzlich wird meist ein einmaliger Bereitstellungsbetrag fällig. Oftmals werden Telefonate und das Versenden von SMS als „Flat" ausgewiesen, d. h. egal wie viele Anrufe Sie tätigen oder SMS schreiben, diese sind mit dem Zahlungsbetrag abgegolten. Zusätzliche Kosten können dennoch anfallen, z. B. bei Telefonaten ins Ausland. Der Vertrag kann eine Mindestlaufzeit von maximal 24 Monaten haben. Erst nach Ablauf dieser Zeit wird eine Kündigung wirksam oder können Konditionen geändert werden. Der Vertrag kann auch die Bereitstellung eines neuen Smartphones alle paar Jahre beinhalten.

Prepaid-Karte: Hier fallen in der einfachsten Form keine fixen monatlichen Kosten an, es gibt also keine Grundgebühr, keinen Mindestumsatz und keine Vertragslaufzeit. Sie kaufen eine Art Starterpaket, das bereits ein Guthaben enthält. Dieses verbrauchen Sie dann für Telefonate (Abrechnung pro Minute), SMS und wenn Sie unterwegs im Internet surfen, WhatsApp benutzen etc. (Abrechnung des verbrauchten Datenvolumens). Auch hier zahlen Sie meist einen einmaligen Betrag für die SIM-Karte. Wenn das Guthaben verbraucht ist, besser kurz davor, laden Sie neues Guthaben auf. Dieser Vorgang kann auch automatisiert werden.

Darüber hinaus gibt es auch Mischformen, wie Prepaid- oder Postpaid-Verträge mit Telefonie- und SMS-Flatrate, die um Datenvolumenangebote erweitert werden können. Die Tarifoptionen gelten dann für die nächsten 4 Wochen und sind meist täglich kündbar. Damit ähneln sie dann schon mehr den Laufzeitvertragsangeboten.

Identifikationsverfahren

Beim Erwerb einer Prepaid-SIM-Karte müssen Sie sich mit einem Ausweisdokument identifizieren. Das ist gesetzlich vorgeschrieben und dient der Verbrechensbekämpfung. Wenn Sie die Karte in einem Mobilfunkgeschäft kaufen, können Sie das gleich vor Ort erledigen.

Wenn Sie eine Karte im Internet bestellen oder im Supermarkt kaufen, müssen Sie ein Identifikationsverfahren durchlaufen, bevor Sie die Karte nutzen können. Hierzu haben Sie entweder beim Kauf der Karte Informationen erhalten oder, wenn Sie die Karte online gekauft haben, wurden Ihnen diese via E-Mail zugesandt.

Erst nach erfolgreicher Identifikation wird die Karte aktiviert. Es ist auch möglich, dass die SIM-Karte erst nach einem positiven Identifikationsverfahren versendet wird.

Folgende Identifikationsverfahren gibt es:

- **Video-Ident:** Sie benötigen Computer, Laptop oder Tablet mit Webcam, Lautsprecher und Mikrofon, sowie eine gute Verbindung ins Internet. Sie haben einen Link erhalten, über den Sie im Browser einen Videochat öffnen. Im Video müssen Sie dem Mitarbeiter des Unternehmens Ihr Ausweisdokument zeigen.
- **Post-Ident in der Postfiliale:** Sie suchen eine Postfiliale auf, hier zeigen Sie das mitgelieferte Formular vor, das die Informationen zum Mobilfunkvertrag enthält, sowie Ihr Ausweisdokument.
- **Post-Ident mit Online-Ausweis:** Nach 2017 ausgestellte Personalausweise verfügen über eine Online-Ausweisfunktion, die im Bürgeramt aktiviert werden kann. Mit der vom Vertragspartner bereitgestellten Vorgangsnummer und der Postident-App bestätigen Sie anschließend Ihre Identität über die NFC-Schnittstelle Ihres Smartphones.
- **Partnershop:** Das Unternehmen hat einen Partnershop oder eigene Shops in denen Sie das Identifikationsverfahren durchführen können, auch wenn Sie die Karte nicht dort gekauft haben.

SIM-Karte

SIM-Karten gibt es in verschiedenen Größen: mini, micro und nano. Die derzeit gängigen Smartphones verwenden nano-SIM-Karten. Es ist möglich, dass Sie eine große Karte mit vorgestanzten Sollbruchstellen erhalten und Sie sich die passende Größe herausbrechen. Die neueste Errungenschaft - die **eSIM** - ist keine physische, auswechselbare Karte mehr, sondern ein fest verbautes Modul im Gerät. Die notwendigen Teilnehmerinformationen werden dann via Internet auf die eSIM übertragen. Danach kann das Handy ganz normal genutzt werden. Momentan verfügt jedoch noch nicht jedes Smartphone über eine eSIM-Option, aber viele neuere Modelle bieten diese Funktion mittlerweile an. Um zu prüfen, ob Ihr Xiaomi-Smartphone eSIM-fähig ist, geben Sie folgenden Code in der Telefon-App ein: ***#06#**

Erscheint unter Geräteinformationen eine EID-Nummer, wird eSIM unterstützt. Notieren Sie die hier angezeigte IMEI, ICCID und Seriennummer, da diese im Falle eines Diebstahls für die Ermittlungen der Polizei relevant sind.

PIN und PUK

Zusammen mit Ihrer SIM-Karte erhalten Sie eine PIN und einen PUK. Die SIM-Karten-PIN geben Sie ein, wenn das Smartphone neu gestartet wurde. Diese dürfen Sie nur dreimal falsch eintippen, dann ist die Karte gesperrt. In diesem Fall benötigen Sie den PUK, den Sie ebenfalls zusammen mit Ihrer SIM-Karte bekommen haben. Diesen meist achtstelligen Code müssen Sie dann eingeben, um Ihr Smartphone wieder zu entsperren.

Netzabdeckung

Ein guter Handyempfang am Wohnort ist wünschenswert. Leben Sie in einer Stadt, müssen Sie sich um die Netzabdeckung nicht so viele Gedanken machen; auf dem Land sieht das oft anders aus. Hier sollten Sie überprüfen, ob und in welcher Qualität das Mobilfunknetz des gewünschten Anbieters verfügbar ist. Mehr dazu gleich auf den nächsten Seiten.

Mobilfunkstandard 2G, 4G oder 5G – was ist das?

2G, 4G oder 5G sind Bezeichnungen für die verwendete Technologie zum Austausch von Daten über das Mobilfunknetz. Dabei bezeichnet die jeweils höhere Zahl einen schnelleren und zuverlässigeren Standard.

Vielleicht haben Sie auch schon von LTE gehört? 4G und LTE werden heute synonym verwendet, obwohl es sich genau genommen nicht um die gleiche Technologie handelt. Die Bundesnetzagentur gibt an, dass rund 97% der Fläche in Deutschland durch mindestens einen Netzbetreiber mit einem 4G-Netz versorgt sind; für das 5G-Netz sind es 91% (Stand Januar 2024). Es fällt auf, das 3G fehlt. Dieses Netz wurde sukzessive abgeschaltet (Die Telekom bietet es seit Mitte 2021 nicht mehr an). 2G wird nur noch zur Sicherheit zur Verfügung gestellt. Damit kann man zwar telefonieren, das Surfen im Internet ist aber kaum möglich.

Welchen Mobilfunkstandard Sie nutzen, hängt von folgenden Faktoren ab: Smartphone, Vertrag und Verfügbarkeit am aktuellen Standort. Jedes neue Smartphone nutzt momentan 4G, viele sind schon 5G-fähig. Der abgeschlossene Vertrag muss Ihnen den Zugang zum jeweiligen Netz ermöglichen. Zusätzlich muss das entsprechende Netz am Aufenthaltsort verfügbar sein. Das ist bei 5G noch nicht überall der Fall und selbst die 4G-Abdeckung ist bei einer Fahrt über Land nicht immer gegeben.

In Deutschland gibt es vier netzbetreibende Mobilfunkanbieter:

Betreiber & Netz	**Welcher Anbieter nutzt es auch:**
Deutsche Telekom (D1-Netz)	Congstar, Edeka, klarmobil, freenet
Vodafone (D2-Netz)	Lidl Connect, Otelo, freenet, 1&1
Telefónica Deutschland (O2-Netz)	Aldi Talk, Blau, klarmobil, Tchibo
1&1-Netz	1&1

Das 1&1-Netz befindet sich momentan im Aufbau. An Orten, wo keine 1&1-Antenne funkt, greift das Unternehmen aktuell noch auf das Vodafone-Netz zu. Viele Anbieter, wie beispielsweise freenet oder klarmobil, nutzen auch (je nach Vertrag) die Netze unterschiedlicher Betreiber.

Zur Überprüfung geben Sie beispielsweise die Suchbegriffe „Netzabdeckung Telekom" in Ihren Browser am Computer ein und rufen die passende Telekomseite auf (verfahren Sie analog mit den anderen Anbietern). Hier können Sie dann Ihre Adresse 1 eintippen, um die verfügbaren Mobilfunkstandards 2 an Ihrem Standort anzuzeigen.

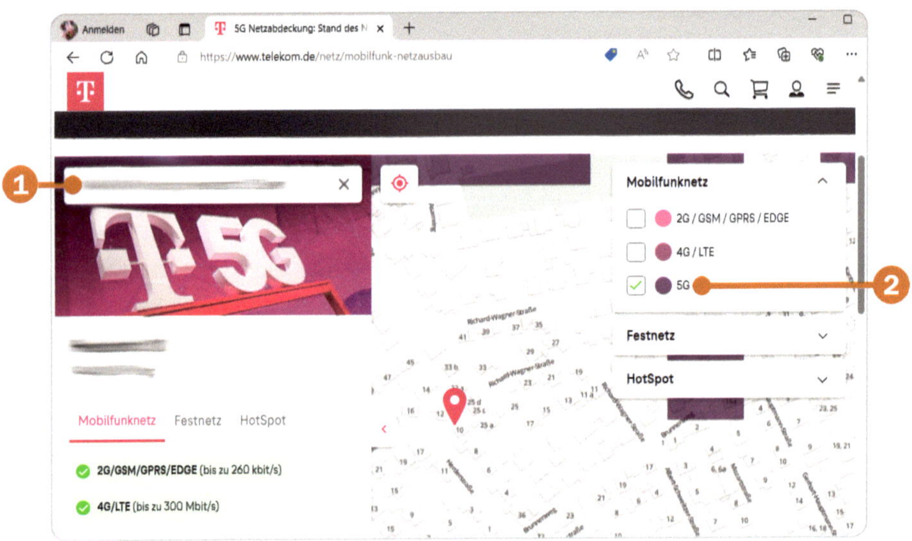

In diesem Beispiel sehen Sie, dass am eingegebenen Ort momentan noch kein 5G-Netz verfügbar ist. Das muss Sie nicht davon abhalten einen 5G-Vertrag abzuschließen, da Sie ja an anderen Orten davon profitieren und auch meist keine gesonderten Verträge für 5G und 4G angeboten werden.

Die Bundesnetzagentur stellt ebenfalls eine Übersicht zur deutschlandweiten Netzabdeckung zur Verfügung. Geben Sie dazu in Ihren Browser *Mobilfunk-Monitoring Karte* ein.

Auf der Webseite ist es möglich durch Auswahl der verschiedenen Netzbetreiber schnell anzuzeigen, welche Anbieter, was an Ihrem Standort zur Verfügung stellen. Im Beispiel ist zu sehen, dass der ausgewählte Mobilfunkanbieter am gewählten Ort noch kein 4G-Netz ③ zur Verfügung stellt. In diesem Fall sollten Sie überprüfen, ob ein anderer Anbieter hier vielleicht mehr kann.

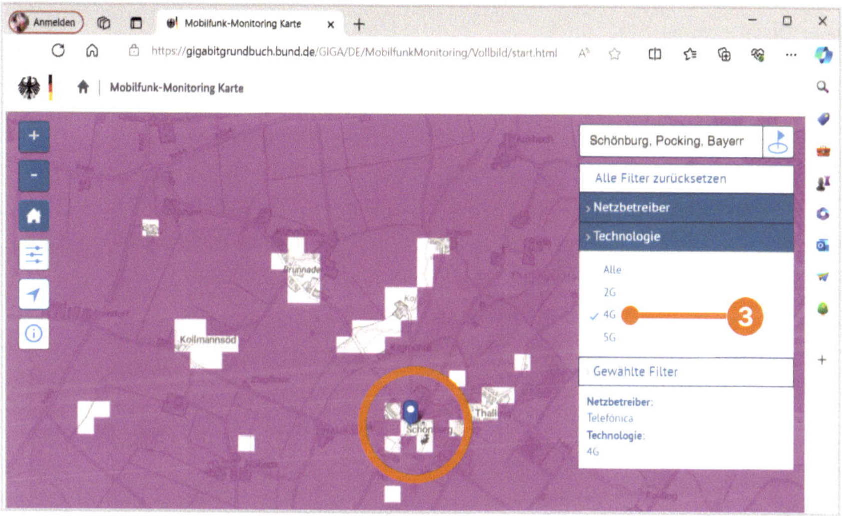

Nutzung von WLAN und mobilen Netzen

WLAN steht für Wireless Local Area Network, also ein kabelloses lokales Netzwerk. Für Zuhause haben Sie im Zuge eines Vertragsabschlusses mit einem Provider (z. B. Vodafone, Telekom, 1&1 etc.) wahrscheinlich einen Router (Internetzugang über die Telefonleitung) oder ein Kabelmodem (Internetzugang über eine TV-Kabelverbindung) erhalten und eingerichtet. Mit diesem Gerät verbinden Sie Ihr Smartphone, aber auch den Computer, Laptop oder das Tablet, und erhalten dadurch eine Verbindung zum Internet. Außerhalb eines WLANs verbindet sich das Smartphone über das Mobilfunknetz mit dem Internet (mobile Datenverbindung).

Mobiles Netz: Beim Erwerb der SIM-Karte wird Ihnen als Teil Ihres Vertrags ein bestimmtes Datenvolumen für den laufenden Monat zur Verfügung gestellt, z. B. 2 GB (ein Gigabyte), oder die Daten werden nach Nutzung abgerechnet. Sie verbrauchen Datenvolumen beispielsweise, wenn Sie **nicht** mit einem WLAN-Netzwerk verbunden sind und im Internet surfen oder WhatsApp verwenden. Sie nutzen dann eine mobile Datenverbindung. Wenn das festgelegte Datenvolumen aufgebraucht ist, ist die Nutzung der genannten Dienste zwar theoretisch noch möglich, aber praktisch zu langsam, da die Geschwindigkeit von den Anbietern „gedrosselt" wird. Manche Verträge sehen aber auch vor, dass das Datenvolumen für diesen Fall automatisch kostenpflichtig erweitert wird.

Da Ihr Datenvolumen entweder begrenzt ist oder Sie für dessen Nutzung entsprechend der verbrauchten Menge bezahlen, ist es besser, datenintensive Tätigkeiten im heimischen WLAN zu erledigen, z. B. YouTube-Videos anschauen, viele Fotos verschicken oder Updates durchführen. Natürlich gibt es auch Verträge, die Ihnen mit 25 GB oder sogar 50 GB ein sehr komfortables Datenvolumen zur Verfügung stellen. Dann müssen Sie nicht so sehr darauf achten. Allerdings würden wir Updates trotzdem im WLAN durchführen.

Nützliches Zubehör

Ladegerät: Wird Ihr Smartphone nur mit einem USB-C-Kabel oder nur mit einem Netzteil ausgeliefert und sollten Sie bisher noch kein passendes Gegenstück besitzen, das Sie weiterhin verwenden möchten, achten Sie beim Kauf eines neuen Kabels oder Netzsteckers darauf, dass diese Xiaomis Schnellla-de-Funktion unterstützen. Sie aktivieren diese in den *Einstellungen* unter *Akku* ▸ *Auflade-Optionen* ▸ *Kabelgebundenes Laden* ▸ *Beschleunigen*.

Hülle und Displayschutz: Schützen Sie Ihr Smartphone durch eine Hülle vor Schäden. Taschen und Schutzhüllen gibt es in allen Farben und Formen. Daneben gibt es auch Displayschutzfolien, die den Bildschirm gegen Kratzer und Bruch schützen und zusätzlichen Reflexionsschutz bieten können. Das blasenfreie Aufbringen der Schutzfolie kann unter Umständen Schwierigkeiten bereiten. Der Fingerabdrucksensor Ihres Smartphones befindet sich im Normalfall auf dem Display. In der Regel kann trotz Schutzfolie das Smartphone per Fingerabdruck entsperrt werden. Beim Einlesen des Fingerabdrucks kann eine Folie allerdings hinderlich sein.

Eingabestift: Wenn Ihnen die Fingereingabe über den Bildschirm Probleme bereitet, empfehlen wir einen Eingabestift. Er erleichtert die Auswahl kleiner Symbole enorm. Vorsicht! Auf dem Markt gibt es günstige Eingabestifte mit Metallspitze, die das Display zerkratzen können.

Haltegriff/Handyhalter: An der Rückseite des Handys kann zusätzlich ein Griff angebracht werden, der das einhändige Halten des Smartphones erleichtert.

Externer Akku/Powerbank: Auf Reisen hilft ein externer Akku. Wenn gerade keine Steckdose in der Nähe ist, können Sie das Handy so wieder aufladen.

Je nachdem, wie Sie Ihr Handy nutzen, gibt es eine Reihe weiterer Hilfsmittel, z. B. Objektive und Stative für Smartphonefotografen, KFZ- und Fahrradhalterung für diejenigen, die mit dem Handy navigieren oder Bluetoothlautsprecher bzw. -kopfhörer für Musikliebhaber.

Über dieses Buch

- Befehle und Bezeichnungen von Schaltflächen sind zur besseren Unterscheidung farbig und kursiv hervorgehoben, zum Beispiel: Öffnen Sie die Smartphone-*Einstellungen*.
- Die Nummerierungen ❶ im Text beziehen sich in der Regel auf die darunter aufgeführten Bilder. Auf Ausnahmen wird hingewiesen.
- Die meisten Möglichkeiten, um das Smartphone an Ihre Wünsche anzupassen, finden Sie in der App *Einstellungen* ⚙. Daneben verfügen auch einzelne Apps über einen Bereich für Anpassungen. Dieser wird in der Regel ebenfalls als Einstellungen bezeichnet und oft auch durch ein Zahnradsymbol visualisiert. Deshalb fügen wir zur besseren Unterscheidung für die App *Einstellungen* das Symbol ⚙ ein.
- Der Glossar bietet Hilfe, wann immer Sie im Text einen Begriff nicht verstehen.
- Das Xiaomi Betriebssystem HyperOS und die installierten Apps werden laufend aktualisiert. Das kann zu Abweichungen von den hier gezeigten Inhalten führen.

Für weiterführende Informationen rund um Smartphones besuchen Sie auch unseren YouTube-Kanal **BILDNER.TV**.

Spickzettel

Schnelle Bedienungshilfen für das Smartphone.

Wichtige Bedienungsschritte haben wir für Sie auf Spickzetteln zusammengefasst. Ausführliche Erläuterungen finden Sie selbstverständlich auch im Buch. Die Spickzettel helfen, wenn Sie schnell etwas nachschauen möchten. Damit sie leicht zu finden sind, haben wir sie an den Anfang des Buchs gesetzt.

Auf den nächsten Seiten finden Sie Kurzanleitungen für folgende Themen:

1 Fingersteuerung

Tippen = Öffnen

Einmaliges, kurzes Tippen auf eine App, auf ein Symbol oder einen Menüeintrag ▶ öffnet die App, öffnet ein Auswahlmenü oder zeigt ein Untermenü an.

Tippen und halten = Kontextmenü anzeigen

Tippen und den Finger auf dem Bildschirm bzw. einer App halten ▶ öffnet ein Menü (Kontextmenü), welches Befehle anzeigt, die für das angetippte Element zur Verfügung stehen.

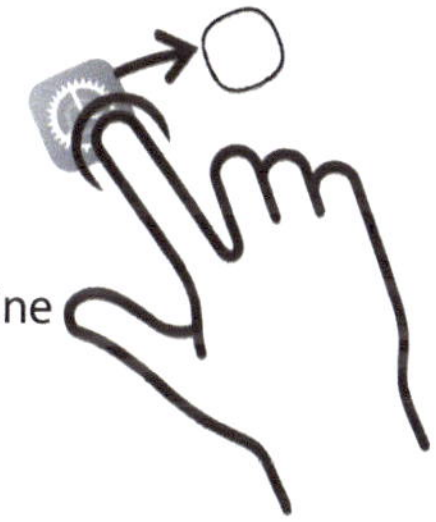

Tippen, halten und ziehen = Verschieben

Das App-Symbol antippen, gedrückt halten und an eine Position ziehen ▶ App verschieben.

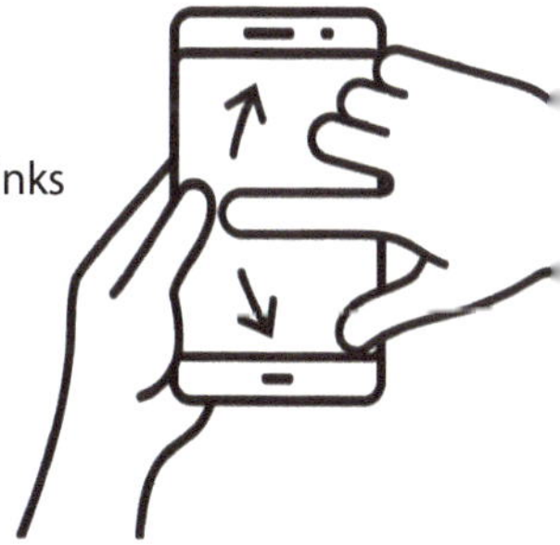

Wischen = Blättern, auch scrollen genannt

Mit dem Finger von unten nach oben bzw. von rechts nach links und natürlich auch jeweils umgekehrt über das Display streichen ▶ blättern zwischen verschiedenen Seiten oder Bildschirmen.

Zwei Finger auseinander ziehen = vergrößern, auch zoomen genannt

Ziehen Sie auf dem Bildschirm zwei Finger auseinander ▶ der angezeigte Inhalt wird vergrößert. Beim Zusammenziehen der Finger wird der Inhalt wieder verkleinert.

❷ Kleine Taschenlampe brenn!

Wahnsinnig praktisch, wenn man draußen im Dunkeln mal schnell ein Licht benötigt, ist die Funktion Taschenlampe. Sie gehört zu den Schnelleinstellungen.

1 Wischen Sie vom oberen Rand über den Bildschirm und zeigen Sie die Schnelleinstellungen an. Das Symbol befindet sich in der obersten Zeile rechts ❶.

2 Tippen Sie auf die Taschenlampe, um diese zu aktivieren. Diese wird gelb hinterlegt ❷.

3 In den *Einstellungen* ▶ *Weitere Einstellungen* ▶ *Gesten-Kurzbefehle* können Sie unter *Lampe einschalten* ❸ festlegen, die Taschenlampe durch doppeltes Drücken der Funktionstaste ein- und auszuschalten.

Über den gleichen Weg schalten Sie die Taschenlampe wieder aus.

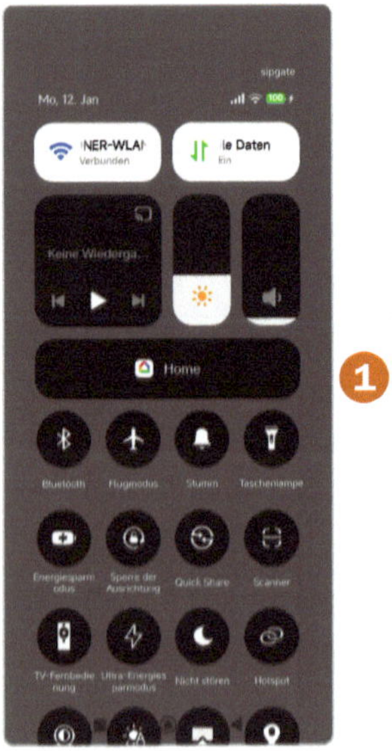

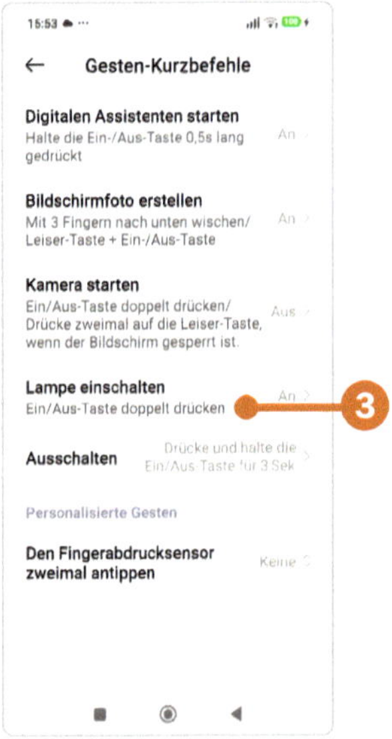

Weitere Informationen finden Sie auf Seite 61.

3 Die Sprache der Apps verstehen

Apps haben ihre eigene Sprache. Wenn Sie diese verstehen, können Sie sich schnell auch in neuen Anwendungen zurechtfinden. Folgende Befehle werden immer durch ähnliche grafische Darstellungen gekennzeichnet.

Befehl	Symbol
Suchfunktion	
Menü: Anzeige von weiteren Bearbeitungsbereichen, z. B. Einstellungen oder Konto	 , oder
Teilen, Inhalte der App versenden via E-Mail, WhatsApp etc., auf einem Cloud-Speicher ablegen oder in eine andere Anwendung laden	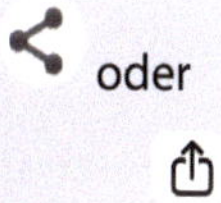 oder
Löschen des markierten Elements	
Einstellungen der App aufrufen	
Schließen, z. B. eingeblendete Werbung	
Chat: Nachricht schreiben	
Kontaktinformationen hinterlegen oder einfügen	
Wecker oder Erinnerung ist aktiv	
Warenkorb/Einkaufswagen	
Favoriten: Das markierte Element kann als Favorit festgelegt werden und wird dadurch gesondert angezeigt.	
Video starten	
Video pausieren	
Kalender anzeigen	

Befehl	**Symbol**
Brief/E-Mail	
Dreieck mit Ausrufezeichen: Warnung	
Datei anhängen	
Anzeigen, z. B. eines Kennworts, und wieder verstecken	
Cloud (Wolke): zusätzlicher externer Speicherplatz	
Standortermittlung (GPS-Ortung) benötigen viele Apps, um passende Informationen bereitzustellen, z. B. Wetter.	
Offlinemodus, Schlafmodus oder Flugmodus: Alle Netzverbindungen, WLAN und Bluetooth werden deaktiviert.	
Home: Startseite der App	
Über die Glühbirne erhalten Sie Tipps oder weitere Infos.	
Durch Antippen des Häkchens bestätigen Sie eine Eingabe.	
Stift-Symbol: Bearbeiten eines Eintrags	
Neue Benachrichtigung	
Download: Mit einem Pfeil-Symbol nach unten laden Sie meistens etwas herunter.	
Weitere Informationen	
Oranger Punkt an einem Eintrag: Hier gibt es eine oder mehrere Neuigkeiten. Tippen Sie den Eintrag an oder öffnen Sie das Menü, um zu erfahren, was los ist.	
Streamen, also das Übertragen von Inhalte auf anderen Bildschirm entweder via Chromecast oder Miracast.	
Mit Sternen markierte Einträge deuten auf KI-Funktionen hin	
Spracheinstellungen	

4 Freunde anrufen

1 Öffnen Sie die App *Telefon* und wählen Sie unten *Kontakte* 1 aus.

2 Tippen Sie auf die Kontaktdaten der Person, die Sie anrufen möchten. Dadurch wird die Telefonnummer 2 des Kontakts angezeigt.

3 Tippen Sie auf das Telefonsymbol 3, um den *Anruf* zu starten.

4 Die Person wird angerufen. Durch Antippen des roten Hörers 4 beenden Sie das Gespräch.

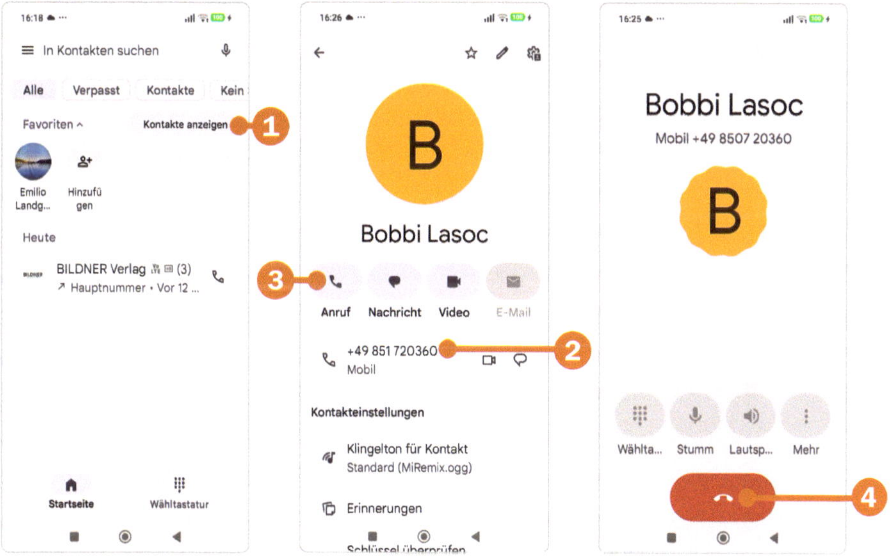

Um eine Telefonnummer einzugeben, tippen Sie auf *Wähltastatur* unten rechts. Dadurch wird ein Ziffernblock eingeblendet.

Weitere Informationen finden Sie ab Seite 105.

5 In WhatsApp chatten

1 Öffnen Sie WhatsApp. Tippen Sie den Chat mit der Person an ❶, der Sie eine Nachricht schreiben möchten. Falls Sie sich mit einem Freund noch nicht ausgetauscht haben, tippen Sie auf *Neue Nachricht* ❷ und wählen dann den gewünschten Kontakt ❸ aus.

2 Tippen Sie in das Nachrichtenfeld und geben Sie Ihre Antwort ein. Über das Büroklammer-Symbol und Auswahl von *Galerie* können Sie auch ein Bild, ein Dokument oder eine Datei verschicken. Mit fügen Sie Emojis oder Sticker ein.

3 Tippen Sie auf *Senden* ❹.

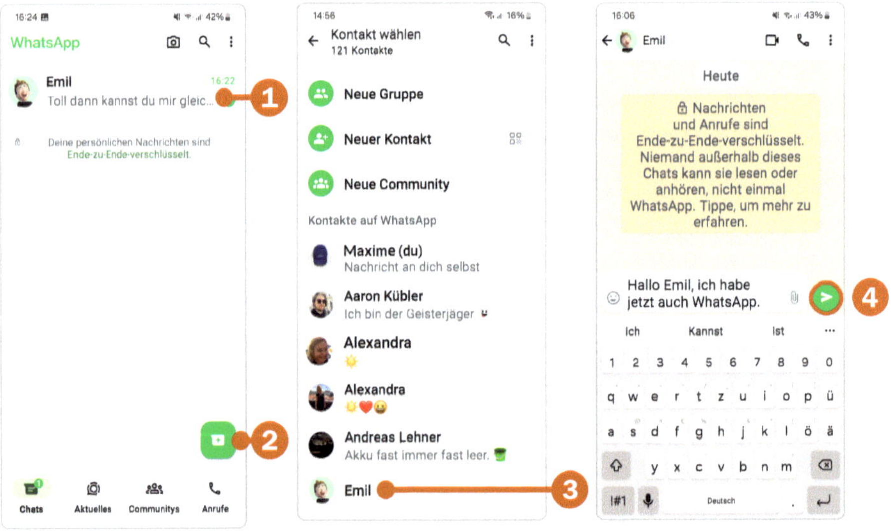

Weitere Informationen finden Sie ab Seite 121.

6 Videotelefonat in WhatsApp

1 Zeigen Sie den Chat mit der Person an, die Sie anrufen möchten. Tippen Sie oben rechts auf das Videosymbol ❶.

2 Am bequemsten ist es, wenn Sie das Handy auf dem Tisch an etwas anlehnen; vielleicht können Sie auch etwas zweckentfremden, z. B. einen Notenständer. Achten Sie darauf, dass die Frontkamera nicht verdeckt wird.

3 Zunächst sehen Sie sich selbst auf dem Bildschirm des Smartphones. Nachdem der Angerufene das Gespräch angenommen hat, erscheint dieser groß auf dem Bildschirm. Wenn Sie etwas in Ihrer Umgebung zeigen möchten, können Sie mit *Kamera wechseln* von der Frontkamera zur Hauptkamera wechseln.

4 Durch Antippen des roten Hörers ❷ beenden Sie das Gespräch.

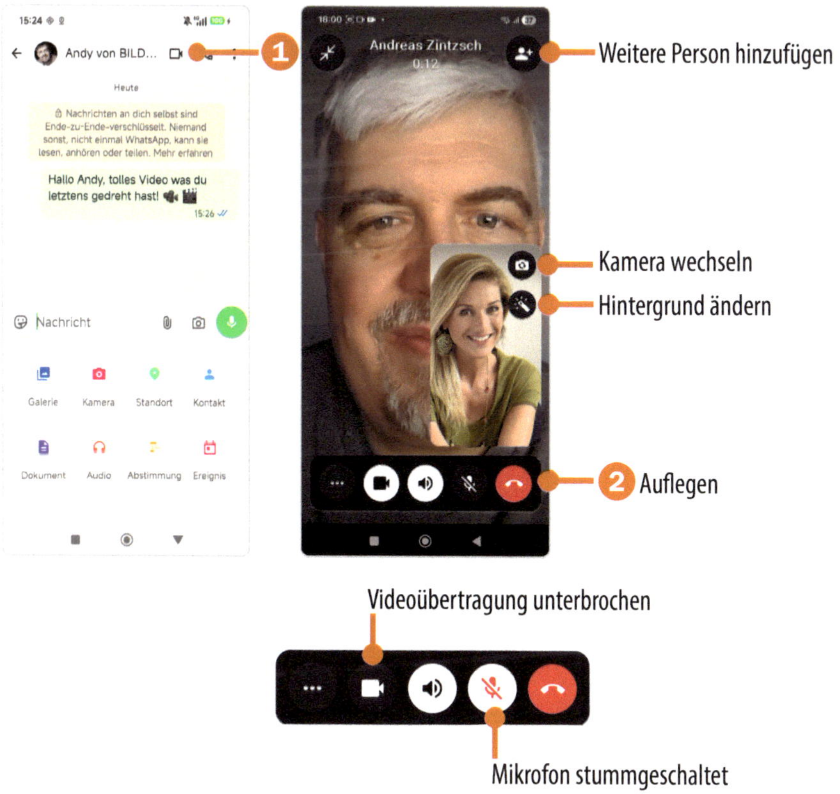

Weitere Informationen finden Sie ab Seite 121.

7 Foto knipsen

1 Öffnen Sie die App *Kamera* . Der Aufnahmemodus *Foto* ❶ ist ausgewählt.

2 Richten Sie das Smartphone auf das Motiv und wählen Sie das passende Objektiv ❷.

3 Tippen Sie mit dem Finger auf den Teil des Motivs, auf den scharf gestellt werden soll ❸.

4 Tippen Sie auf den Auslöser ❹.

5 Sie sehen, dass die Aufnahme funktioniert hat, wenn das geknipste Foto als Vorschaubild ❺ erscheint.

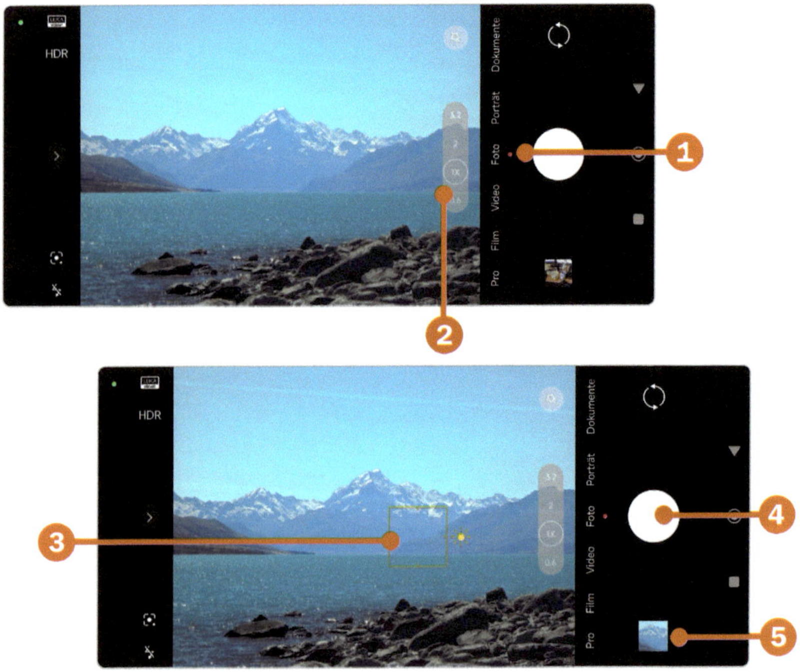

Weitere Informationen finden Sie ab Seite 128.

8 Foto verschönern und versenden

1 Zeigen Sie das Bild in der App *Galerie* an und tippen Sie auf das Stift-Symbol ❶.

2 Wählen Sie unter *Anpassen* Farbverbesserungen oder direkt einen fertigen *Filter* ❷ aus und tippen Sie rechts oben auf *Speichern* ❸.

3 Tippen Sie dann auf das Symbol für *Senden* ❹. Es stehen verschiedene Optionen zur Verfügung. Hier lässt sich mit ✦ eine zusätzliche *Verschönerung* direkt vor dem Absenden vornehmen. Das Foto können Sie dann z. B. via Gmail, WhatsApp, Quickshare oder MMS/RCS (Messages) verschicken. Allerdings kann der Versand als MMS zusätzliche Kosten verursachen. Wir wählen hier *Gmail* ❺, also den Versand als E-Mail-Anhang.

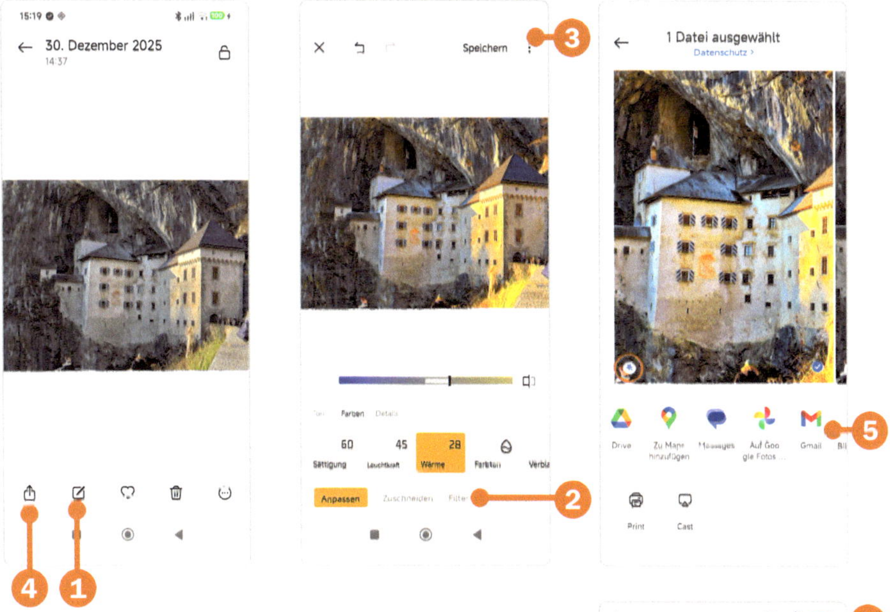

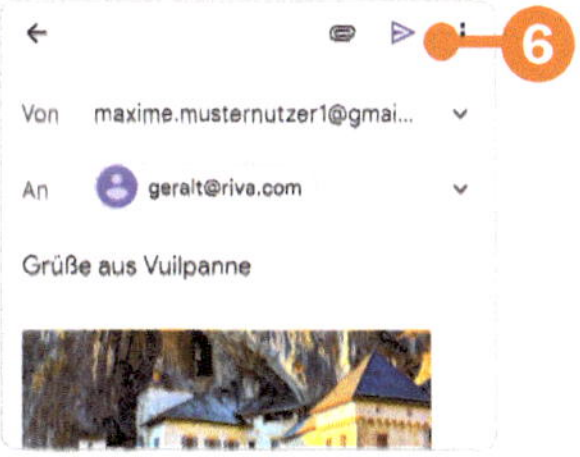

4 Geben Sie dann in Gmail die Empfängeradresse, einen Betreff, eine kurze Nachricht ein und tippen sie auf *Senden* ❻.

Weitere Informationen finden Sie ab Seite 50.

9 Termin eintragen

1 Öffnen Sie die App **Kalender** . Die Darstellung des Kalenders (Monat, Woche, Tag etc.) ändern Sie über das Menü ≡ links oben. Tippen Sie auf das Plus-Symbol ❶.

2 Wählen Sie *Termin* aus und geben Sie bei *Titel hinzufügen* eine Bezeichnung ❷ ein. Tippen Sie darunter auf das Datum, um das passende Datum auszuwählen und bestätigen Sie mit OK.

3 Wenn Sie nicht alle Eingabefelder sehen, ziehen Sie den Eingabebereich nach oben. Tippen Sie auf die Uhrzeit ❸ und geben Sie den Beginn und ggf. das Ende des Termins ein. Falls keine Uhrzeit zur Verfügung steht, wird der Termin momentan als *Ganztägig* angezeigt. Tippen Sie auf den Schalter bei *Ganztägig*, um diese Option abzuschalten.

4 Tippen Sie auf *Speichern* ❹. Im Bild unten wird der Termin in der Ansicht *Terminübersicht* angezeigt.

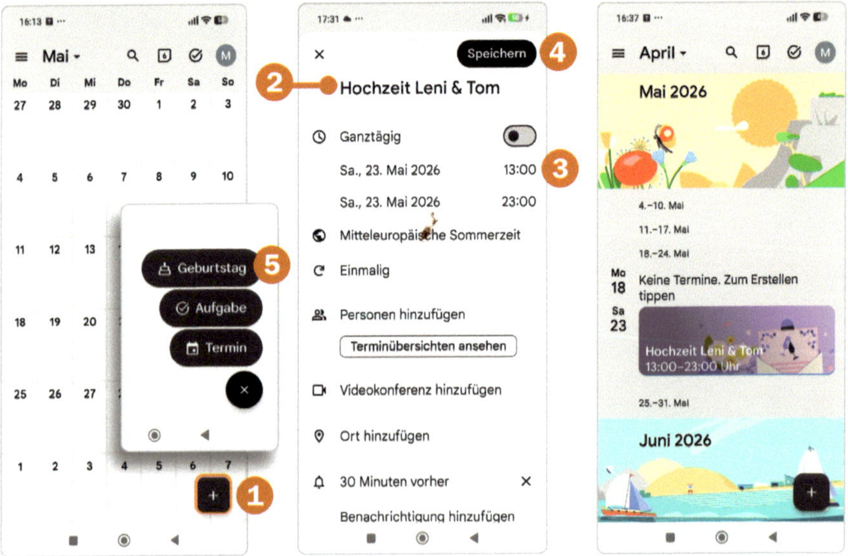

Tipp: Im Kalender können auch Geburtstage eingetragen werden, dann wählen Sie anstelle des Termins einfach die Eingabeoption *Geburtstag* ❺. Durch diese Auswahl wird eine Serie erstellt, Sie müssen also nicht jedes Jahr erneut den Geburtstag eintragen, dies geschieht automatisch.

Weitere Informationen finden Sie ab Seite 149.

10 Alarm für den nächsten Morgen

1 Öffnen Sie die App **Uhr** und zeigen Sie den Bereich *Wecker* ❶ an.

2 Falls schon ein Alarm vorhanden ist, dessen Weckzeit passt, ziehen Sie den Regler ❷ auf die Position *Ein*.

3 Sonst tippen Sie auf das Plus-Symbol ❸ und stellen die neue Weckzeit ein. Tippen Sie auf das Häkchen ❹, um den Alarm einzuschalten.

4 Oben wird angezeigt, in wie viel Stunden und Minuten ❺ der Wecker ertönen wird. So können Sie verifizieren, dass der Wecker korrekt eingestellt wurde.

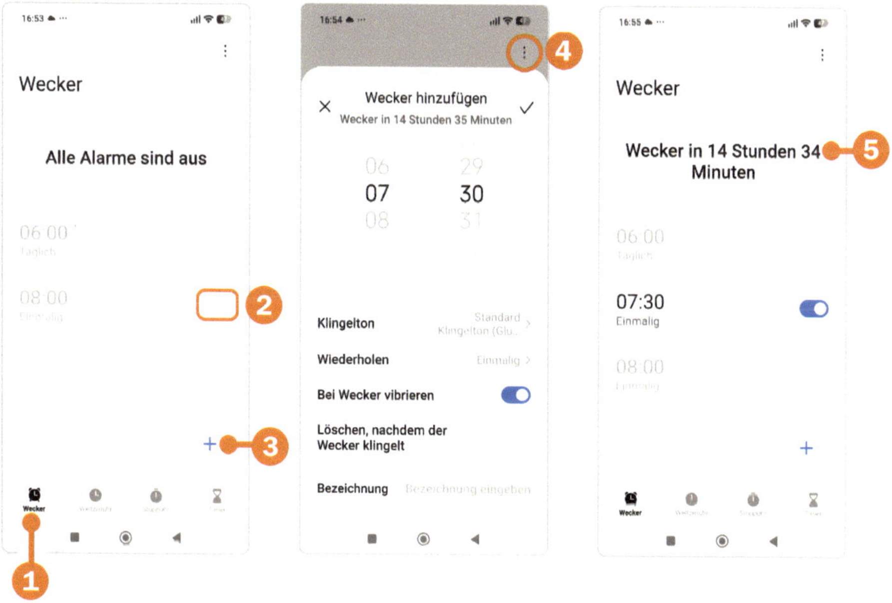

Weitere Informationen finden Sie ab Seite 154.

Bedienelemente am Gehäuse

> Wenn der Bildschirm schwarz ist, drücken Sie kurz die Funktionstaste, um diesen zu aktivieren.

1 Handy einrichten und loslegen

Wenn Sie Ihr neues Smartphone gerade aus seiner Schachtel befreit haben, dann gibt es jetzt einiges zu tun: SIM-Karte einlegen, Verbindung mit einem WLAN herstellen und Konto einrichten. Vielleicht wurde das alles schon für Sie erledigt, dann können Sie die nächsten beiden Kapitel überspringen und gleich auf Seite 40 fortfahren.

Diese Dinge sollten Sie zur Hand haben, bevor Sie mit der Einrichtung Ihres Smartphones beginnen:

- SIM-Karte mit PIN
- Name Ihres WLANs und Kennwort
- Benutzername und Passwort für das Google-Konto. Falls Sie eine E-Mail-Adresse wie etwa *beispielname@gmail.com* oder *beispielname@googlemail.com* verwenden, dann haben Sie ein Google-Konto und können diese Adresse nutzen.

1.1 SIM-Karte einlegen und Einrichtung starten

- **SIM-Karte:** Laden Sie ggf. den Akku Ihres Handys zuerst auf und legen Sie dann eine SIM-Karte ein. Dazu verwenden Sie den mitgelieferten Schlüssel und stecken diesen in das kleine Loch des Kartenhalters. Dadurch wird dieser entriegelt und kann entnommen werden. Achten Sie darauf, nicht aus Versehen den Schlüssel in die Mikrofonöffnungen zu stecken. Diese sehen zwar genauso aus, wie die Entriegelungsöffnung des Kartenhalters, sind allerdings außerhalb der Abdeckung des SIM-Karten-Slots. Meist können bis zu zwei Nano-SIM-Karten oder eine Nano-SIM-Karte sowie bisweilen eine microSD-Karte eingelegt werden. Die micro-SD-Karte bietet zusätzlichen Speicherplatz. SIM-Karte und Kartenhalter haben eine abgeschrägte Ecke; daran erkennen Sie, wie die Karte eingelegt werden muss.

- Drücken Sie zum Erststart die Funktionstaste länger und geben Sie, falls erforderlich, Ihre PIN (vierstellige Zahl, die Sie mit der SIM-Karte erhalten haben) ein. Tippen Sie auf → und wählen Sie Ihre **Sprache** aus.
- Tippen Sie zum Fortfahren *Weiter* und wählen Sie nun Ihr **Land**.

- **Geschäftsbedingungen:** Bevor Sie die Geschäftsbedingungen akzeptieren, können Sie durch Antippen von *Nutzervereinbarung* und *Datenschutzerklärung* diese Informationen anzeigen und durchlesen. Mithilfe des Pfeilsymbols oben links gelangen Sie dann wieder zur vorigen Seite. Setzen Sie anschließend den Haken ❶ und tippen Sie auf *Weiter*.
- **Mit einem anderen Gerät einrichten:** Sollten Sie bereits ein anderes Smartphone oder Tablet besitzen, so können Sie Ihr neues Xiaomi-Handy auch mithilfe dessen einrichten, um die Einstellungen, Konten und vieles mehr von diesem Gerät zu übernehmen. Weiterführende Informationen finden Sie ab Seite 187. Folgend gehen wir davon aus, dass es sich um Ihr erstes Gerät handelt. Tippen Sie also auf *Überspringen*.

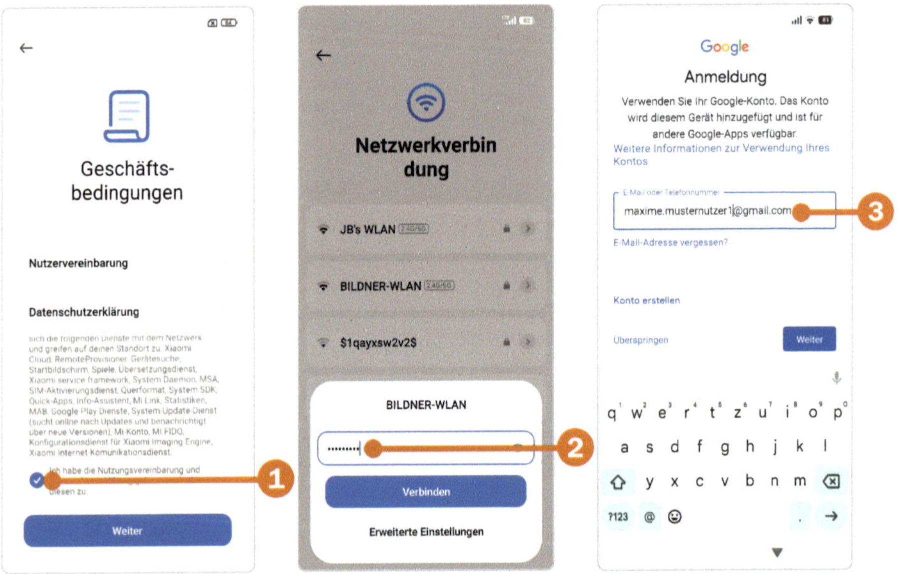

- **WLAN:** Im nächsten Schritt verbinden Sie das Smartphone mit Ihrem WLAN. Hierzu tippen Sie aus der Liste der vorhandenen Netze auf den Namen Ihres WLANs und geben das Passwort ❷ ein. Tippen Sie dann auf *Verbinden*. Nach Verbindungsaufbau wird das Netzwerk blau hinterlegt. Tippen Sie auf *Weiter*. Mit ← gelangen Sie einen Schritt zurück.
- Möglicherweise müssen Sie während der Einrichtungsprozesses bestätigen, ob Sie das Telefon für sich selbst oder Ihr Kind einrichten.
- **Konto hinzufügen:** Über das Google-Konto laden Sie Apps im Play Store herunter oder sichern Ihre Daten online. Falls Sie bereits ein Google-Konto haben, geben Sie zunächst die E-Mail-Adresse ein ❸, tippen

auf *Weiter*, tragen dann das Passwort ein und tippen erneut auf *Weiter*. Wenn Sie Fragen zur Tastatur haben, blättern Sie auf Seite 51. Falls Sie noch kein Google-Account besitzen, tippen Sie auf *Konto erstellen*. Wie man ein Google-Konto erstellt, erfahren Sie auf Seite 36.

- **Nutzungsbedingungen:** Im nächsten Schritt müssen Sie durch Anklicken von *Ich stimme zu* den Google-Nutzungsbedingungen zustimmen. Anschließend werden Ihr Kontoinformationen abgerufen.
- Danach entscheiden Sie, ob Sie Ihre Handynummer für dieses Google-Konto hinterlegen möchten. Wenn Sie beispielsweise das Passwort für Ihr Gmail-Konto vergessen haben, kann Google Ihnen einen Bestätigungscode via SMS auf Ihr Handy schicken. So erhalten Sie wieder Zugriff auf das Konto. Wischen Sie von unten nach oben und wählen Sie entweder *Ja, ich stimme zu* oder *Überspringen* aus.
- **Apps & Daten kopieren:** In diesem Schritt erhalten Sie nochmals die Möglichkeit Apps, Fotos und weitere Dateien von einem alten Gerät zu übertragen. Tippen Sie auf *Nicht kopieren* ❹, um dies zu überspringen.

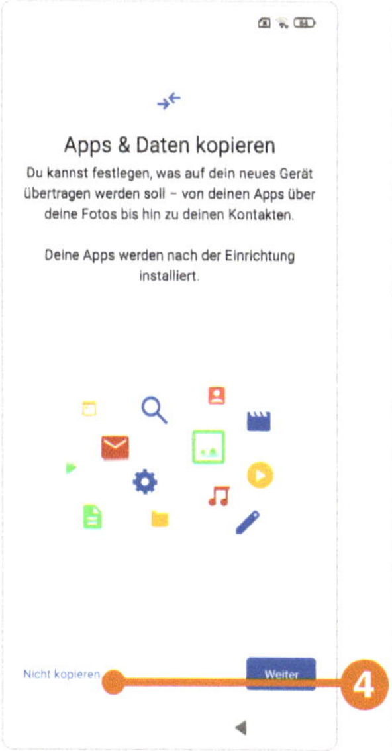

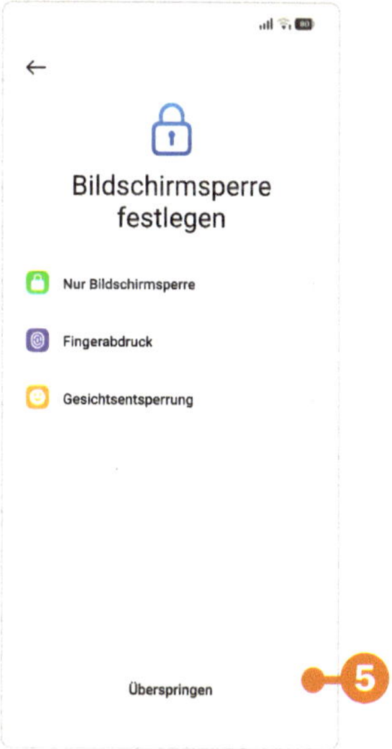

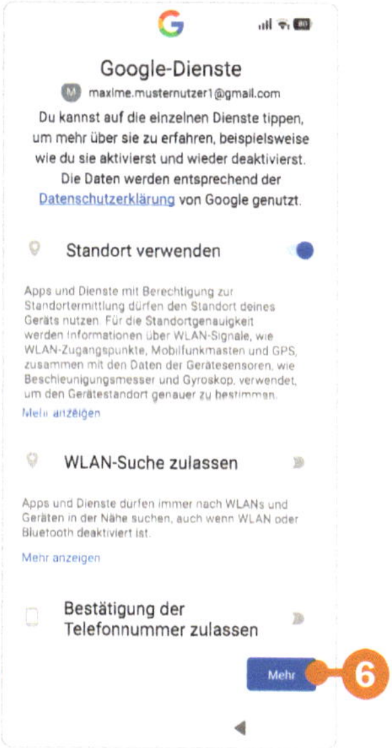

Im Bild rechts wird die Standortermittlung erlaubt - der Schalter ist auf Ein. Die WLAN-Suche als auch die Bestätigung der Telefonnummer sind nicht zugelassen - der Schalter dahinter ist auf Aus.

- **Entsperrmethode:** Bei *Bildschirmsperre festlegen* bestimmen Sie die Entsperrmethode Ihres Smartphones, z. B. ein Passwort, das Sie eingeben müssen, bevor Sie das Smartphone verwenden können. Wir wählen hier zunächst unten *Überspringen* ❺ aus. So haben Sie es direkt nach der Einrichtung leichter, das Gerät zu nutzen, um etwas Geläufigkeit zu gewinnen. Dennoch sollten Sie **unbedingt** zeitnah eine Bildschirmsperre aktivieren. Wie das geht, lesen Sie in Kapitel 2.1 ab Seite 69.
- **Google-Dienste:** Nun werden Sie aufgefordert, einzelnen *Dienste* zu zuzustimmen. Die *Standortermittlung* (Position des Smartphones via GPS) können Sie bedenkenlos erlauben, da sich diese jederzeit über die Schnelleinstellungen deaktivieren lässt. Viele Apps, wie Wetter, Google Suche oder Maps nutzen diese Standortinformationen, um Ihnen passgenaue Informationen anzubieten. Mit *WLAN-Suche zulassen* verbessern Sie das Ergebnis der Standortermittlung ein wenig, jedoch suchen Apps dann auch bei ausgeschaltetem WLAN nach Netzwerken.

  Alle Einstellungen, die Sie hier treffen, können auch nachträglich nochmals geändert werden. Wischen Sie von unten nach oben über das Display oder tippen Sie auf *Mehr* ❻ um die einzelnen Einträge anzuzeigen. Tippen Sie auf die einzelnen Schalter, um diese auszuschalten bzw. einzuschalten und anschließend auf *Akzeptieren*.
- **Gerätedaten sichern:** Im nächsten Schritt wählen Sie aus, ob Sie Daten bei Google sichern möchten. Der Speicherung von *Weiteren Gerätedaten* ❼ können Sie zustimmen. Bei *Fotos & Videos* sollten Sie jedoch bedenken, dass Ihnen nur 15GB freier Kontospeicherplatz in der Google-Cloud zur Verfügung steht und dieser lieber für E-Mails, das WhatsApp-BackUp, wichtige Dokumente sowie für andere Datei-Sicherungen "aufgespart" werden sollte statt automatisch jeden Schnappschuss hochzuladen.
- **Browser und Suchmaschine:** Wählen Sie nun sowohl einen *Standard-Browser* als auch *-Suchanbieter* aus. Der Browser ist jene Anwendung, mit der Sie im Internet Webseiten betrachten, mit der Suchmaschine werden Ihre Suchanfragen verarbeitet. Wir schlagen vor, dass Sie hier *Google* ❽ antippen und dann mit *Als Standard festlegen* bestätigen.
- Zwischenzeitlich erscheint möglicherweise die Meldung, ob Sie die weitere Einrichtung auf später verschieben möchten. Sie haben dann die Wahl zwischen *Jetzt aufhören und mich später erinnern*, um die Einrichtung zu einem späteren Zeitpunkt abzuschließen oder mit *Weiter* die letzten Schritte der Einrichtung durchzuführen. Wählen Sie *Weiter*.

- Im Anschluss erhalten Sie Informationen zum KI-Assistenten von Google, genannt **Gemini**. Mit ihm können Sie via Sprachbefehl verschiedene Funktionen am Smartphone aufrufen und ausführen. Wenn Sie Gemini und die Funktionen der sogenannten künstlichen Intelligenz noch nicht direkt sofort nutzen möchten, lässt sich dies auch später jederzeit noch aktivieren, siehe Seite 44. Um die Aktivierung jetzt abzulehnen, tippen Sie zuerst auf *Weiter* und dann auf *Nein, danke*. 9

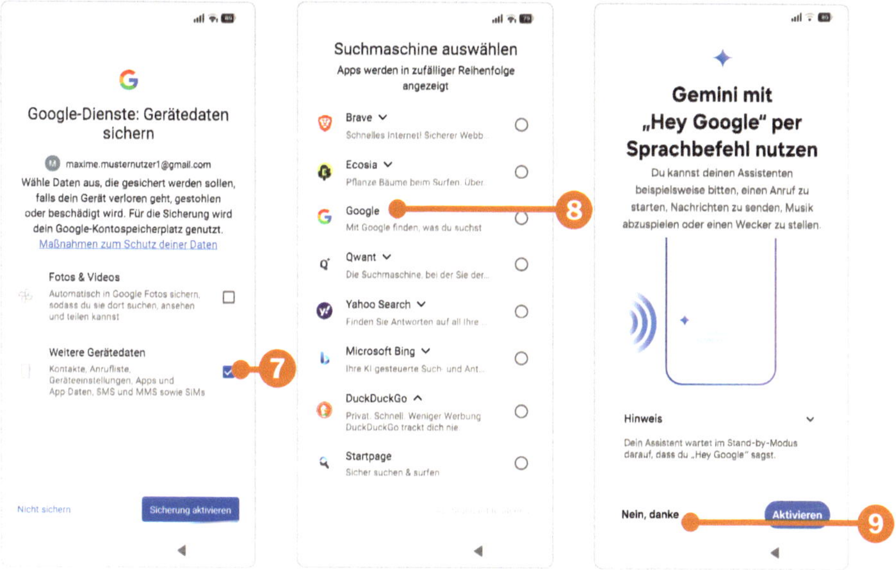

- Im nächsten Schritt können Sie weitere Dienste erlauben, wie das Senden von Kontaktdaten an Google zur leichteren Quickshare-Nutzung oder das Einrichten von *Google Pay* für kontaktloses Bezahlen. Mit *Überspringen* lehnen Sie diese Vorschläge ab, sofern Sie sie nicht nutzen möchten. Alle angebotenen Maßnahmen können auch später noch vorgenommen werden und wir besprechen im Laufe des Buchs die meisten davon. Also keine Notwendigkeit das jetzt schon zu entscheiden; tippen Sie auf *Nein danke* 10 (siehe nächste Seite).

Falls Sie Google Pay nutzen möchten, um mit der NFC-Schnittstelle Ihres Smartphone an der Kasse zu zahlen oder Eintrittskarten zu speichern, empfehlen wir Ihnen unser Einrichtungsvideo zum digitalen Portemonnaie *Google Wallet* auf BILDNER.TV: **https://youtu.be/pBwSXW7fzcQ**

- Unter *Sonst noch etwas?* (11) können Sie weitere Mail-Konten hinzufügen, die Textanzeige oder den Hintergrund ändern sowie weitere Apps herunterladen. Auf dies alles gehen wir im Buch später noch ein, daher können Sie hier vorerst auf *Nein danke* tippen.

- Nun müssen Sie sich noch um einige von sogenannte Grundeinstellungen von Xiaomi kümmern. Sie können die Optionen *Standort* mithilfe des dahinterliegenden Reglers deaktivieren. Einige Apps benötigen den Standort, um die gewünschten Ergebnisse zu erbringen, dazu gehören beispielsweise alle Navigationsapps. Wird der Standortzugriff benötigt, fordert das die App beim Aufrufen ein (siehe dazu Seite 64), Sie müssen dies also nicht bereits im Voraus für alle möglichen Apps bestätigen. *Nutzungs- und Diagnosedaten senden*, *Werbung personalisieren* und *Programm zur Benutzererfahrung* (12) können Sie ebenfalls deaktivieren. Tippen Sie dann auf *Weiter*.

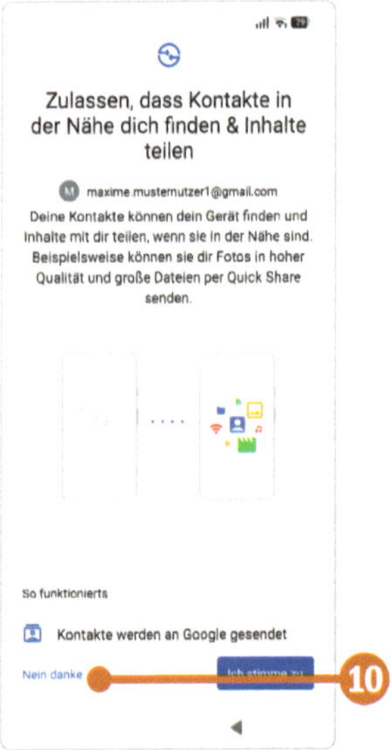

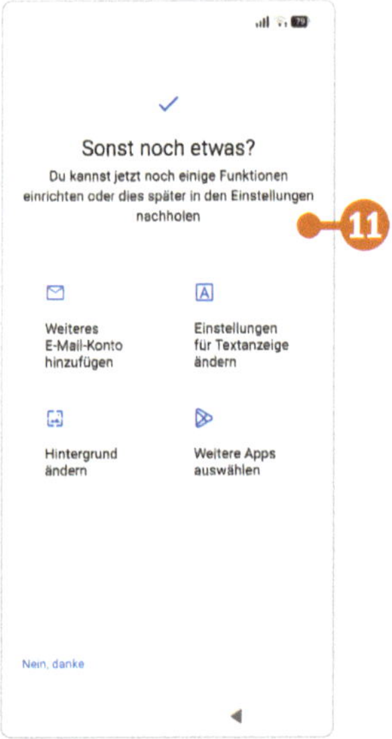

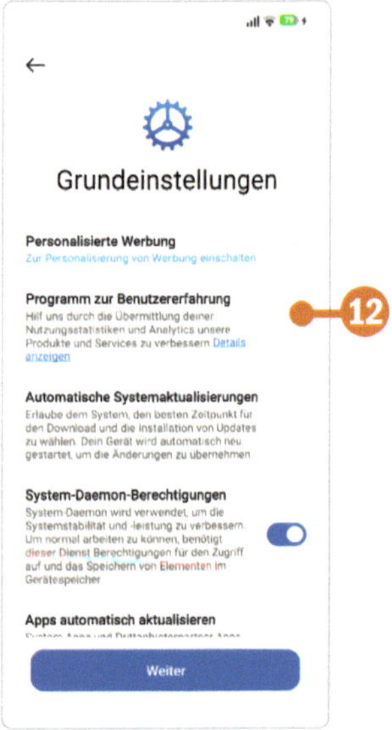

- Entscheiden Sie sich für eine der beiden angebotenen Schrifteinstellungen (13). Sie können später in der *Themen*-App auch noch zwischen weiteren Schriftarten auswählen. Mehr dazu auf Seite 83.

- Danach tippen Sie bei der Einrichtung des Sperrbildschirms auf *Überspringen* 14. Den Sperrbildschirm können Sie ebenfalls später noch nach Belieben gestalten.
- Sollten Sie noch aufgefordert werden weitere *Empfohlene Apps*, wie beispielsweise Handyspiele, zu installieren, können Sie dies mit *Weiter* überspringen. Xiaomi wird Ihnen nichtsdestotrotz einige Anwendnungen ungefragt installieren. Wie Sie die meisten davon wieder dauerhaft von Ihrem Gerät entfernen, erfahren Sie dann auf Seite 100.
- Im letzten Schritt müssen Sie noch das Standard-Startprogramm des Startbildschirms festlegen. Wir entscheiden uns für die übersichtlichere Option *App-Übersicht* 15. Mit dieser Auswahl werden alle installierten Apps in einem gesonderten Bereich angezeigt. Auf dieser Einstellung beruhen die Screenshots im vorliegenden Buch.

  In der klassischen Ansicht liegen die Apps auf verschiedenen Startbildschirmen. Wie Sie zwischen den einzelnen Ansichten wechseln erfahren Sie auf Seite 43.
- Nun ist die Einrichtung abgeschlossen.

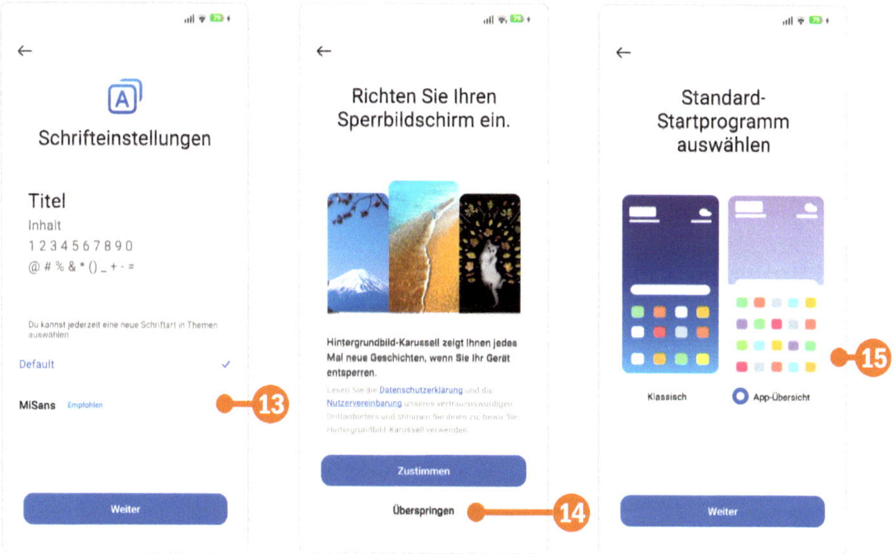

1.2 Das Google-Konto

Ein Android-Smartphone ohne Google-Konto zu verwenden, ist möglich. Allein durch den fehlenden Zugriff auf Google-Dienste wie den Play Store (Herunterladen von Apps) raten wir aber davon ab.

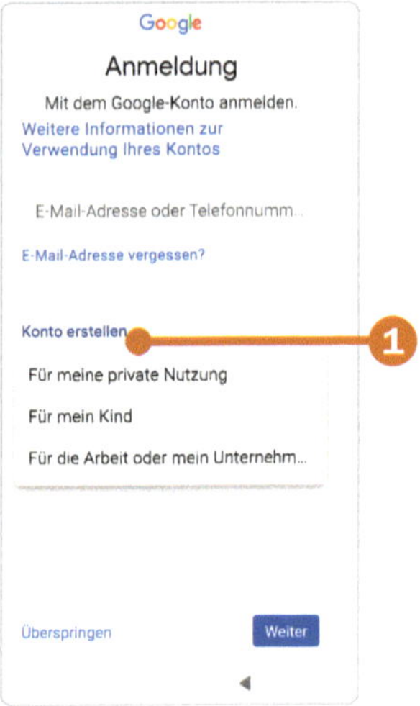

Google-Konto erstellen

Sie richten gerade Ihr Smartphone ein und haben noch kein Google-Konto? So geht's:

> Wenn Sie eine E-Mail-Adresse verwenden, die auf eine der folgenden Bezeichnungen endet: *@googlemail.com* oder *@gmail.com*, dann haben Sie bereits ein Google-Konto.

1 Klicken Sie im Einrichtungsprozess auf *Konto erstellen* ❶ und wählen Sie *Für meine private Nutzung*.

2 Geben Sie Ihren Vor- und, wenn Sie möchten, Ihren Nachnamen ein und tippen Sie auf *Weiter*.

3 Anschließend geben Sie Ihr Geburtsdatum ein und wählen eine Option bei *Geschlecht* aus.

4 Sollten Sie bereits eine E-Mail-Adresse besitzen, können Sie sie direkt eingeben, um damit ein Google-Konto zu erstellen. Sie erhalten dann im Anschluss von Google einen Code per E-Mail zugesandt, mit dem Sie diese bestätigen. Falls Sie noch keine E-Mail-Adresse haben oder diese nicht für Ihren Account bei Google nutzen möchten, tippen Sie auf *Sie haben keine E-Mail-Adresse oder Telefonnummer?* ❷.

5 Danach können Sie bei Gmail eine *Email-Adresse erstellen*. Ihre Wunsch-Gmail-Adresse ❸ muss noch verfügbar sein, d. h. es darf keine andere Person dieselbe Adresse nutzen. Wenn der Nutzername schon vergeben ist, versuchen Sie es mit einer anderen Namensvariation.

6 **Kennwort ausdenken:** Erstellen Sie nun ein Passwort ❹, also eine Kombination aus Groß- und Kleinbuchstaben, Sonderzeichen und Zahlen. Es kommt aber vor allem auch auf die Länge an. Gefordert werden oft 8

Zeichen, 12 Zeichen sind sicherer. Mit jedem Zeichen mehr erhöhen Sie die Sicherheit. Die meisten Kennwörter müssen gar nicht so oft eingegeben werden, da tun ein paar Zeichen mehr nicht weh. Notieren Sie sich schon während des Prozesses Ihre neue E-Mail-Adresse und das Kennwort. Mit *Passwort anzeigen* kontrollieren Sie, was Sie eingetippt haben.

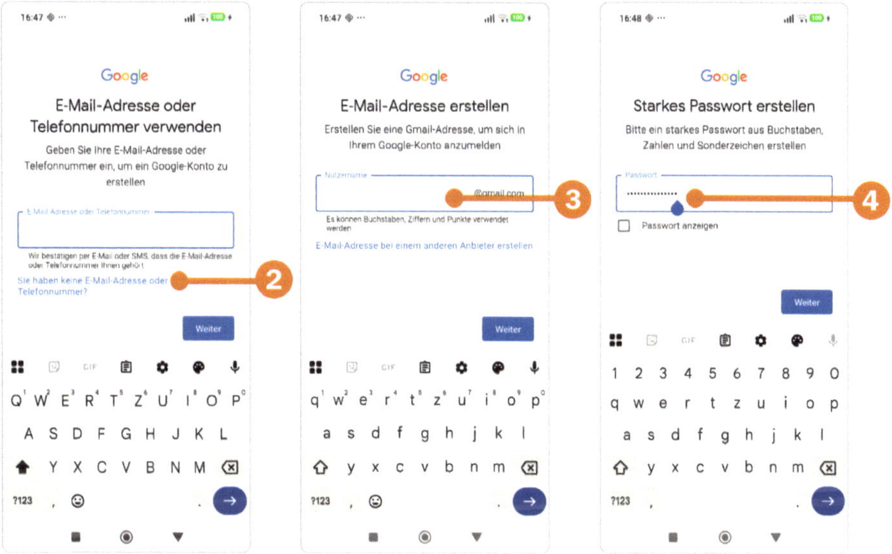

7 Wenn Sie möchten, können Sie Ihre Telefonnummer hinzufügen. Falls Sie Ihr Passwort vergessen, kann Google Ihnen einen Bestätigungscode per SMS schicken. So erhalten Sie wieder Zugriff auf das Konto. Wir empfehlen Ihnen auf *Weitere Optionen* ❺ (siehe nächste Seite) zu tippen und anschließend *Meine Telefonnummer hinzufügen und ausschließlich für die Kontosicherheit verwenden* auszuwählen. So nutzen Sie die 2-Faktor-Authentifizierung, d. h. wenn Sie sich auf einem anderen Gerät anmelden, muss zusätzlich ein SMS-Code eingegeben werden, um sicherzustellen, dass sich niemand anderes in Ihren Google-Account einloggen kann.

8 Im nächsten Schritt müssen Sie die Personalisierungseinstellungen festlegen: Mit der *Express-Personalisierung (1 Schritt)* ❻ sind Sie schnell fertig, stellen Google aber etwas mehr Informationen zur Verfügung, als unbedingt notwendig. Mit der *Manuellen Personalisierung* gehen Sie die jeweiligen Optionen durch und entscheiden, was Sie im einzelnen für Einstellungen ❼ treffen. Tippen Sie auf *Weiter* und im nächsten Schritt auf *Bestätigen*.

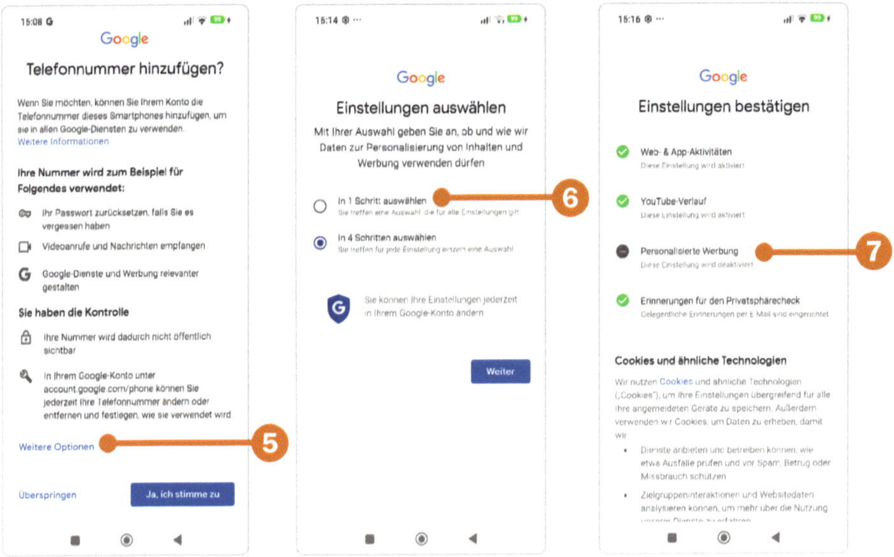

9 Danach bestätigen Sie die Datenschutzvereinbarung und weitere Bedingungen mit *Ich stimme zu*.

10 In den weiteren Schritten werden Sie aufgefordert, einzelne *Dienste* zu aktivieren bzw. deaktivieren. Alle Einstellungen, die Sie hier treffen, können nachträglich verändert werden.

- **Google Drive** ist ein Cloud-Speicher für Ihre Daten, d. h. ein Teil Ihrer Daten wird in einem Rechenzentrum von Google gesichert. Bei einem Defekt Ihres Smartphones oder beim Umzug auf ein neues Handy haben Sie so Zugriff auf Ihre Daten. Ist der Schalter auf der Position *Ein*, werden Daten an Google übertragen. Wenn Sie das nicht möchten, ziehen Sie den Schalter mit dem Finger auf *Aus*. Wenn Sie mit dem Finger vertikal über das Display von unten nach oben streichen, zeigen Sie die weiteren Einstellungen an.
- **Gemini:** Mit diesem Dienst können Sie Ihr Smartphone per Sprachbefehl steuern und KI-Funktionen nutzen, siehe Seite Seite 160.
- **Google Pay** ist ein Zahlungsdienst, mit dem Sie mithilfe des Smartphones bargeldlos zahlen können, ähnlich wie mit einer EC-Karte.

11 Tippen Sie abschließend auf *Ich stimme zu*, um den Account zu erstellen.

Google-Konto nachträglich hinzufügen

Normalerweise wird gleich bei der Einrichtung des Smartphones ein Google-Konto hinterlegt, das ist aber auch noch nachträglich möglich. Sie können sogar mehrere Google-Konten auf dem gleichen Gerät hinterlegen.

- Gehen Sie in die *Einstellungen* Ihres Smartphones und suchen Sie hier den Menüpunkt *Google* ❶.
- Anschließend tippen Sie auf *Anmelden* ❷ und geben Sie die E-Mail-Adresse Ihres Google-Kontos ein und dann das Kennwort. Oder Sie tippen auf *Konto erstellen* und folgen den Schritten, wie auf Seite 36 beschrieben.
- Tippen Sie unter *Google-Dienste* auf Ihren Nutzernamen. Hier können Sie ein *Weiteres Konto hinzufügen* oder bereits hinzugefügte *Konten auf diesem Gerät verwalten* ❸. Die gleiche Option findet sich auch in den *Einstellungen* unter *Weitere Einstellungen* ▸ *Konten und Synchronisieren*. Dort haben Sie auch die Möglichkeit Konten anderer Dienste hinzufügen oder wieder zu entfernen.

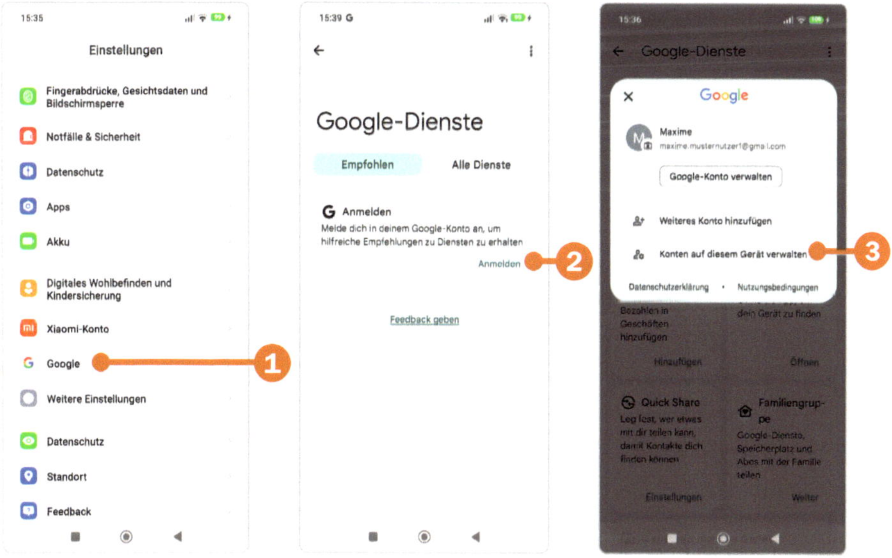

1.3 Die Smartphoneoberfläche

Nach der Einrichtung des Smartphones geht es jetzt darum, sich zurecht zu finden. Wichtig ist, dass Sie folgende drei Inhalte unterscheiden: Sperrbildschirm, Startbildschirm und App-Schublade, auch Appbildschirm genannt.

Sperrbildschirm

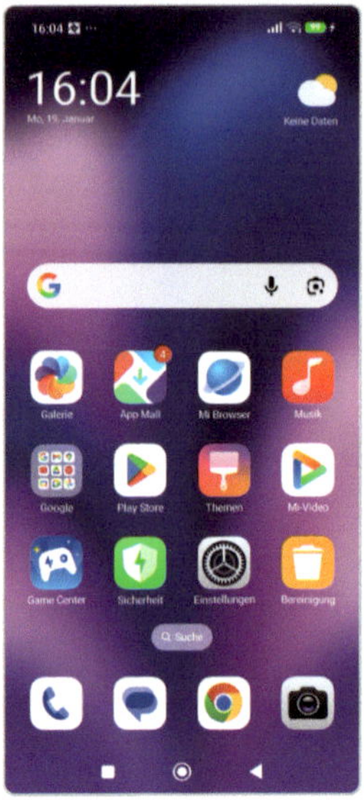

Startbildschirm

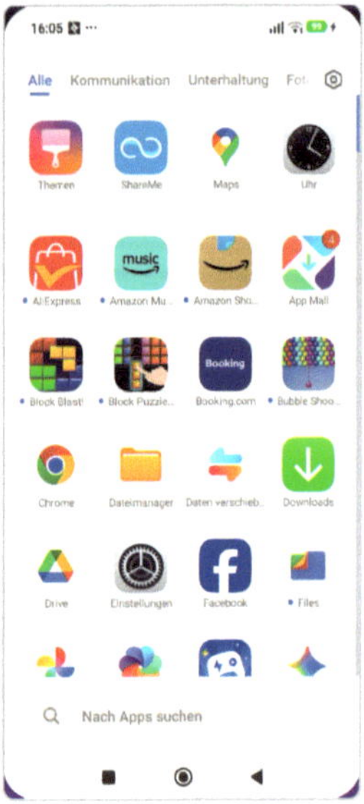

App-Schublade

Sperrbildschirm

Der Sperrbildschirm sichert Ihre Daten vor unerwünschtem Zugriff Dritter. Er wird mit Passwort, PIN, Muster oder Fingerabdruck- bzw. Gesichtserkennung ausgestattet (siehe ab Seite 69). Zudem hält er Informationen bereit, wie etwa die Anzeige von Datum, Uhrzeit, Akkustand, Benachrichtigungen etc. und verhindert eine ungewollte Bedienung, z. B. in der Tasche.

- **Smartphone entsperren:** Ein kurzes Drücken der Funktionstaste zeigt den Sperrbildschirm an, wischen Sie nach oben und geben Sie dann Ihre PIN ein, sofern eine Bildschirmsperre eingerichtet ist. Wenn ein Fingerabdruck vereinbart wurde, kann auch mit diesem das Handy entsperrt werden. Der Startbildschirm wird dann angezeigt.
- **Smartphone sperren:** Sie haben einen Freund angerufen, jetzt wollen Sie das Smartphone wieder in die Tasche stecken. Dann aktivieren Sie den Sperrbildschirm durch Drücken der Funktionstaste.

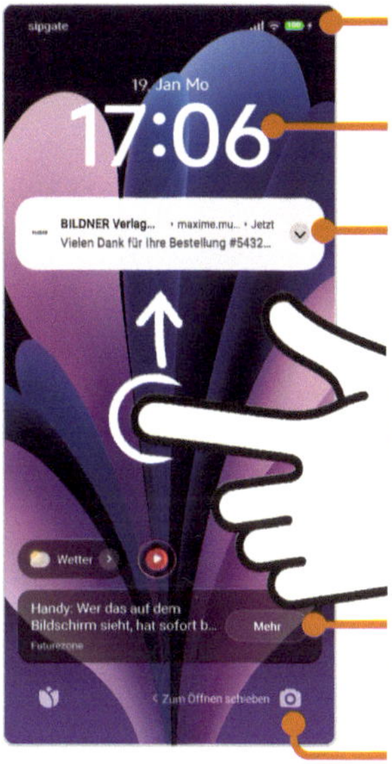

Verbindungsstatus, Akkustand

Uhrzeit (und Datum)

Sperrbildschirm-Benachrichtigungen: Wenn Sie darauf tippen, erscheint der Inhalt der Nachricht.

Da während des Einrichtungsprozesses kein Geräteschutz aktiviert wurde, reicht es aus, mit dem Finger von unten nach oben über den Bildschirm zu streichen, um zum Startbildschirm zu gelangen.

Zufällige Beiträge, Videos und Werbung. Wie Sie diese entfernen, erfahren Sie auf Seite 78.

Verknüpfungen, wie z. B. die Kamera, können direkt vom Sperrbildschirm geöffnet werden.

Startbildschirm

Wenn Sie den Sperrbildschirm entsperren, gelangen Sie zum Startbildschirm. Hier finden Sie eine Auswahl wichtiger Apps (Anwendungen), beispielsweise Telefon oder Kamera. Der Bereich **Bevorzugte Apps** (siehe nächste Seite) und die darin enthaltenen Apps werden auf jeder Startbildschirmseite angezeigt.

Auf der ersten Seite des Startbildschirms sollten die Apps angeordnet werden, die Sie am häufigsten benötigen. Da der Startbildschirm aus mehreren Seiten bestehen kann, können weitere Apps zu den folgenden Seiten hinzugefügt werden. Wie Sie Apps anordnen, erfahren Sie auf Seite 86.

Bildschirmwechsel

- Sie wechseln zwischen den Bildschirmen durch horizontales Wischen.

Auf dem Startbildschirm befindet sich die **Startbildschirm-Suche** (mehr dazu auf Seite 48). Wenn Sie zwischen Bildschirmen wechseln, wird an dieser Position für kurze Zeit ein Symbol mit mehreren Punkten eingeblendet. Die Anzahl der Punkte gibt Auskunft wie viele Startbildschirmseiten vorhanden sind und der helle Punkt zeigt an, welche Seite gerade angezeigt wird. Durch Wischen vom Startbildschirm nach rechts wird eine Informationsseite (Google Discover) angezeigt. Dazu gleich mehr auf Seite 44.

Systemnavigation

Am unteren Bildschirmrand wird die Navigationsleiste angezeigt. Diese wird standardmäßig in folgender Anordnung dargestellt mit der Zurück-Taste rechts außen.

Navigationstasten

- Die *Menü-Taste* ❶ zeigt alle im Hintergrund aktiven Apps an.
- Mit einem kurzen Tippen auf die *Home-Taste* ❷ springen Sie immer direkt zum Startbildschirm. Mit längerem Tippen starten Sie die Funktion *Circle-to-Search*, zu der Sie auf Seite 166 noch mehr erfahren werden.
- Mit der *Zurück-Taste* ❸ kehren Sie wieder zum vorigen Bildschirm zurück. Diese Taste hilft immer, wenn Sie einen Bereich wieder verlassen möchten.

Tasten und Gesten

Wird die Navigationsleiste einmal nicht angezeigt, wischen Sie vom unteren Bildschirmrand nach oben. Falls dennoch keine Bildschirmtasten angezeigt werden, wird anstelle der Navigationsleiste die Gestensteuerung verwendet.

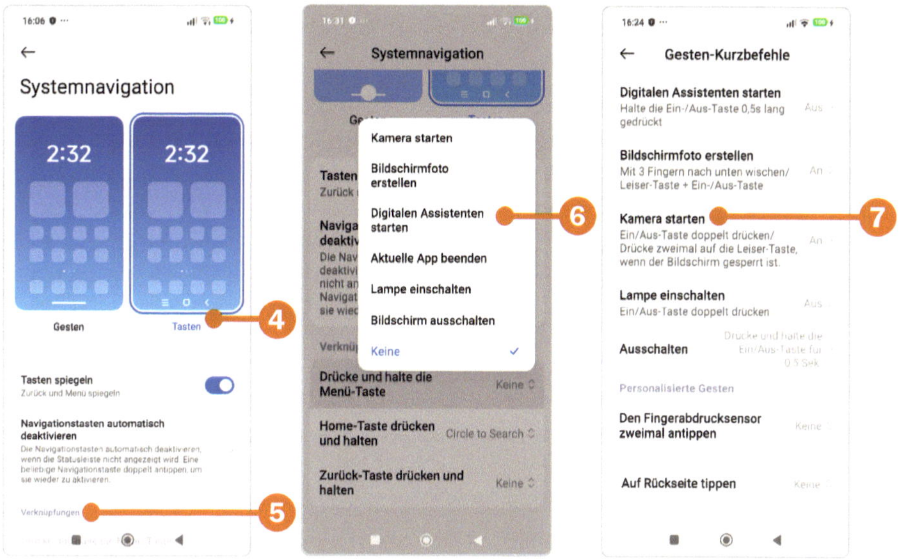

In den *Einstellungen* unter *Startbildschirm* ▸ *Systemnavigation* können Sie zwischen den beiden Steuerungsarten ❹ wählen. Hier lassen sich auch die Positionen der *Menü-Taste* und der *Zurück-Taste* tauschen.

Unter *Verknüpfungen* ❺ kann sogar die Funktion der einzelnen Tasten geändert als auch erweitert werden. Möchten Sie, dass bei längerem Drücken einer der Navigationstasten eine andere Aktion ausgeführt wird, tippen Sie auf den entsprechenden Eintrag und wählen anschließend eine Option wie beispielsweise *Digitalen Assistenten starten* ❻ aus der Liste an.

Unter *Einstellungen* ▸ *Weitere Einstellungen* ▸ *Gestenkurzbefehle* finden Sie weitere Möglichkeiten die Tasten Ihres Smartphones zu personalisieren. Hier können Sie Aktionen für die Funktionstaste festlegen bzw. deaktivieren, z. B. *Kamera starten* oder *Lampe einschalten* ❼.

App-Übersicht

Auf den Startbildschirmseiten finden Sie einen Teil der installierten Apps. Wenn Sie alle installierten Apps (ausgenommen System-Apps und ausgeblendete Verknüpfungen) anzeigen möchten, wischen Sie vertikal mit dem Finger ➊ über den Startbildschirm nach oben. So gelangen Sie zur **App-Schublade**. Ihre Apps werden automatisch in Kategorien eingeteilt, wie beispielsweise *Kommunikation*, *Unterhaltung*, *Fotografie* oder *Werkzeuge*. In den

Einstellungen ⓞ ❷ der App-Übersicht lassen sich diese Kategorien verwalten, entfernen oder selbst definieren und vieles mehr.

Alternativen zur App-Schublade: Unter *Einstellungen* ▶ *Startbildschirm* ▶ *Startbildschirm* haben Sie die Möglichkeit die App-Schublade mit der Auswahl von *Klassisch* zu deaktivieren. Dadurch werden alle Apps auf den Startbildschirmen angezeigt, viele davon in Ordnern (siehe Seite 87) gruppiert. Gleiches gilt im sogenannten *Lite-Modus* ❸. In diesem Modus werden darüber hinaus alle App-Symbole und Benachrichtigungen für eine erleichterte Bedienung vergrößert angezeigt. Mehr zur Personalisierung des Startbildschirms lesen Sie auf Seite 85.

Tipp: Nicht jede neue App muss unbedingt auf einem der Startbildschirme erscheinen. Deaktivieren Sie den Schalter bei *Platzieren Sie neue Apps auf dem Startbildschirm* ❹ und lesen Sie auf Seite 85, wie Sie selbst entscheiden, wann ein App-Symbol auf dem Startbildschirm erscheint.

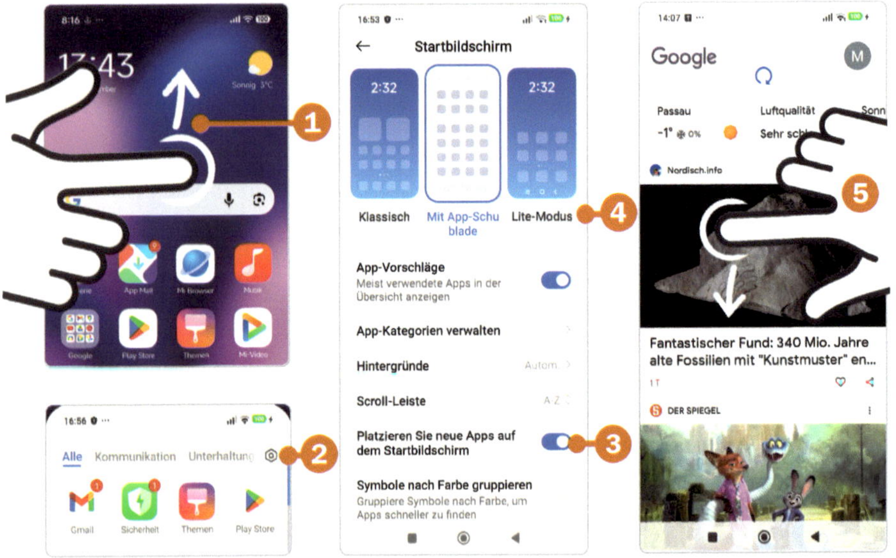

Nachrichten und Unterhaltung in Google Discover

Vom Startbildschirm mit einem Wisch nach rechts wird *Google Discover* angezeigt. Hier sind aktuelle Nachrichten und für Sie möglicherweise interessante Themen zusammengefasst. Zur Aktualisierung der Anzeige wischen Sie auf dem Bildschirm nach unten ❺ (siehe Bild oben rechts).

1.4 App anzeigen und wechseln

☛ Zum Öffnen einer App tippen Sie diese auf dem Start- oder in der App-Übersicht an.

Erstes Starten einer App

Beim allerersten Start einer App müssen Sie in der Regel Zugriffsberechtigungen erteilen, Nutzungsbestimmungen bestätigen oder unter Umständen gleich mal die App aktualisieren. Folgend präsentieren wir Ihnen drei Beispiele für Meldungen gleich nach dem ersten Start der App:

- Die Google-App *Kalender* (siehe nächste Seite) möchte Ihnen Benachrichtigungen senden, um Sie an bevorstehende Termine erinnern zu können. Wenn Sie damit einverstanden sind, tippen Sie auf *Benachrichtigungen zulassen*. Mehr zu Benachrichtigungen auf Seite 65.
- Für den *Mi Music Player* ist ein Update verfügbar. Tippen Sie auf *Aktualisieren*, um die neue Version zu installieren. Sollte das Smartphone gerade nicht mit dem WLAN verbunden sein, verzichten Sie mit *x* auf die Aktualisierung und führen diese zu einem anderen Zeitpunkt durch.
- Im letzten Bild verlangt die *Galerie* von Xiaomi die Erlaubnis auf Foto- und Video-Dateien zuzugreifen, um diese anzeigen zu können. Möchten Sie diese Galerie-App verwenden, müssen Sie den *Vollen Zugriff zulassen*.

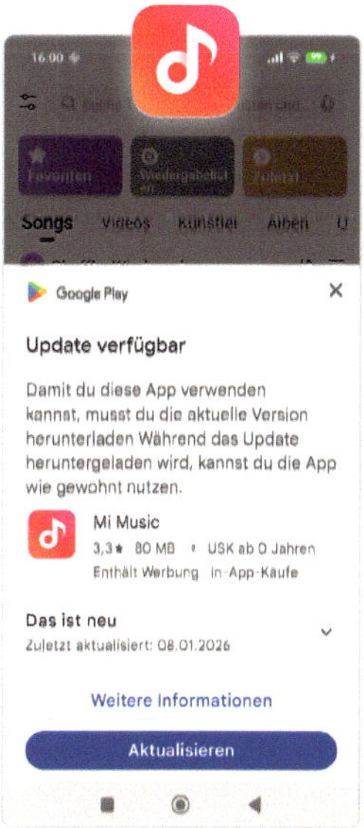

Einstellungen aufrufen

Wenn man ein neues Smartphone hat, verwendet man in den ersten Wochen häufig die App *Einstellungen*, um das Handy an die eigenen Vorstellungen anzupassen. Deshalb kommen wir auch in diesem Buch immer wieder auf die *Einstellungen* zurück. Damit Sie diese auf jeden Fall finden, hier eine ausführliche Darstellung:

- Rufen Sie die App-Übersicht durch vertikales Streichen über den Startbildschirm auf.
- In der App-Übersicht tippen Sie auf *Einstellungen*.
- Die App *Einstellungen* enthält eine Vielzahl von Kategorien von *Über das Telefon* ❶ bis *Feedback* ❷ ganz unten. Durch vertikales Wischen verschieben Sie den angezeigten Inhalt.
- Mit Antippen einer Kategorie zeigen Sie deren Inhalt an. Über den Pfeil links oben ❸ oder die Zurück-Taste kehren Sie wieder zur vorigen Seite zurück.

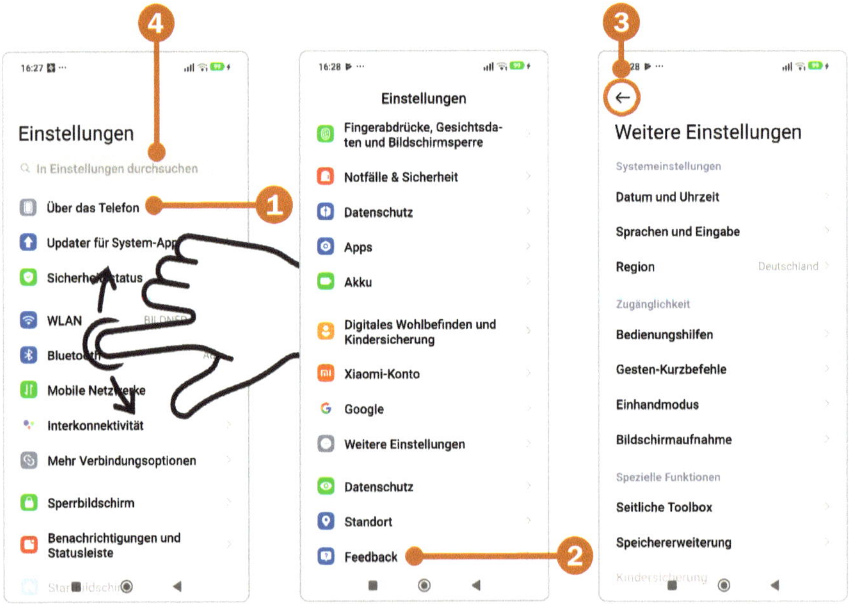

Tipp für Fortgeschrittene: Über die Suchleiste ❹ können Sie innerhalb der Einstellungen direkt nach bestimmten Einstellungsoptionen suchen.

Weitere Apps öffnen und wechseln

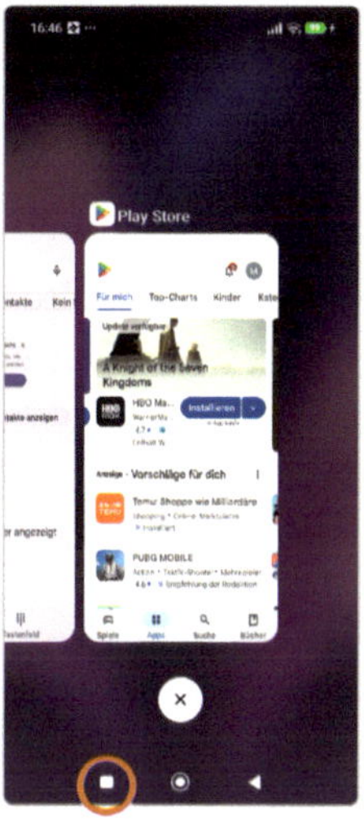

Die App *Einstellungen* haben Sie gerade angezeigt. Drücken Sie jetzt auf die Home-Taste zur Anzeige des Startbildschirms und wählen Sie die App *Telefon* durch Antippen aus. Drücken Sie erneut die Home-Taste und öffnen Sie die App *Play Store*.

Sie haben jetzt drei Apps geöffnet, allerdings wird nur die App *Play Store* am Bildschirm angezeigt. Sie wechseln zu einer anderen geöffneten App durch Drücken der *Menü-Taste*. Streichen Sie horizontal ❶ über den Bildschirm, um durch die Reihe der geöffneten Apps zu blättern. Durch Antippen einer anderen App, z.B. *Telefon*, wird diese am Bildschirm angezeigt.

Apps schließen oder anheften

Um eine App zu schließen, schieben Sie diese mit dem Finger nach oben. Dadurch verkleinert sich die Anzeige der App ❷; sobald Sie den Finger vom Display nehmen, wird die App geschlossen. Mit x ❸ werden alle Apps bis auf die letzte, die Sie gerade am Bildschirm angezeigt haben, geschlossen.

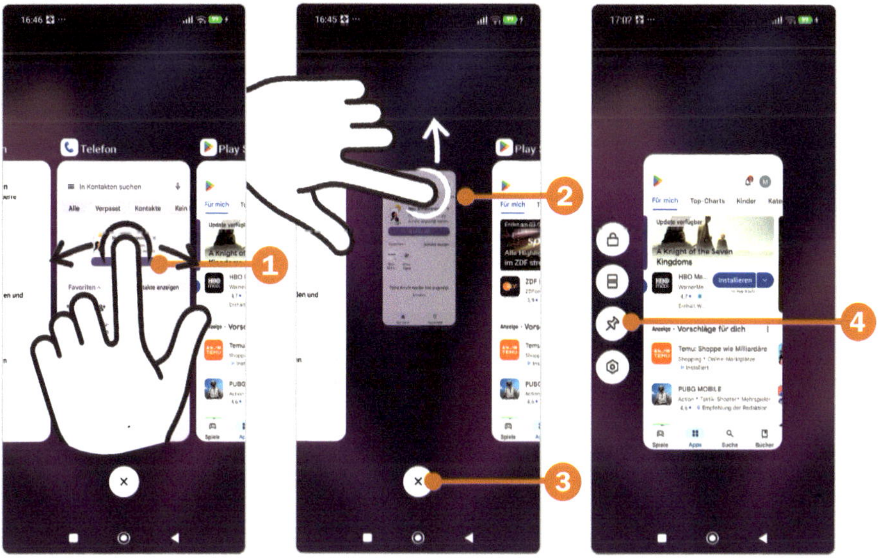

Halten Sie eine App länger gedrückt, öffnet sich das Kontextmenü. Je nach Smartphone-Modell variiert hier die Auswahl an verfügbaren Optionen. Mit dem Schloss-Symbol beispielsweise markieren Sie die App, sodass diese fortan nicht mehr mit x ❸ geschlossen wird. Mit ⊟ bzw. ◫ wird die App *In geteilter Bildschirmansicht* oder als *schwebendes Fenster* geöffnet.

Das Pinnadel-Symbol ❹ heftet eine App am Bildschirm an. Es handelt sich hierbei um eine Sicherheitsfunktion, um die Nutzung am Gerät vorübergehend auf eine einzigen App zu beschränken – ideal, falls Sie Ihr Handy kurz jemandem geben, um z. B. ein Foto zu zeigen oder zu telefonieren. So kann die Person nicht in Ihren privaten Daten oder in anderen Apps stöbern.

- Damit die Funktion genutzt werden kann, müssen Sie die Bildschirmfixierung jedoch zuerst noch in den *Einstellungen* aktivieren. Schalten Sie hierzu unter *Fingerabdrücke, Gesichtsdaten und Bildschirmsperre* ▸ *Datenschutz* das *Anheften von Apps zulassen* ein.
- Um die Fixierung wieder aufzuheben, halten Sie die *Menü-* und *Zurück-Taste* gleichzeitig gedrückt. Je nach Einstellung müssen Sie danach Ihr gewähltes Entsperrmuster oder Ihre PIN eingeben.

App suchen

Mittels Suchfeld (App-Finder) auf dem Startbildschirm können Sie nach Apps, Funktionen in den Einstellungen oder Informationen im Internet suchen. Tippen Sie auf *Suche* ❶ und geben den Suchbegriff ❷ ein. Passende Apps ❸ werden gleich oben angezeigt. Weiter unten folgen Infos zu den Einstellungen ❹ oder Treffer im Internet. Mehr dazu auch auf Seite 99.

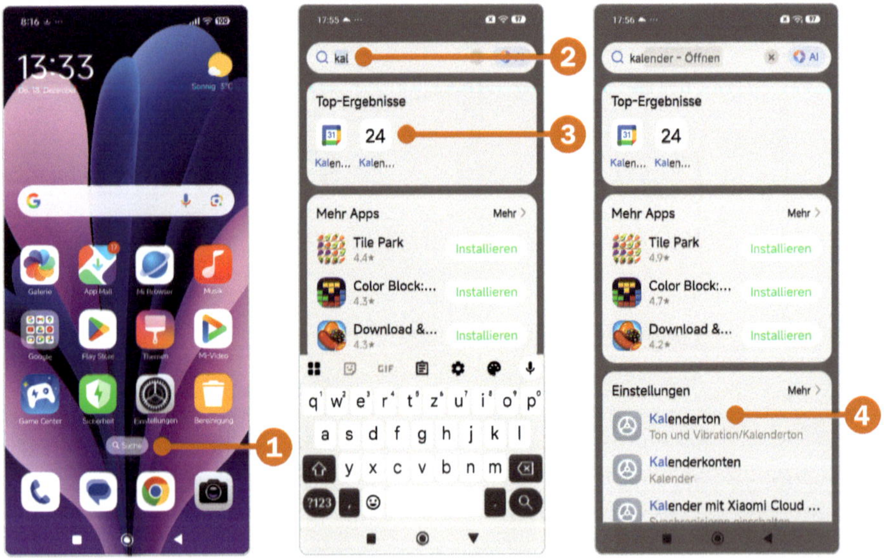

Kleine App-Auswahl für den täglichen Gebrauch

Telefon: App zum Telefonieren. Sie wählen entweder einen gespeicherten Kontakt aus oder tippen eine Nummer ein.

Kontakte: Hier speichern Sie alle Daten, Telefonnummern, postalische Adressen, Geburtstage etc. Ihrer Freunde.

Messages: App zum Schreiben von SMS und Chatnachrichten. Die Kurznachrichten (SMS) sind etwas aus der Mode gekommen. Heute verwenden viele WhatsApp oder Signal.

WhatsApp: Schreiben Sie Nachrichten, versenden Sie Fotos oder telefonieren Sie mit der Familie mit Übertragung eines Videos. Diese App muss heruntergeladen werden.

Kamera: Mit dieser App knipsen Sie Fotos oder nehmen Videos auf.

Galerie: Dient der Anzeige und Bearbeitung Ihrer Fotos und Videos. Die Galerie ist eine Xiaomi-App. Wir verwenden in diesem Buch die App Galerie.

Fotos: Das Google-Pendant zur Galerie heißt Fotos und befindet sich auch auf dem Handy. Sie finden die App im Google-Ordner.

Play Store: Hier können kostenlose aber auch kostenpflichtige Apps, Spiele, Filme und Bücher heruntergeladen werden. Dieser Store wird von Google zur Verfügung gestellt.

App Mall: Das ist das Xiaomi-Einkaufszentrum für Apps. Auch hier gibt es ein kostenloses Sortiment; ein Besuch lohnt sich, aber das umfangreichere Angebot finden Sie im Play Store.

Mi Browser: Internet-Browser von Xiaomi, dient der Anzeige von Internetseiten.

Chrome: Browser von Google, mit dem Sie ebenfalls Seiten im Internet anzeigen.

Google: Die Google-App ist kein Browser im engeren Sinne, obwohl Sie auch mit dieser via Suchanfragen das Internet durchsuchen können. Darüber hinaus bietet sie noch weitere Funktionen, z. B. Zusammenstellung aktueller Nachrichten.

Maps: Karten-App von Google, hier können Sie nach Adressen suchen und eine Navigation von Ort zu Ort durchführen.

YouTube: Portal mit Videos zu fast allen Themen, kann kostenlos verwendet werden.

Gmail: Anwendung zum Empfangen und Versenden von E-Mails. Die Gmail-Adresse, die Sie bei der Einrichtung des Smartphones verwendet haben, ist hier bereits hinterlegt.

Uhr: Die App bietet einen Wecker, einen Timer, eine Stoppuhr und zeigt natürlich auch die Zeit an (auch mehrere Zeitzonen).

Kalender: Hier tragen Sie Termine ein und werden daran erinnert.

Notizen: App zum Speichern von Notizen, wie einer Einkaufsliste. Es gibt Notizen-Apps wie Sand am Meer. Wenn Ihnen diese nicht zusagt, installieren Sie einfach eine andere.

Einstellungen: Hier finden Sie alle Optionen, die die einzelnen Funktionen Ihres Smartphones betreffen.

1.5 Bildschirmtastatur verwenden

☛ Sobald Sie in ein Texteingabefeld tippen, wird automatisch die Bildschirmtastatur eingeblendet.

Das Aussehen der Tastatur verändert sich je nach Anwendung. Im Bild links wurde durch Antippen der **Suchleiste** auf dem Startbildschirm die Google-Suche geöffnet. Hier finden Sie rechts unten das Suchsymbol ❶, welches Sie für die Internetrecherche benötigen.

Im mittleren Bild wurde die App **Notizen** geöffnet. Hier können z. B. Einkaufslisten eingegeben werden. Aus diesem Grund finden Sie rechts unten die Taste für eine Zeilenschaltung ❷.

Im rechten Bild befinden wir uns in einem **E-Mail-Programm** im Eingabefeld für den Adressaten der E-Mail. Deshalb wird auf der Tastatur das @-Symbol angezeigt. Mit der Taste *Weiter* ❸ (in anderen Apps auch *OK*) springen Sie ins nächste Feld.

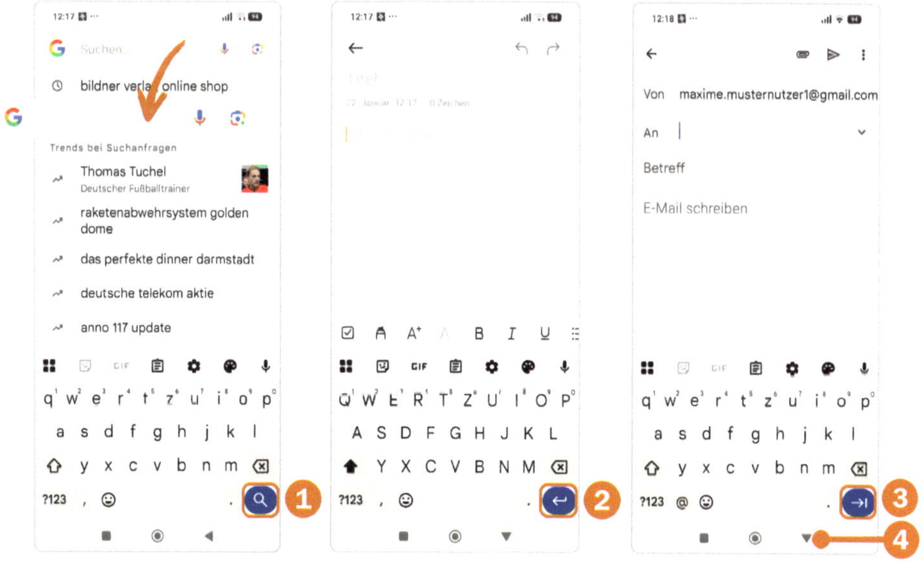

Tastatur ausblenden: Benötigen Sie mehr Platz, um beispielsweise einen langen Text durchzulesen, kann die Tastatur durch Antippen von ▾ ❹ ausgeblendet werden. Wenn Sie in ein Texteingabefeld tippen, zeigen Sie die Tastatur wieder an.

Buchstaben, Sonderzeichen & Co.

Groß- und Kleinbuchstaben: Wenn Sie in einen Bereich zur Texteingabe tippen, wird der erste Buchstabe immer als Großbuchstabe eingegeben. Das ist automatisch so hinterlegt. Gleiches gilt für die Schreibung nach einem Punkt. Wenn Sie selbst einen Großbuchstaben eingeben möchten, benötigen Sie die Umschalt-Taste:

- Zur Eingabe von **Großbuchstaben** muss zuerst die Umschalt-Taste angetippt werden. Der Pfeil wird ausgefüllt ❶ und der Buchstabe kann eingegeben werden.
- Bei längerem Drücken der Umschalt-Taste wird der Pfeil unterstrichen und die Großschreibung festgestellt, d. h. es wird alles in Großbuchstaben geschrieben, bis erneut die Umschalt-Taste angetippt wird.

Leerzeichen, Löschen und Cursorsteuerung: Die Texteingabe findet immer am Cursor (blinkender senkrechter Strich) statt:

- Um zwischen zwei Worten ein *Leerzeichen* einzugeben, tippen Sie auf die Leertaste.
- Mit entfernen Sie alle Zeichen links vom Cursor. Wenn Sie länger mit dem Finger auf der Taste bleiben, werden schnell mehrere Wörter gelöscht. Findet man einen Fehler mitten im Text, müsste man jetzt alle Wörter bis zum Fehler löschen. Hier hilft die Leertaste! Verbleiben Sie mit dem Finger etwas länger auf der Leertaste und ziehen Sie dann mit dem Finger den Cursor an die gewünschte Position.
- Mit der *Zeilenschaltung* erzeugen Sie eine neue Zeile und fügen einen Absatz ein.

Hier finden Sie weitere Satz- und Sonderzeichen: Mit der Taste ?123 schaltet man auf ein Tastaturlayout zur Eingabe von *Sonderzeichen* um. Dort zeigen Sie mit der Taste =\< ❷ eine weitere Sonderzeichentastatur an. Die Taste ABC schaltet zurück zur Buchstabentastatur während die Taste 12/34 den mathematischen Ziffernblock einblendet.

Wo ist eigentlich das ß?

Zur Eingabe spezieller Buchstaben, z. B. das spanische ñ, die französische Ligatur œ und natürlich alle Buchstaben mit Akzent, drücken Sie den Finger länger auf die entsprechende Taste. Es erscheint ein Zusatzfeld. Hier ist ein Buchstabe bereits ausgewählt. Dieser wird eingefügt, wenn Sie die Taste loslassen. Zur Auswahl eines anderen Buchstabens verbleiben Sie mit dem Finger auf dem Bildschirm, fahren nach oben in das Zusatzfeld auf den gewünschten Buchstaben und lassen dann los. Auf diese Weise finden Sie im Zusatzfeld der Taste S auch das ß 3 (Abbildung vorherige Seite).

Texterkennung & Autokorrektur

Über der Tastatur erhalten Sie für die aktuelle Eingabe Wort- bzw. Korrekturvorschläge, die durch Antippen übernommen werden können. So können Sie die Eingabe schnell korrigieren. Werden Wörter in der Vorschlagsleiste fett angezeigt, wie in unserem ersten Beispiel *Fahrrad* 1, wird die korrekte Schreibweise automatisch durch Drücken der Leertaste eingefügt. Das ursprünglich eingegebene Wort wird ebenfalls in der Leiste angezeigt. Sollten Sie lieber dieses behalten wollen, tippen Sie es an. Falsch geschriebene Worte, wie im Beispiel *umd*, werden rot unterstrichen.

Darüber hinaus werden auf Grundlage des bereits eingegebenen Textes passende Vorschläge für das nächste Wort angezeigt 2, die Sie ebenfalls durch Antippen übernehmen können.

Für manche Worte erhalten Sie auch Vorschläge in Form von Emojis 3. Dazu ein kleiner Trick: Wenn Sie das Emoji gleich nach dem Schreiben des Worts antippen, ersetzt das Emoji das Wort; wenn Sie noch ein Leerzeichen eintippen, wird das Emoji danach eingefügt.

Vorschlagsleiste und Tastatur-Optionen:
Bei der Texteingabe werden in der Leiste oberhalb der Tastatur Textvorschläge angezeigt. Tippen Sie auf ⁘, erhalten Sie die Möglichkeit Sticker, GIFs oder Inhalte aus der Zwischenablage einzufügen, die Tastaturgröße zu ändern sowie eine Reihe weiterer Gboard-Einstellungen vorzunehmen.

Emojis bebildern Gefühle

Emojis, wie lachende Gesichter oder Bilder von Gegenständen, machen Texte fröhlicher und vereinfachen die Eingabe. Mit Emojis drücken Sie Gefühle aus 😍 und ersetzen Worte, wie „Ich esse gerade 🌭“:

- Zur Anzeige der Emojis tippen Sie auf ☺ ①. Das Symbol befindet sich links oben auf der Tastatur. Wenn die Emoji-Taste nicht zu sehen ist, tippen Sie zunächst auf ABC ②, um zur Normalanzeige zu wechseln.
- Beachten Sie, dass neben den Emojis auch noch andere Bilddaten (Bitmoji, GIF, Sticker) angeboten werden. Der Bereich 🕓 ③ enthält die zuletzt verwendeten Emojis. Dann folgen Smileys und Hände ☻ ④, Menschen, Tiere und Pflanzen, Nahrungsmittel, Gebäude und Fahrzeuge, Aktivitäten, Objekte, Symbole sowie Flaggen. In jedem Bereich können Sie durch vertikales Wischen weitere Elemente anzeigen.
- Mit ⌫ ⑤ löschen Sie das Emoji wieder.
- Mit der sich oben in der Mitte befindlichen Suchen-Funktion lassen sich mit den richtigen Begriffen passende Emojis ⑥ gezielt finden.

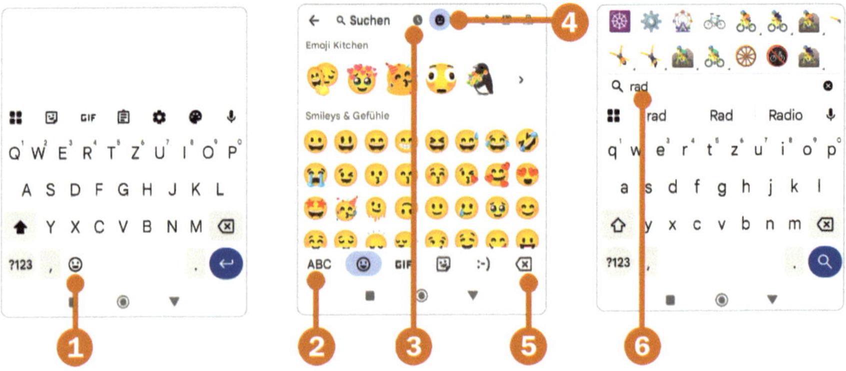

Text mittels Spracheingabe

Anstatt mühsam zu tippen, diktieren Sie Ihre Nachricht einfach. So geht's:

Diktat starten:

- Tippen Sie auf 🎙 ❶ und sprechen Sie Ihren Text. Wenn die Mikrofon-Taste nicht zu sehen ist, tippen Sie auf ⚙ und aktivieren Sie die *Spracheingabe* in den Tastatureinstellungen.
- Bei der ersten Verwendung verlangt die Gboard-Tastatur die Erlaubnis, Audioaufnahmen zu machen. Tippen Sie auf *Bei Nutzung der App* ❷.

Diktat steuern:

- Zum Pausieren der Sprachaufnahme drücken Sie auf das farbig unterlegte Mikrofon ❸. Zum erneuten Diktieren tippen Sie einfach nochmals auf das Mikrofon. Satzzeichen können ebenfalls diktiert werden.
- Wenn Sie einzelne Worte löschen möchten, verwenden Sie ⌫ ❹.

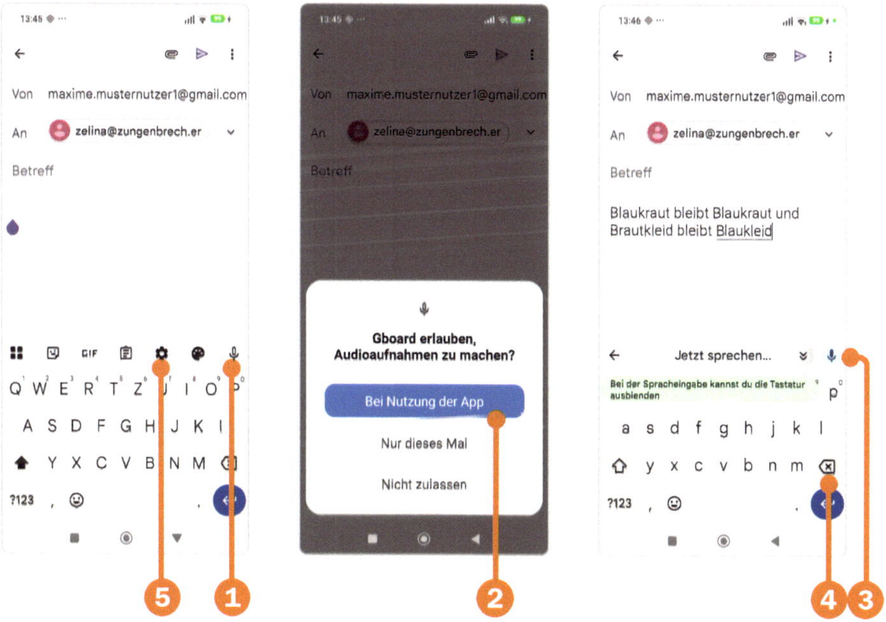

Tastatureinstellungen

Bisher wurden die Grundfunktionen der Gboard-Tastatur beschrieben, wie sie standardmäßig eingestellt sind. Manche der beschriebenen Funktionen können verändert werden und sind dann an Ihrem Smartphone vielleicht gerade nicht aktiv oder verhalten sich etwas anders. Änderungen nehmen Sie in den Tastatureinstellungen ⚙ ❺ (siehe vorherige Seite) vor.

Hier können Sie neben dem Hinzufügen von weiteren *Sprachen* und Tastaturlayouts unter *Einstellungen* ❻ die *Zifferntastenzeile* ❼ ein- und andere Tasten ausblenden, die Schriftgröße und Tastenton bzw. -vibration festlegen, die Drückdauer ändern sowie zahlreiche weitere Anpassungen vornehmen. Unter *Design* individualisieren Sie das Erscheinungsbild der Tastatur.

Unter *Korrekturen & Vorschläge* ❽ lassen sich verschiedene Einstellungen zur Textvorhersage treffen sowie die *Vorschlagsleiste*, die *Autokorrektur* ❾, die automatische Groß-Kleinschreibung als auch die Rechtschreibprüfung vollständig deaktivieren.

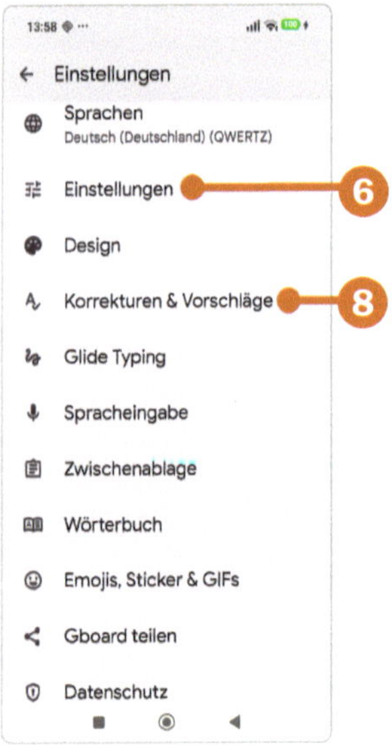

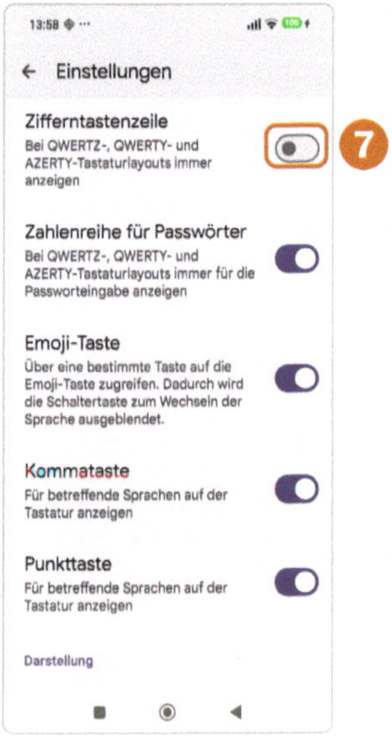

Übrigens: Im PlayStore existieren neben der Gboard-App noch eine Reihe weitere Tastatur-Apps, wie beispielsweise Microsofts SwiftKey. In den *Einstellungen* ⚙ ▶ *Weitere Einstellungen* ▶ *Sprachen und Eingabe* verwalten Sie Ihre installierten Eingabemethoden und zusätzlichen Tastaturoptionen.

1.6 Statusleiste, Benachrichtigungen und Kontrollzentrum

Über die Statusleiste, die sich klein am oberen Bildschirmrand befindet, erhalten Sie eine Vielzahl an Benachrichtigungen.

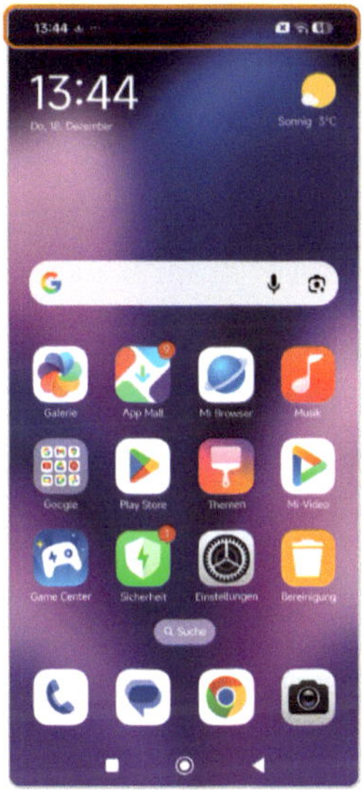

Die **Statusleiste** oben enthält auf der linken Seite die Uhrzeit und Hinweissymbole zu Benachrichtigungen. Rechts finden Sie die Signalstärke des Telefonnetzes, der mobilen Daten bzw. des WLANs, Bluetooth, Akku-Ladestand und weitere Geräteinfos.

In den **Benachrichtigungen** wird eine Vielzahl unterschiedlicher App-Neuigkeiten angezeigt, z. B. Update-Hinweise, WhatsApp-Nachrichten, SMS, E-Mails, Geburtstagserinnerungen sowie viele weitere für Sie relevante Meldungen.

Über das **Kontrollzentrum** steuern Sie die meisten Funktionen des Handys. Aktivierte Kacheln sind weiß; im Beispiel oben WLAN, Mobile Daten, Bluetooth und die Bildschirmausrichtungssperre. Mehr zum Kontrollzentrum auf Seite 61.

- Streichen Sie vom **linken** oberen Bildschirmrand nach unten, gelangen Sie zu den App-Benachrichtigungen, streichen Sie **rechts** nach unten wird das Kontrollzentrum angezeigt.
- Um zwischen den Benachrichtigungen und dem Kontrollzentrum zu wechseln, wischen Sie **horizontal** über den Bildschirm.
- Sie verlassen sowohl den Benachrichtigungsbildschirm als auch das Kontrollzentrum wieder durch Drücken der Home-Taste.

Symbole der Statusleiste und ihre Bedeutung

Symbol	Bedeutung
	WLAN: Verbindung mit einem WLAN besteht. Die Balken symbolisieren die Stärke des WLANs (je mehr, desto besser).
	Mobile Daten: Ohne WLAN nutzen Sie die mobilen Daten für eine Internetverbindung. Die Bezeichnungen E (für EDGE), 4G/LTE oder 5G geben die Qualität der Verbindung an.
	Netzempfang: Je besser der Empfang ist, desto mehr Striche werden angezeigt.
	Akkustand: Die Füllhöhe zeigt den Ladezustand des Akkus an. Ein Blitz symbolisiert, dass der Akku derzeit aufgeladen wird.
	Bluetooth ist aktiv: Das Smartphone kann mit einem anderen Gerät verbunden werden, z. B. Musikbox oder Kopfhörer.
	Flugmodus: Der Offlinemodus ist aktiviert, d. h. alle Funkverbindungen sind unterbrochen. Sie können unter anderem nicht mehr telefonieren oder das Internet nutzen.
	Standortdienst (GPS): Eine App ortet Ihren Standort, z. B. die Wetter-App oder Google Maps.
	Wecker: Sie haben einen Alarm eingestellt.
	Lautlos ist eingeschaltet. Wenn Sie Anrufe oder Benachrichtigungen erhalten, ertönt kein Signal.
	Nachrichten: Sie haben eine neue SMS bzw. eine neue E-Mail erhalten.
	Anruf in Abwesenheit: Sie haben einen Anruf verpasst.
	SIM-Karte: Entweder ist keine SIM-Karte eingelegt oder sie kann nicht gelesen werden.

☛ Wenn eines dieser Symbole in der Statusleiste erscheint, erhalten Sie zum Teil weitere Infos in den Benachrichtigungen. Streichen Sie vom linken oberen Bildschirmrand nach unten zur Anzeige aller Benachrichtigungen.

Benachrichtigungen lesen und entfernen

Bei einer langen Benachrichtigungsliste streichen Sie vertikal nach oben über die Liste, um weitere Meldungen anzuzeigen. Wer mag, kann auch gleich unwichtige Benachrichtigungen entfernen. Wischen Sie dazu horizontal über die Benachrichtigung, sie wischen die Benachrichtigung sozusagen aus dem Bildschirm hinaus. Mit *x* ❶ entfernen Sie schnell alle angezeigten Meldungen.

Benachrichtigungen mit etwas mehr Text, können durch Antippen des Pfeilsymbols ❷ erweitert werden. Zum Öffnen der Meldung in der zugehörigen App, im unteren Beispiel Gmail, tippen Sie die Nachricht an. Manche Nachrichten können auch direkt bearbeitet werden, z. B. können Sie auf *Antworten* ❸ tippen und anschließend einen Text verfassen.

Einstellungsoptionen anzeigen: Tippen Sie rechts oben auf das Glockensymbol ❹, um direkt in die *Einstellungen* ▶ *Benachrichtigungen und Statusleiste* zu wechseln. Hier können Sie unter *Benachrichtigungsstil* die Ansicht der Benachrichtigungsleiste ändern und unter *Symbolanzeige anpassen* ❺ die Anzahl der Benachrichtigungssymbole festlegen und auswählen, welche System-Icons (siehe Tabelle links) in der Statusleiste angezeigt werden.

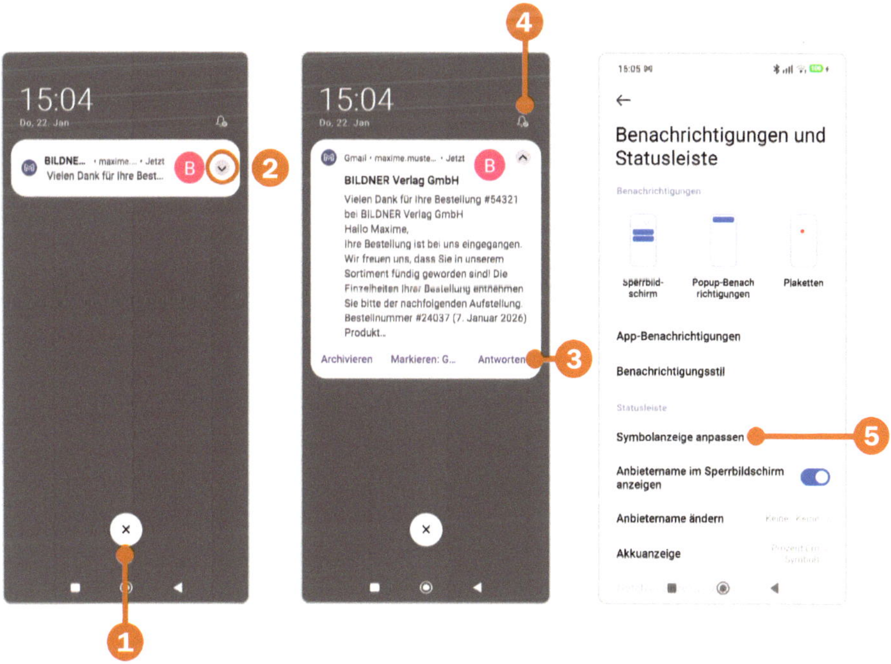

Benachrichtigungen verwalten

Mit der Zeit erhalten Sie viele Benachrichtigungen verschiedener Apps. In der Regel ertönt auch ein Signal. Falls Sie ein wenig ausmisten möchten, können Sie Apps verbieten, zukünftig Benachrichtigungen zu senden. So geht's:

- Öffnen Sie die *Einstellungen* und tippen Sie auf *Benachrichtigungen und Statusleiste*. Wählen Sie anschließend *App-Benachrichtigungen* ❶.
- Wenn Ihnen die App gerade erst eine Benachrichtigung geschickt hat, wird Ihnen diese ganz oben in der Liste angezeigt, sofern *nach Empfangszeit* ❷ sortiert ist.
- Tippen Sie auf den Schalter ❸ hinter der App, die keine Benachrichtigungen mehr senden soll. Dadurch schalten Sie ihn aus.
- Unter *Popup-Benachrichtigungen* ❹ ▶ *Temporär ausblenden* haben Sie die Möglichkeit festzulegen, ob und wie lange diese Benachrichtigungsart ausgeblendet wird.

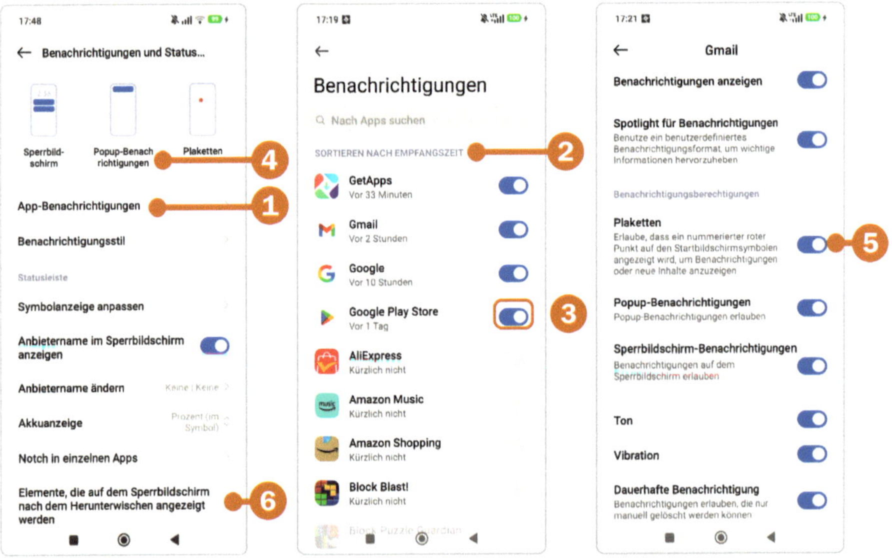

- Tippen Sie einen Eintrag an, um weitere Benachrichtigungseinstellung spezifisch für diese App zu treffen, z. B. *Plaketten* ❺ mit denen die Anwendung in Form eines Kreises am App-Symbol auf Neuigkeiten hinweist.

> Möchten Sie am Sperrbildschirm die Benachrichtigungsleiste, wie auf Seite 59 abgebildet, ausblenden, so können Sie diese unter *Elemente, die auf dem Sperrbildschirm nach dem Herunterwischen angezeigt werden* ❻ ausschalten.

Schnelleinstellungen verstehen und im Kontrollzentrum ändern

Durch Antippen werden Schnelleinstellungen ein- bzw. ausgeschaltet. Weiß hinterlegte Kacheln sind aktiv. Sobald Sie eine Funktion aktivieren bzw. deaktivieren, wird der aktuelle Status kurz oben ⑧ eingeblendet.

- **WLAN :** Ein aktiviertes WLAN bedeutet nur, dass verfügbare Netze angezeigt werden. Erst wenn sowohl der Name des WLANs als auch *Verbunden* ❶ in der Kachel zu lesen ist, steht die Verbindung.

  Einstellungen anzeigen: Die meisten Schnelleinstellungen bieten eine Weiterleitung zu den umfangreicheren Möglichkeiten der *Einstellungen* . Drücken Sie z. B. etwas länger auf das WLAN-Symbol zur Anzeige aller in der Umgebung verfügbaren Netzwerke
- **Mobile Daten:** Ist kein WLAN verfügbar, stellen Sie eine Verbindung über mobile Daten ② mit dem Internet her. Durch Antippen schalten Sie diese ein und sind so auch unterwegs mit dem Internet verbunden.
- **Lautstärke und Bildschirmhelligkeit ③:** Diese beiden Einstellungen werden über Regler bedient, durch Ziehen können Sie die Intensität einstellen.
- **Standort ④:** In den Schnelleinstellungen haben Sie die Möglichkeit, den Standort durch Antippen zu aktivieren bzw. zu deaktivieren . Solange die Funktion deaktiviert ist, kann keine App auf Ihren Standort zugreifen, selbst wenn die App die Erlaubnis dazu hat. Zu Standort erfahren Sie gleich mehr auf Seite 64.

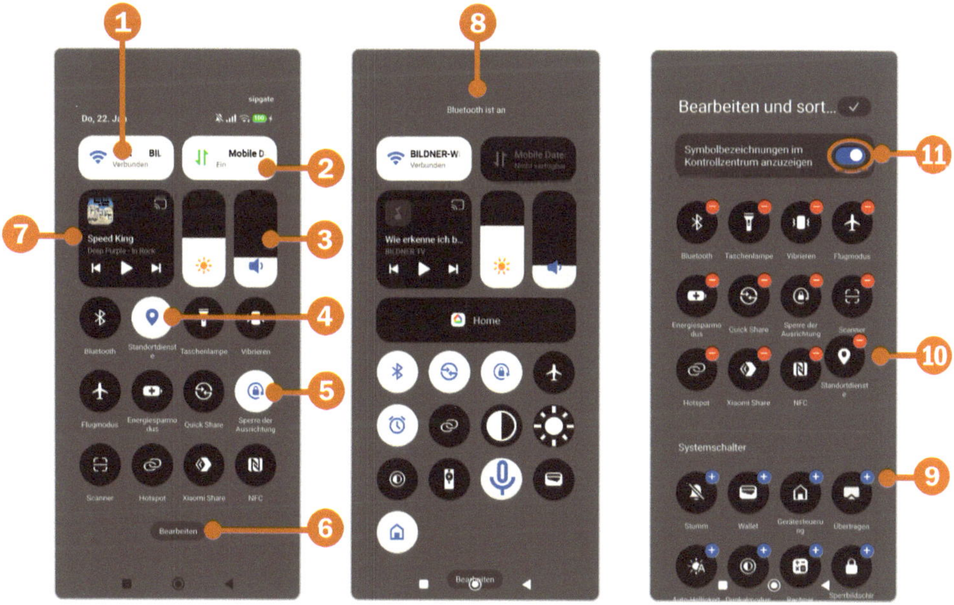

- **Sperre der automatischen Bildschirmdrehung** ❺: In unserem Beispiel ist die Bildschirmdrehung gesperrt, d.h. der Bildschirm dreht sich nicht in das Hoch- bzw. Querformat, je nachdem wie Sie Ihr Smartphone gerade halten. Durch Antippen deaktivieren Sie die Sperre.
- **Medienwiedergabe** ❼: Mit dieser Kachel steuern Sie die Wiedergabe von Musik sowie Videos und können via *Xiaomi Interkonnektivität* Inhalte auch direkt auf kompatiblen Geräten abspielen bzw. übertragen /. Mehr dazu auf Seite 177.

Kontrollzentrum anpassen

Die Schnelleinstellungen Ihres Smartphones im Kontrollzentrum sind nicht in Stein gemeißelt und lassen sich selbstverständlich auch *Bearbeiten* ❻. Systemschalter mit einem blauen Plus ❾ fügen Sie durch Antippen zu Ihrem Kontrollzentrum hinzu. Bereits hinzugefügte Schalter können Sie beliebig verschieben ❿ oder durch Antippen wieder entfernen. Möchten Sie zusätzlich die Symbolbezeichnungen einblenden, aktivieren Sie im Bearbeitungsmodus den entsprechenden Schalter ⓫.

Die alte Kontrollzentrumsversion: Wird auf Ihrem Gerät noch die sogenannte *Alte Version* ❶ des Kontrollzentrums angezeigt, können Sie bei den meisten Smartphones mit HyperOS 3 mittlerweile in den *Einstellungen* unter *Benachrichtigungen und Statusleiste* ▶ *Kontrollzentrum-Design* ❷ auf die *Neue Version* ❸ umschalten. Ausgenommen davon sind die POCO M- und C-Serie sowie die Redmi-C-Modelle.

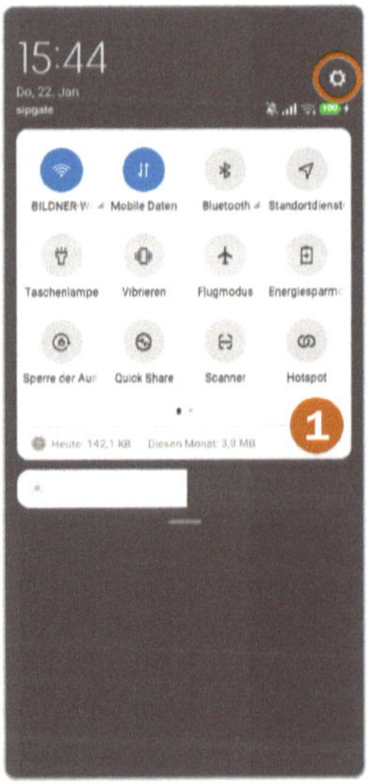

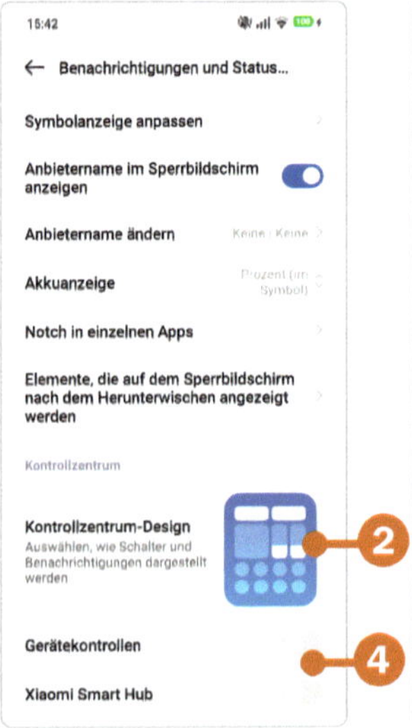

Tipp! Falls Sie kaum Smarthome-Geräte nutzen, können Sie im Kontrollzentrum mehr Platz schaffen indem Sie die Schalter bei *Gerätekontrolle* ❹ und *Xiaomi SmartHub* deaktivieren.

Xiaomis HyperIsland

HyperIsland ist eine Systemfunktion, die Informationen und aktive Prozesse dynamisch um die Frontkamera herum darstellt. Dadurch soll eine schnellere Interaktionen ermöglicht werden ohne eine aktuell genutzte App verlassen zu müssen. Die HyperIsland ❶ erscheint automatisch am oberen Bildschirmrand als pillenförmige, dunkle Fläche um die Kamera, sobald eine kompatible App im Hintergrund aktiv ist.

Sie finden dort z. B. laufende Timer (App Uhr), Musik-Player, Navigation (Google Maps), Echtzeitbenachrichtigungen oder Anrufe. Durch Antippen der Insel lässt sich diese erweitern, um mehr Details oder Steuerelemente (z. B. Play/Pause) anzuzeigen, ggf. müssen Sie auch zuerst nach links oder rechts über die Kameraaussparung im Display wischen, siehe Abbildung 1.

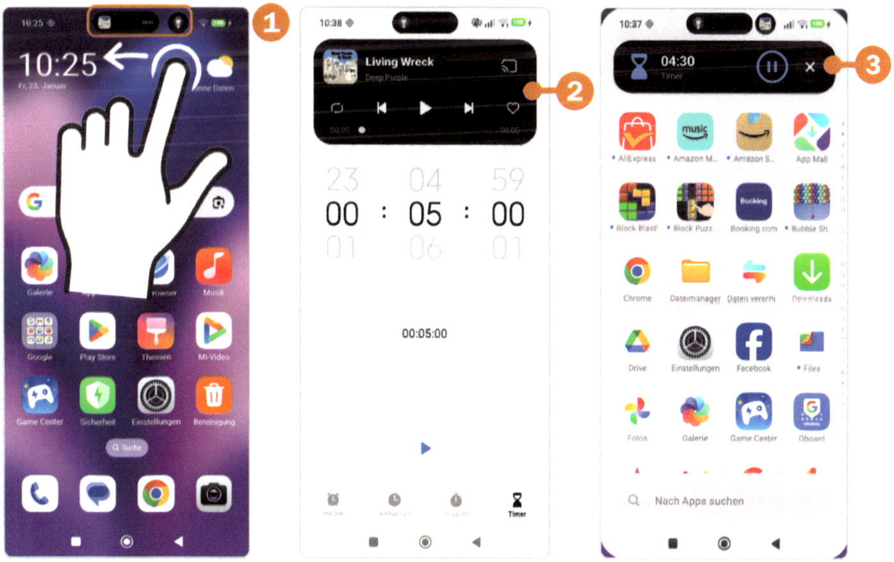

- Im Bild oben links sehen Sie im HyperIsland die *Musikwiedergabe* sowie die eingeschaltete *Taschenlampe*. Wischen Sie mit dem Finger über die HyperIsland, um zwischen diesen Bedienelementen zu wechseln.

- Tippen Sie auf ein Bedienelement der HyperIsland während eine andere App (*Uhr*) geöffnet ist, um die Steuerung aufzurufen, bspw. zum Pausieren der *Musikwiedergabe* ❷ oder zur Änderung der Taschenlampenhelligkeit.
- Im dritten Bild sehen Sie nun die *Taschenlampe*, *Musikwiedergabe* und den laufenden *Timer* ❸, den Sie so pausieren oder stoppen können.

Die Verfügbarkeit der mit HyperIsland kompatiblen Apps sowie deren Funktionsumfang hängt stark vom jeweiligen Gerät bzw. dessen Arbeitsspeicher ab.

Standortinformationen

Einige Apps greifen auf Ihre aktuellen Standortdaten zu (sofern Sie das erlaubt haben), um dazu passende Informationen anzuzeigen, z. B. Wetter-Apps, um Ihnen Vorhersagen zu Ihrem aktuellen Aufenthaltsort anzeigen zu können. Nun hängt es von Ihnen ab, welcher App Sie diese persönlichen Informationen zur Verfügung stellen möchten, da der Gerätestandort meist sehr genau bis zur Hausnummer ermittelt werden kann.

Deshalb fragen Apps beim ersten Öffnen, ob sie den Gerätestandort abrufen dürfen. Durch Antippen von *Nicht zulassen* verweigern Sie den Zugriff. Damit verzichten Sie vielleicht auch auf eine Funktion der App.

Möchten Sie der App die genauen Standortdaten zur Verfügung stellen, tippen Sie auf *Genau* und dann auf *Bei Nutzung der App*. Das ist beispielsweise sinnvoll bei Navigations-Apps, wie Google Maps.

Es gibt allerdings zahlreiche Apps, z. B. auch Wetter-Apps, die gar nicht Ihren genauen Standort benötigen, um trotzdem zu funktionieren. Hier können Sie mit Auswahl von *Ungefähr* und *Bei Nutzung der App* dieser App nur eine ungefähre Ortsangabe übermitteln. Einige Wetter-Apps haben das schon verstanden und erbitten auch nur den ungefähren Standort. Wie Sie nachträglich kontrollieren und ändern, was die App darf, lesen Sie auf Seite 76.

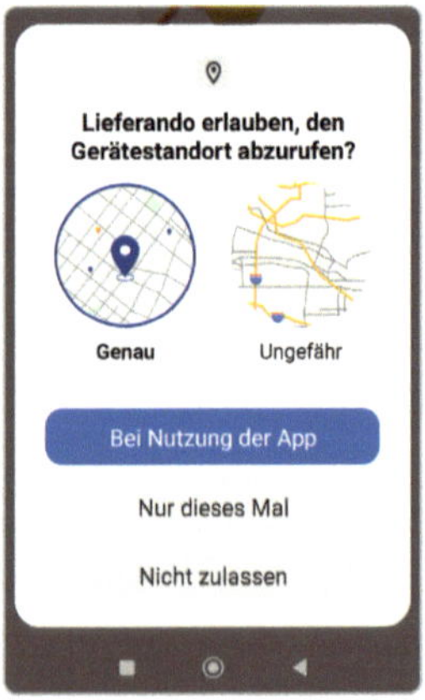

1.7 Alles zum Thema Lautstärke

An der rechten Seite des Geräts befindet sich die Lautstärketaste, die wie eine Wippe funktioniert – drücken Sie oben, erhöht sich die Lautstärke, unten wird sie verringert. Gleichzeitig wird auf dem Bildschirm die Lautstärkeleiste angezeigt, die Sie auch mit dem Finger bedienen können.

In der Standardeinstellung wird beim Drücken der Lautstärketaste immer die Medienlautstärke, gekennzeichnet durch ein Lautsprechersymbol, geregelt. Tippen Sie auf das Drei-Punkte-Symbol ❶, um die Regelungsbereiche Medien, Benachrichtigungen/Klingelton und Alarme anzuzeigen. Jetzt können Sie die Lautstärke für diese Bereiche mit dem Finger einzeln regeln.

In dieser Ansicht können Sie sowohl den *Lautlos-* als auch den *Nicht-Stören-Modus* ❷ aktivieren sowie die Dauer für diese, z. B. für eine Stunde, festlegen.

Durch längeres Antippen des Lautstärkereglers im Kontrollzentrum oder aufrufen von *Einstellungen* ▶ *Ton und Vibration* lässt sich die Lautstärke ebenfalls regulieren sowie die dafür verwendeten Töne ändern, siehe Seite 84.

Der **Klingelton** ertönt, wenn Sie angerufen werden. Beim Eingang einer Nachricht (SMS, E-Mail, WhatsApp) oder einer Erinnerung in einer App erklingt der **Benachrichtigungston** ❸. Mit **Medien** regeln Sie die Lautstärke, wenn Sie Musik am Smartphone abspielen, ein Video betrachten oder ein Handy-Game spielen. Mit **Alarm** legen Sie die Timer- und Weckerlautstärke fest.

> **Tipp!** Scrollen Sie in den *Einstellungen* ▶ *Ton und Vibration* zu den *Zusätzlichen Einstellungen* ❹, um weitere Lautstärkeeinstellungen aufzurufen. Hier lässt sich z. B. ein vierter Regelungsbereich für *Benachrichtigung* aktivieren, mit dem Sie dann die Lautstärke der Benachrichtigungstöne steuern. Außerdem können Sie hier den Regler bei *Medien-Sound in verschiedenen Apps anpassen* einschalten, um die Lautstärke jeder einzelnen App zu regulieren. Ist die Funktion aktiviert, tippen Sie hierzu auf das -Symbol ❺ und justieren Sie anschließend den entsprechenden Lautsprecherbalken bei der jeweiligen App.

Sie haben auf Ihrem Xiaomi-Smartphone mehrere unterschiedliche Modi: *Ton* (Laut), *Lautlos* (Stumm), *Vibration* und *Nicht stören* (BNS/DND). Im Kontrollzentrum wechseln Sie zwischen den Modi oder können diese sinnvoll kombinieren. Längeres Tippen auf den Lautstärkenregler im Kontrollzentrum erweitert dieses um alle Tonregler sowie die Stumm- und DND-Schalter.

Durch Antippen wechselt die Einstellung in der ersten Abbildung von *Ton* auf *Ton* mit *Vibration*. Würden Sie nun angerufen oder eine Nachricht erhalten, ertönt Ihr Klingel- bzw. Benachrichtigungston und das Handy vibriert zusätzlich.

In der zweiten Abbildung wird durch Antippen der Glockenkachel das Gerät in den *Lautlos-Modus* versetzt. Das Handy spielt bei einem Anruf keinen Klingelton mehr, das Smartphone würde jedoch weiterhin vibrieren. Auch Medientöne würden standardmäßig noch wiedergegeben. Um in diesem Modus das Smartphone wirklich vollkommen stumm zu schalten, müssen Sie unter *Ton und Vibration* die Regler *Im Lautlos-Modus Medien stummschalten* ❻ (siehe vorherige Seite) aktivieren sowie *Im Lautlos-Modus vibrieren* deaktivieren.

Im *Nicht-Stören-Modus* werden alle Benachrichtigungen unterdrückt (kein Aufleuchten es Displays) und eingehenden Anrufe stummgeschaltet, selbst die aktivierte Vibration. Unter Ton-Optionen *Nicht stören* ❼ können Sie jedoch Ausnahmen hinzufügen, z. B. für wiederholte Anrufe innerhalb von 15min oder bei bestimmten Kontakten.

Die Medienlautstärke bleibt in der Regel von den verschiedenen Modi unberührt. So würden beispielsweise trotz *Lautlos* oder *Nicht-Stören* Videos mit Ton und auch Lieder im Musik-Player laut wiedergegeben, sofern der Regler nicht deaktiviert (Abb. 2, siehe ❻) oder auf *aus* (s. Abb. 3) geschoben ist.

1.8 Smartphone aus- und einschalten

Zugegebenermaßen wird das Smartphone nicht oft ganz ausgeschaltet. Manchmal schaltet man es im Theater oder Kino ab, um sicherzustellen, dass niemand gestört wird. Ein anderer Klassiker ist der niedrige Akkustand, der einen veranlasst, das Handy auszuschalten, um vielleicht am Zielort noch einen Anruf tätigen zu können. Wenn Sie Ihr Handy einige Zeit nicht verwenden möchten, ist es ebenfalls sinnvoll es auszuschalten. Außer dem sollten Sie das Smartphone ausschalten, wenn Sie die SIM-Karte wechseln. Wichtig ist: Nach dem Einschalten benötigen Sie die PIN zum Entsperren Ihrer SIM-Karte.

Die **PIN der SIM-Karte** erhalten Sie zusammen mit Ihrer Karte. Sie müssen diese PIN immer dann eingeben, wenn das Smartphone neu gestartet wurde. Die SIM-Karten-PIN darf nur dreimal falsch eingegeben werden, dann ist die Karte gesperrt und Sie benötigen den **PUK**, den Sie ebenfalls zusammen mit Ihrer SIM-Karte bekommen haben. Diesen meist achtstelligen Code müssen Sie dann eingeben, um Ihr Handy wieder zu entsperren.

Smartphone ausschalten & neu starten

- Um das Gerät abzuschalten, drücken Sie die Lauter- und Funktionstaste gleichzeitig oder etwas länger auf die Funktionstaste; siehe *Ausschalten* auf Seite 42. Hier stehen Ihnen nun grundsätzlich zwei Optionen zur Verfügung:

- **Ausschalten**: Schieben Sie den Regler nach oben und lassen Sie ihn dort dann aus.
- **Neustart**: Wenn das Smartphone Probleme bereitet, hilft oft *Neu starten*. Aber auch ohne Not ist es sinnvoll, von Zeit zu Zeit einen Neustart durchzuführen. Das Beenden verschiedener Prozesse und die Optimierung der Apps beim anschließenden Hochfahren kann sich positiv auswirken.

▶ Zum Einschalten drücken Sie etwas länger auf die Funktionstaste, geben Sie dann die PIN der SIM-Karte ein. Danach müssen Sie das Handy ggf. noch entsperren.

2 Das Smartphone schützen

Das Smartphone als ständiger Wegbegleiter enthält viele persönliche Daten. Deshalb sollten Sie es unbedingt vor unbefugtem Zugriff anderer schützen. Stellen Sie sich vor, Sie verlieren das Smartphone und jeder kann mit einem Wisch telefonieren, Ihre geknipsten Bilder betrachten oder Ihre Nachrichten lesen. Da wir das im Einrichtungsprozess übersprungen haben, ist es jetzt an der Zeit, das Handy zu schützen.

Das Smartphone bietet mittlerweile sehr viele Möglichkeiten: Muster, PIN, oder Passwort und zusätzlich Gesichtserkennung oder Fingerabdruck. Für welche Option Sie sich entscheiden, kommt auch auf die persönlichen Vorlieben an und ist letztendlich eine Abwägung zwischen Sicherheit und Praktikabilität. So ist die Eingabe eines Musters, dessen Spuren man noch auf dem Bildschirm sieht, nicht so sicher wie ein langes Passwort. Aber wer will ständig ein Kennwort eintippen? Wir stellen hier die Methoden PIN und Fingerabdruck vor.

2.1 Displaysperre mit PIN

- Öffnen Sie die Smartphone-*Einstellungen* und anschließend den Punkt *Fingerabdrücke, Gesichtsdaten und Bildschirmsperre* ❶.
- Hier tippen Sie auf *Geräteentsperrung* ▶ *Bildschirmsperre* ❷. Dort haben Sie die Auswahl zwischen *Muster*, *PIN* und *Passwort*:
  - *Muster* ❸: Sie zeichnen ein Entsperrungsmuster, das Sie auf dem Bildschirm eingeben, sobald Sie Ihr Smartphone nutzen wollen.
  - *PIN*: Eine Zahlenfolge bestehend aus mindestens 4 bzw. maximal 16 Ziffern schützt Ihr Gerät.
  - *Passwort*: Eine Kombination aus 4 oder mehr Zahlen sowie Buchstaben wird für die Entsperrung des Smartphones benötigt.
- Wählen Sie eine Methode aus, bestätigen Sie mit *Verstanden* und geben Sie ein Entsperrmuster, eine Zahlenkombination oder ein Passwort ein. Mit einer erneuter Eingabe *Bestätigen* Sie Ihre Bildschirmsperre.

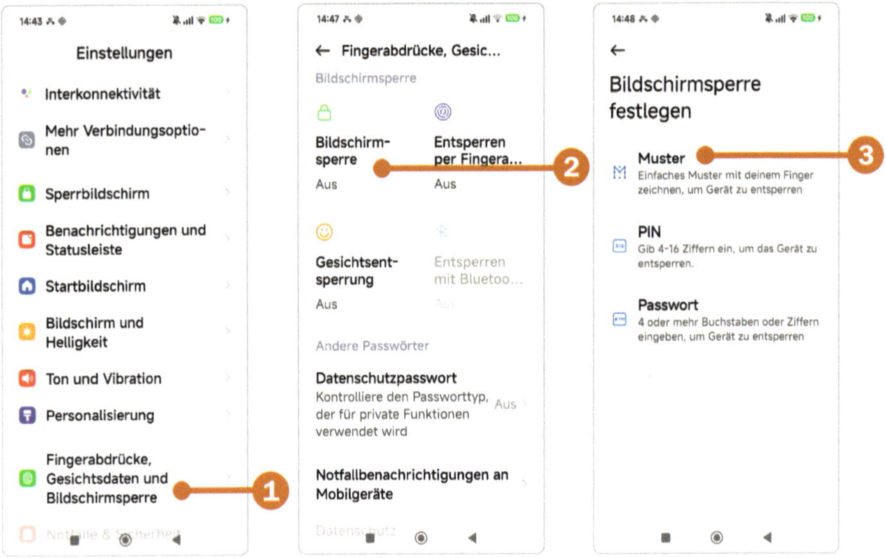

- Wenn Sie möchten, können Sie direkt im Anschluss einen *Fingerabdruck hinzufügen*. Das spart Zeit beim Entsperren des Smartphones. Falls Sie keinen Fingerabdruck hinzufügen möchten, tippen Sie auf *Abbrechen*. Wie Sie im Nachhinein noch einen oder mehrere Fingerabdrücke hinzufügen, erfahren Sie auf der nächsten Seite.

Meist ist eine PIN sicherer als ein Muster und ein Passwort sicherer als eine PIN, da sich mit einen Buchstabensalat aus Groß- und Kleinbuchstaben, Sonderzeichen und Ziffern die Anzahl der Möglichkeiten signifikant erhöht.

Wichtig: Die PIN zum Entsperren des Sperrbildschirms können Sie so oft eingeben, wie Sie möchten, doch nach mehreren Falscheingaben wird eine Pause von 30 Sekunden eingeblendet. Verwechseln Sie diese nicht mit der PIN der SIM-Karte, welche Sie mit der Karte erhalten haben und bei einem Neustart des Smartphones benötigen. Die PIN der SIM-Karte können Sie nur dreimal falsch eintippen, dann ist die Karte gesperrt und Sie benötigen Ihre PUK.

2.2 Fingerabdruck hinzufügen

Der Fingerabdruck wird immer zusätzlich zu einer Bildschirmsperre verwendet. Sie müssen also zunächst ein Muster, eine PIN oder ein Passwort festgelegt haben. Sie entsperren selbstverständlich das Smartphone nachher nur über den Fingerabdruck. Die alternative Methode dient unter anderem dazu, sicherzustellen, dass Sie das Smartphone entsperren können, auch wenn der Fingerabdruck einmal nicht funktioniert.

- Öffnen Sie die *Einstellungen*. Tippen Sie auf *Datenschutz & Sicherheit* und anschließend auf *Geräteentsperrung* ❶.
- Wählen Sie *Entsperrung per Gesichtserkennung & Fingerabdruck* und anschließend *Entsperren per Fingerabdruck*. Geben Sie Ihre PIN ein und bestätigen Sie mit *Weiter* und *Verstanden*.
- Platzieren Sie nun einen Finger auf dem abgebildeten Fingerabdrucksensor. Im Folgenden wird der Fingerabdruck eingescannt. Drücken Sie den Finger auf den Sensor bzw. heben ihn an und wiederholen Sie diesen Vorgang mehrmals bis die Meldung *Fertig* erschein und bestätigen Sie mit *Fertig*. Achten Sie auf die Hinweise am Bildschirm ❷.
- Der Fingerabdruck wurde unter der Bezeichnung *Fingerabdruck 1* gespeichert. Sie können noch weitere *Fingerabdrücke hinzufügen* ❸ oder festlegen, wofür Sie den Fingerabdruck noch verwenden möchten.

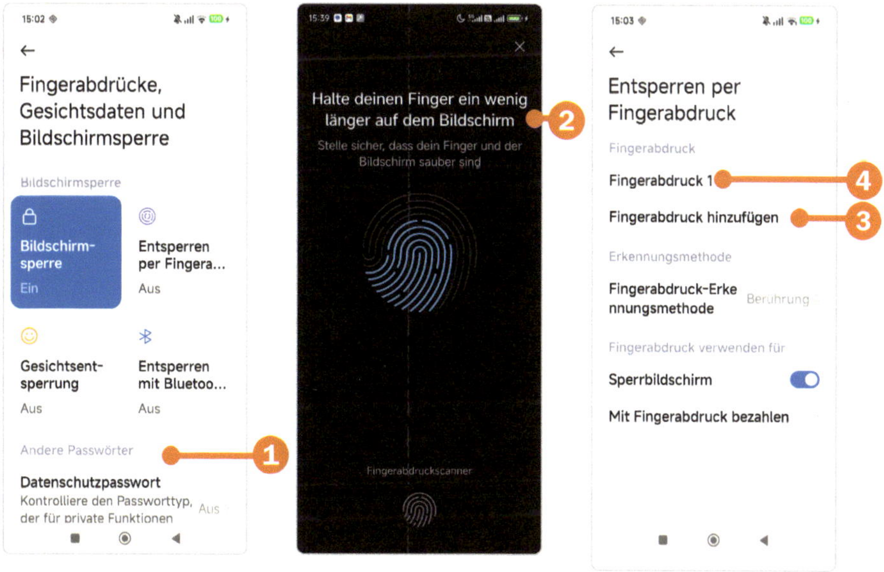

Fingerabdruck vom Smartphone löschen

Um einen Fingerabdruck zu entfernen, öffnen Sie die *Einstellungen*, wählen *Fingerabdrücke, Gesichtsdaten und Bildschirmsperre* und dann *Entsperren per Fingerabdruck*, geben die PIN ein und bestätigen mit *Weiter*. Tippen Sie auf den Fingerabdruck (hier im Beispiel *Fingerabdruck 1* (4)) und anschließend unten mittig auf *Fingerabdruck entfernen*. Bestätigen Sie mit *OK*.

> Wenn Sie Ihr Smartphone ausgeschaltet haben und es wieder einschalten, dann geben Sie zunächst die PIN der SIM-Karte ein. Danach muss der Sperrbildschirm entsperrt werden. Wenn Sie das normalerweise mit Fingerabdruck erledigen, ist das bei einem Neustart des Smartphones leider nicht möglich. Hier müssen Sie die PIN eingeben, die Sie festgelegt haben.

2.3 Das verlorene Smartphone orten

Sie haben Ihr Smartphone verlegt oder vielleicht sogar verloren. Hier hilft die Ortungsfunktionen von Google . Zur Ortung sollte das Smartphone über eine mobile Datenverbindung mit dem Internet verbunden sein. WLAN ist natürlich auch möglich, aber bei Verlust eher unwahrscheinlich. Das Smartphone muss eingeschaltet sein. Wenn es sich ausgeschaltet hat, vielleicht weil der Akku leer war, kann nur noch der letzte Standort ermittelt werden. Außerdem muss die Standortermittlung (GPS) aktiviert sein.

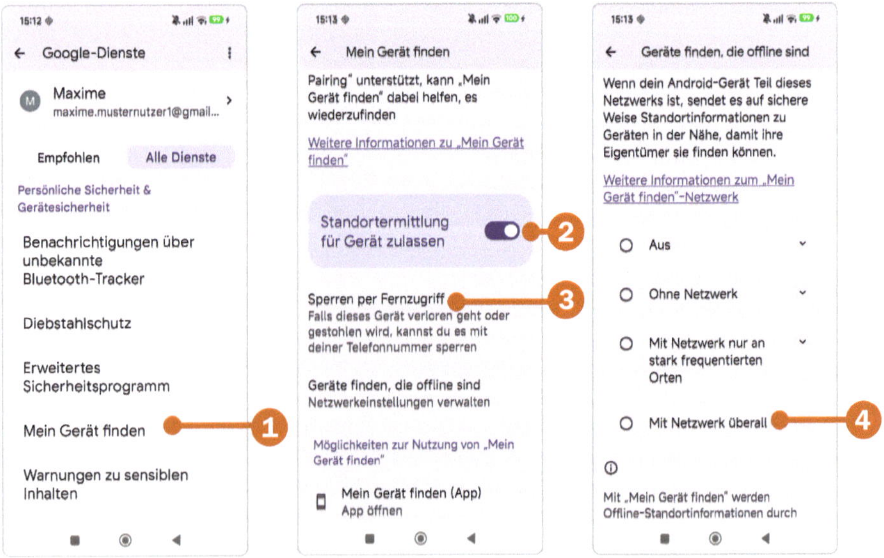

Einrichtung am Smartphone

- Öffnen Sie die *Einstellungen*, tippen Sie auf *Google* und wählen Sie *Alle Dienste* ▶ *Mein Gerät finden* ❶ (Abbildung vorherige Seite) aus.
- Überprüfen Sie, ob *Standortermittlung für Gerät zulassen* ❷ eingeschaltet ist. Ihr Telefon wird nun gefunden, wenn es eine mobile Daten- oder WLAN-Verbindung hat und der Standort eingeschaltet ist.
- Unter *Sperren per Fernzugriff* ❸ aktivieren Sie die Möglichkeit, die Displaysperre nur anhand Ihrer Handynummer und eines Passworts unter android.com/lock zu aktivieren; hierfür wird kein Google-Konto benötigt.

Offline-Ortung aktivieren

Google bietet zusätzlich eine Offline-Ortung, um Ihr Gerät auch ohne aktive Internetverbindung (keine mobilen Daten, kein WLAN) finden zu können. Dazu muss am Smartphone Bluetooth aktiviert sein. Das verlorene Gerät wird über Bluetooth von anderen Android-Geräten in der Nähe erkannt und diese übermitteln anonymisiert die Position Ihres Geräts an Google. Wenn Sie die Offline-Ortung nutzen, wird auch Ihr Gerät zur Offline-Ortung verwendet. Sie aktivieren diese Funktion unter *Gerät finden, die offline sind* ▶ *Mit Netzwerk überall* ❹. Gegebenenfalls müssen Sie nun noch Ihren Displaysperren-PIN eingeben.

Laptop oder Computer

- Öffnen Sie den Browser und rufen Sie die Seite android.com/find auf. Tippen Sie bei *Mein Gerät suchen* auf *Anmelden* und loggen Sie sich anschließend mit Ihrem Google-Konto ein.
- Sie erhalten einen Kartenausschnitt, auf dem Sie sehen, wo ❺ sich Ihr Smartphone gerade befindet.
- Wenn sich das Handy unter dem Kissen auf dem Sofa versteckt, können Sie es mit *Ton abspielen* ❻ leicht wiederfinden. Das erleichtert die Suche ungemein.
- Sind Sie unsicher, ob Sie Ihr Gerät vielleicht wirklich verloren haben oder es entwendet wurde, klicken Sie auf *Als verloren markieren*. Dadurch wird Ihr Gerät mit Ihrer PIN, Ihrem Muster oder Passwort gesperrt (falls keine Bildschirmsperre eingerichtet war, können Sie diese nun festlegen). Bestätigen Sie mit *Weiter*. Sie können sogar eine Nachricht am Sperrbildschirm für den möglichen Finder einblenden lassen.

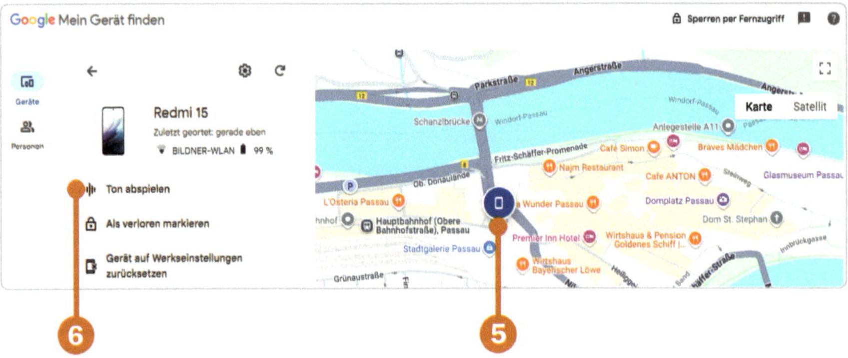

Wichtig! Die Ortungsfunktion Ihres Smartphones bietet unseres Erachtens mehr Vor- als Nachteile. Wenn Sie das Gerät verloren haben, können Sie es so wiederfinden oder zumindest via Fernzugriff die Daten auf Ihrem Smartphone löschen. Ganz klar ist aber auch, dass jeder, der über Ihre E-Mail-Adresse und das dazugehörige Kennwort verfügt, über diesen Dienst sehen kann, wo sich Ihr Smartphone und in diesem Fall auch Sie sich gerade befinden. Deshalb ist es wichtig, diese Daten sicher zu verwahren.

2.4 Tipps für mehr Sicherheit

Nicht nur PCs, auch Smartphones können Ziele von Viren und Malware sein! Daher sollte man auf den Schutz der persönlichen Daten auch auf dem Smartphone achten:

- Führen Sie System- und Sicherheitsupdates zeitnah durch. Aktualisieren Sie auch Ihre Apps regelmäßig (siehe Seite 101).
- Installieren Sie nur Apps aus dem *Google Play Store* und nicht aus anderen Quellen. Selbst in der *Xiaomi App Mall* (GetApps) gibt es Maleware.
- Öffnen Sie keine Anhänge von E-Mails, deren Absender Sie nicht kennen.
- Seien Sie misstrauisch, wenn Sie im Browser aufgefordert werden, etwas anzuklicken, um Virenbefall zu vermeiden, oder Sie in einer E-Mail einen Link anklicken sollen, um sicherheitsrelevante Eingaben für ein anderes Konto nachzutragen. Ihre Bank wird Ihnen niemals eine solche E-Mail zusenden.
- Hotspots, also kostenloses öffentliches WLAN, können ebenfalls eine potenzielle Gefahrenquelle darstellen.
- Nutzen Sie eine Bildschirmsperre für Ihr Smartphone.

- Achten Sie beim Scannen von QR-Codes darauf, auf welche Webseite Sie dieser führt. Betrüger nutzen QR-Codes an Parkautomaten, um Sie auf gefälschte Bezahlseiten zum Lösen eines Parkscheins zu führen, z. B. **PARK5TER.COM/login** statt **PARKSTER.COM/login**
- Kontrollieren Sie bei neu installierten Apps die Berechtigungen (siehe Seite 76).

Bereits vorinstalliert ist **Google Play Protect**, das Sie gegebenenfalls über Sicherheitsrisiken informiert. Dabei wird ein Virenscan der installierten Apps durchgeführt, es erfolgt eine Prüfung der im Play Store angebotenen Apps vor dem Herunterladen und Sie werden vor möglicherweise gefährlichen Internetseiten gewarnt, sofern Sie mit dem Google-Browser Chrome surfen. *Play Protect* ❶ finden Sie in den *Einstellungen* ▶ *Sicherheitsstatus*. Hier prüfen Sie auch auf wichtige Sicherheits- und Play-Systemupdates.

In der Xiaomi-App *Sicherheit* erhalten Sie Vorschläge, wie Sie Ihrs Smartphones verbessern können. Bei orange gekennzeichneten Optionen besteht noch Handlungspotenzial (im Beispiel bei *Beschleunigen*). Tippen Sie den Eintrag *Sicherheitsscan* ❷ an, um Ihr Gerät auf Viren zu prüfen.

Sind Sie sich bei den zahlreichen sicherheitsrelevanten Einstellungen Ihres Smartphone unsicher, so können Sie unter *Einstellungen* ▶ *Google* ▶ *Erweitertes Sicherheitsprogramm* ❸ auf Ihrem Gerät mit nur einem Klick die stärksten Schutzmaßnahmen automatisch anwenden lassen.

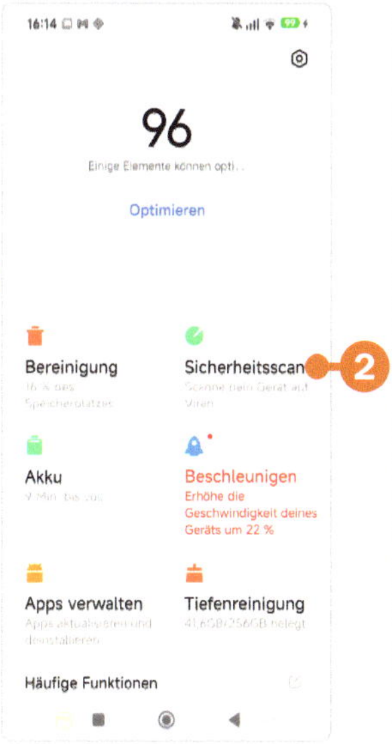

2.5 Berechtigungen kontrollieren

Vielleicht kennen Sie das jetzt schon: Beim Öffnen von Apps oder beim Ausprobieren einer speziellen App-Funktion erscheint eine Meldung, die Sie auffordert, den Zugriff auf einen bestimmten Bereich des Smartphones zuzulassen. Dabei ist es schwer, pauschal zu sagen, auf was eine App zugreifen darf. Beispielsweise benötigen Messenger-Apps, wie WhatsApp, Zugriff auf Ihre Kontakte. Wenn ein Spiel auf Ihre Kontakte zugreifen möchte, ist das zumindest ungewöhnlich.

Berechtigung nachträglich erteilen oder entziehen

- Die Berechtigungen finden Sie unter *Einstellungen* ▸ *Apps*.
- Tippen Sie hier auf jene App, deren Berechtigungen Sie kontrollieren möchten, z. B. *Kamera* und dann auf *App-Berechtigungen* ❶.
- Berechtigungen sind in *Zugelassen* und *Nicht zugelassen* unterteilt. Im Beispiel darf die **App** *Kamera* auf *Foto-*, *Video-*, *Audio-Dateien*, auf die *Kamera* sowie das *Mikrofon* zugreifen. Klingt dies zunächst ungewöhnlich, so ist es im Hinblick auf Audioaufnahmen beim Videodreh doch sinnvoll.
- Wenn Sie möchten, können Sie nun Zugriffe entziehen oder auch erlauben. Erlauben wir der App *Kamera* den Zugriff auf den *Standort* ❷, werden Standortinformationen zusammen mit dem Foto gespeichert. Wählen Sie hierzu *Zugriff nur während der Nutzung der App zulassen* ❸.

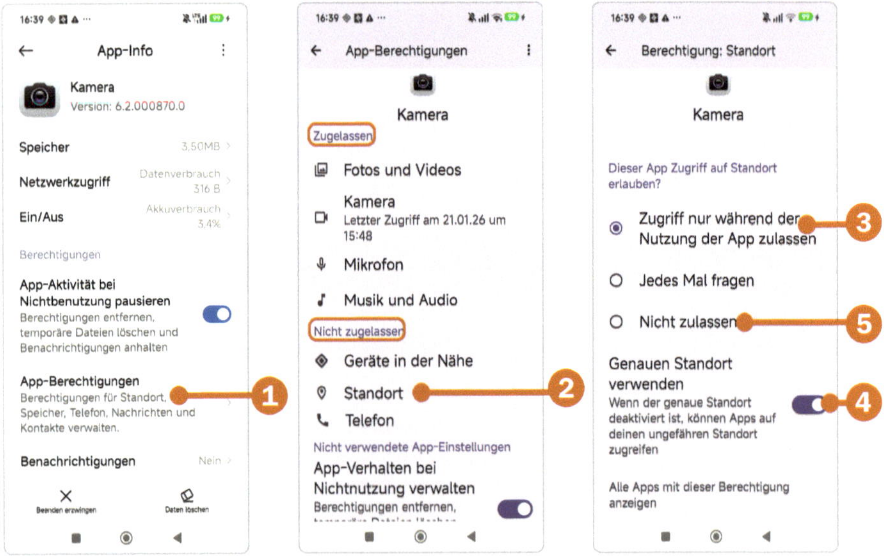

Besonderheit Standort
Wie Sie schon auf Seite 61 erfahren haben, können Sie einer App den genauen oder nur einen ungefähren Gerätestandort zur Verfügung stellen. Ist der Schalter bei *Genauen Standort verwenden* ❹ aktiv, so wird im Falle der App *Kamera* für das Foto der Aufnahmeort mit Straße und Hausnummer gespeichert. Ähnliche Informationen erhalten Sie auch beim ungefähren Standort, nur weichen diese um einige hundert Meter ab. Mehr zu Standortangaben zu Ihren Fotos erfahren Sie auf Seite 131.

- Natürlich können auch Berechtigungen wieder entzogen werden; hierfür wählen Sie *Nicht zulassen* ❺. Keine Angst, falls Sie einen Zugriff unterbinden, der für die Funktionsfähigkeit der App unbedingt erforderlich ist, werden Sie gewarnt und beim nächsten Öffnen der App wird ein Hinweis eingeblendet, der erneut den Zugriff einfordert.

Alle Apps mit Zugriffsberechtigung anzeigen

Neben der Frage was eine bestimmte App darf, kann auch interessant sein, zu erfahren, welche Apps Zugriff auf bestimmte Funktionen des Smartphones haben, z. B. auf das Mikrofon, den Standort oder die Kamera. Hier hilft der **Berechtigungsmanager**.

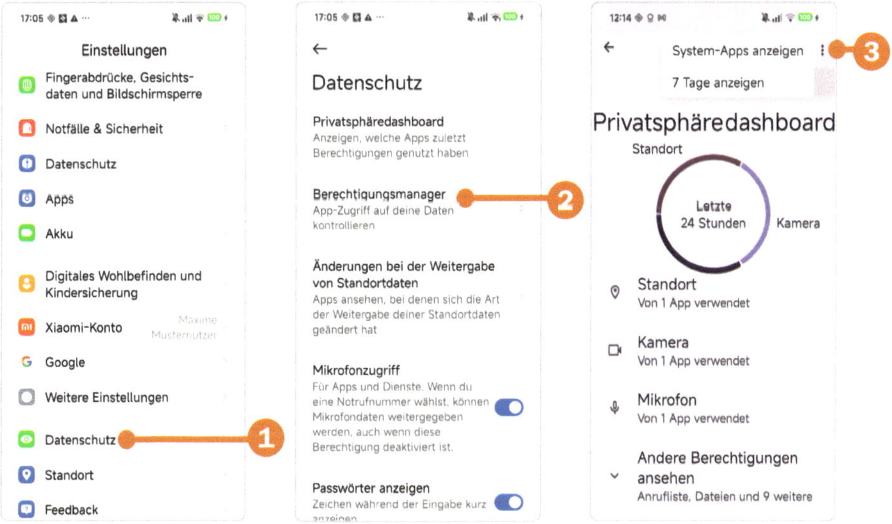

Öffnen Sie die *Einstellungen* ▶ *Datenschutz* ❶ bzw. *Datenschutz & Sicherheit* und wählen Sie *Berechtigungsmanager* ❷ aus. Tippen Sie einen

Bereich, z. B. *Mikrofon*, an, um direkt zu sehen, welche Apps die Berechtigung haben, das Mikrofon des Smartphones zu nutzen. Auch hier können Sie wie oben beschrieben den Zugriff direkt entziehen.

Im **Privatsphäredashboard** erhalten Sie einen zeitlich gestaffelten Überblick aller genutzten Berechtigungsarten wahlweise innerhalb der letzten 24 Stunden oder 7 Tage. Tippen Sie zum Wechseln oben rechts auf das Drei-Punkte-Menü ❸.

Werbung reduzieren

Xiaomi blendet auf den Xiaomi-, Redmi- und Poco-Geräten Werbung ein. Dies ist Teil der Unternehmensstrategie, um die Smartphones zu einem guten Preis-Leistungsverhältnis anzubieten. Die Werbung kann aber zum Großteil unterbunden werden, so geht's:

- *Einstellungen* ▶ *Sperrbildschirm* ▶ *Hintergrundbildkarussell* ▶ *Nicht zustimmen* ▶ *Datenschutzerklärung* ❶ ▶ *Inhalte und Werbung von Dritten*, *Sperrbildschirm-Werbung* und *Personalisierte Dienste* ausschalten oder direkt unter *Hintergrundbild-Karussell* ▶ Schalter auf *Aus*.

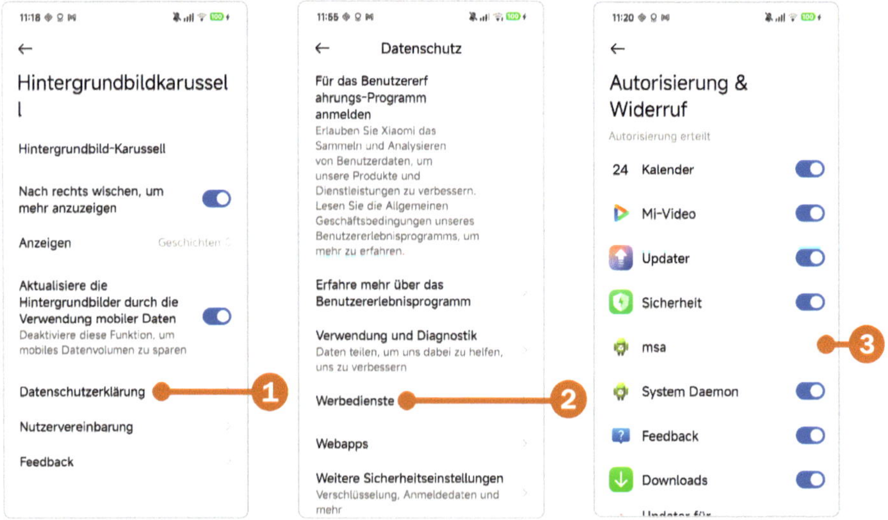

- *Einstellungen* ▶ *Fingerabdrücke, Gesichtsdaten und Bildschirmsperre* ▶ *Datenschutz* ▶ *Werbedienste* ❷ ▶ *Personalisierte Werbung* auf aus.
- *Einstellungen* ▶ *Apps* ▶ Drei-Punkte-Menü ▶ *Andere Einstellungen* ▶ *Empfehlungen* deaktivieren.

- *Einstellungen* ▶ *Fingerabdrücke, Gesichtsdaten und Bildschirmsperre* ▶ *Autorisierung & Widerruf* ▶ Schalter bei *msa* 3 auf.
- *Datei-Manager* ▶ Drei-Punkte-Menü ▶ *Einstellungen* ▶ *Widerruf der Einwilligung* 4 ▶ Schalter auf.
- *Downloads* ▶ Drei-Punkte-Menü ▶ *Einstellungen* ▶ *Werbung anzeigen* ▶ Schalter auf aus.
- *Themen* ▶ *Profil* ▶ *Einstellungen* ▶ *Datenschutz* ▶ *Widerruf der Einwilligung* sowie *Personalisierte Empfehlungen* nicht zustimmen und den Schalter bei *Werbung anzeigen* unter *Einstellungen* deaktivieren.
- *Musik* ▶ *Einstellungen* ▶ *Einstellungen* ▶ *Erweiterte Einstellungen* ▶ Schalter bei *Widerruf der Einwilligung* sowie bei *Anzeigen anzeigen* und *Personalisierte Empfehlungen* auf aus.
- *Sicherheit* ▶ *Einstellungen* ▶ *Empfehlungen anzeigen (Werbung)* 5 ausschalten.
- *Startbildschirm-Suche* Suche ▶ Drei-Punkte-Menü ▶ *Einstellungen* ▶ *Beliebter Inhalt* 6 ▶ Schalter bei *Shopping* und *Game* deaktivieren sowie unter *Über App-Finder* 7 ▶ *Personalisierte Dienste*.
- *Info-Assistent* ▶ Drei-Punkte-Menü ▶ *Dienste verwalten* ▶ *Werbung*
- Unter *Einstellungen* ▶ *Datenschutz* ▶ *Werbung* löschen Sie übrigens auch Ihre Werbe-ID.

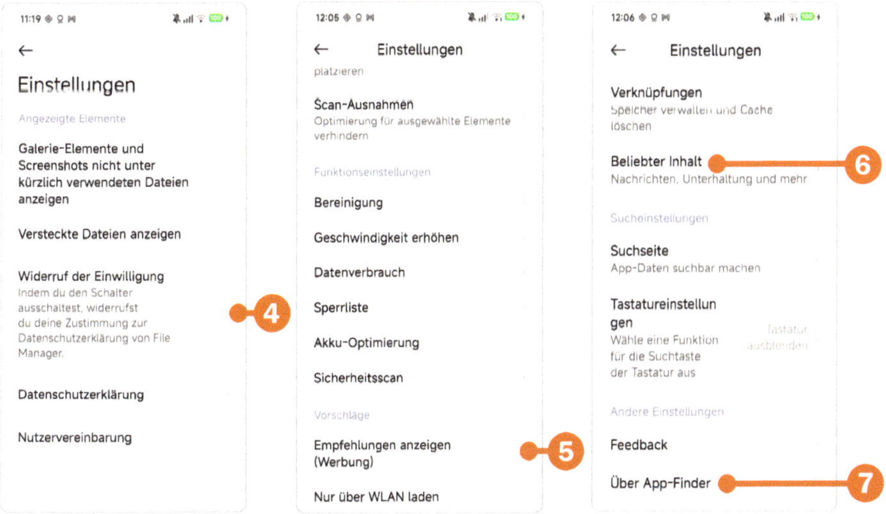

3 Das Smartphone personalisieren

In diesem Kapitel erhalten Sie Tipps, wie Sie das Smartphone an Ihre Bedürfnisse anpassen.

3.1 Bildschirm-Timeout festlegen

Vielleicht passiert Ihnen das gerade - das Smartphone „geht ständig aus“. Wenn Sie für kurze Zeit nichts am Smartphone machen, wird der Bildschirm ausgeschaltet und das Handy automatisch mit dem Sperrbildschirm geschützt. Diese Funktion nennt sich „Schlafen“. Jetzt müssen Sie wieder die Funktionstaste drücken, den Bildschirm entsperren und dann kann es erst weitergehen - das nervt. Vor allem weil „Schlafen“ standardmäßig auf 30 Sekunden eingestellt ist. Das schont den Akku, ist aber am Anfang einfach zu kurz. So verlängern Sie den Zeitraum:

- Öffnen Sie die *Einstellungen* und tippen Sie auf *Sperrbildschirm* ❶.
- In der Kategorie *Schlafen* tippen Sie dann auf *Nach 1 Minute Inaktivität* ❷ und wählen einen längeren Zeitraum, z. B. *5 Minuten* ❸. Das geht etwas zu Lasten des Akkus, aber Sie können das jederzeit wieder ändern.
- Tippen Sie dann auf die Home-Taste, um die Einstellungen zu verlassen.

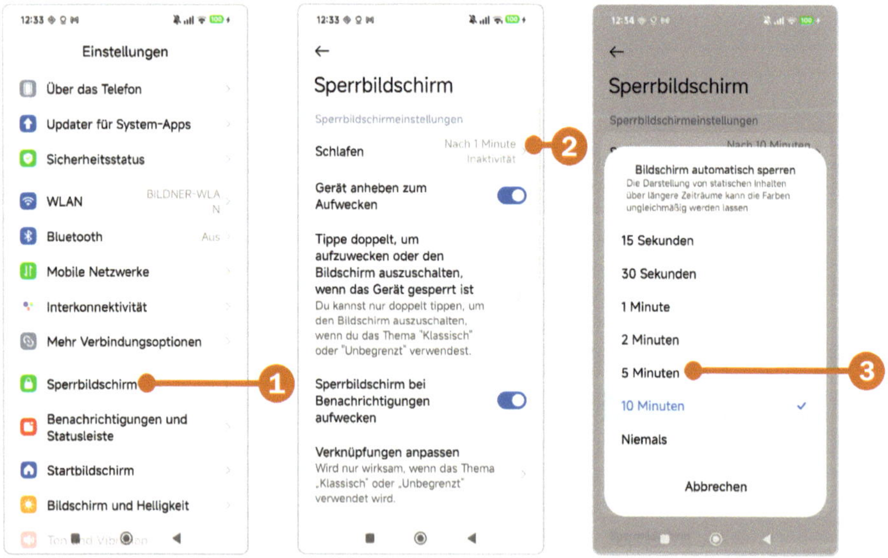

3.2 Schriftgröße bestimmen und Helligkeit anpassen

- **Bildschirmhelligkeit:** Rufen Sie die *Einstellungen* auf und wählen Sie *Bildschirm und Helligkeit*. Gute Lesbarkeit hat natürlich auch etwas mit der Helligkeit des Bildschirms zu tun. Über den Regler ❶ können Sie die *Bildschirmhelligkeit* anpassen.
- Natürlich hat auch das Umgebungslicht Einfluss darauf, welche Bildschirmhelligkeit wir als angenehm empfinden. Die Funktionen *Auto-Helligkeit* und *Sonnenlicht Modus* ❷ passen die Helligkeit automatisch auf Grundlage der vorherrschenden Lichtverhältnisse an. Zum Einschalten ziehen Sie den Regler nach rechts auf *An*.
- **Schriftgröße verändern:** Wischen Sie vertikal nach unten um zu den *Schrifteinstellungen* ❸ zu gelangen. Hier können Sie mit dem Schieberegler die gewünschte Größe einstellen. Ziehen Sie einfach den Punkt ❹ etwas nach rechts. Dabei sehen Sie die Änderungen sofort und können gleich abschätzen, welche Schriftgröße für Sie angenehm ist. Der zweite Schieberegler ist für die Schriftdicke zuständig.
- Neben der Schriftgröße können Sie auch die *Schriftart* ❺ auswählen. Tippen Sie auf den Eintrag ❻ werden Sie automatisch zur *Themen*-App (Mehr dazu auf Seite 83) weitergeleitet. Hier müssen Sie jedoch weit nach unten wischen, um zu den kostenlosen Schriftarten zu gelangen.

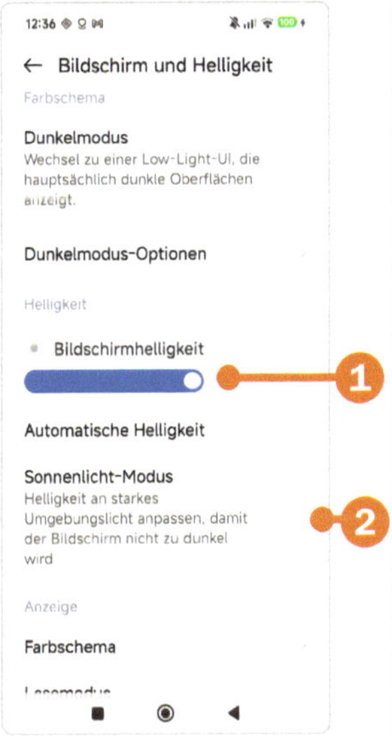

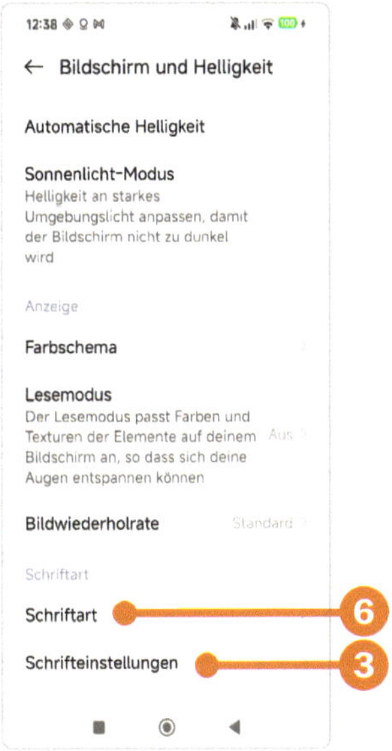

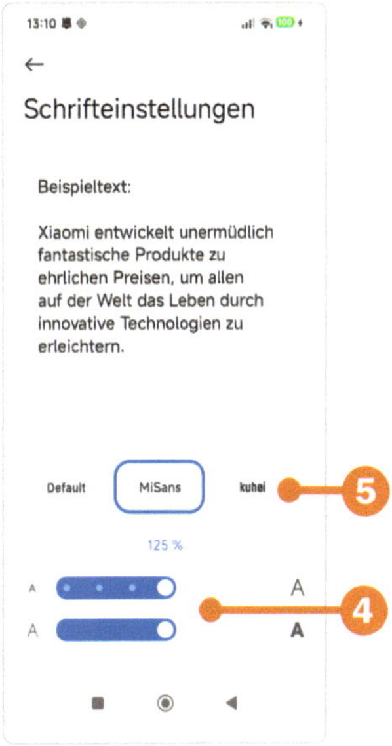

Helligkeitssteuerung über das Kontrollzentrum

Erinnern Sie sich an das Kontrollzentrum? Hier finden Sie ebenfalls einen Helligkeitsregler. Zusätzlich können Sie hier zwei weitere Modi aktivieren, den *Lesemodus* ❼ und den *Dunkelmodus* ❽. Ersterer filtert in der *Klassisch*-Einstellung Blaulicht und das Display erstrahlt dadurch wärmer, was die Augen weniger strapazieren soll. Beim Dunkelmodus wird die Farbe des Hintergrunds und der Schrift invertiert. Dies ist auch angenehmer für die Augen und schont zusätzlich den Akku etwas. Tippen Sie den Helligkeitsregler etwas länger an, um die Kacheln für die *Auto-Helligkeit*, den *Dunkelmodus* und *Lesemodus* einzublenden.

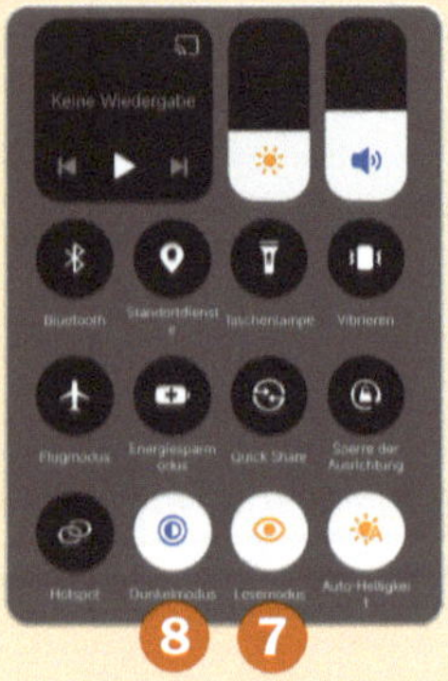

3.3 Eigenes Hintergrundbild auswählen

Auch ein persönliches Bild kann als Hintergrund für den Start- oder Sperrbildschirm geladen werden. Dabei ist es am einfachsten, wenn Sie das Foto mit Ihrem Smartphone geknipst haben. Diese Variante stellen wir hier vor:

- Zeigen Sie in der Galerie-App das gewünschte Foto an (mehr zu dieser App erfahren Sie auf Seite 138).
- Tippen Sie rechts unten auf die drei Punkte ··· und wählen Sie *Hintergrund festlegen* ❶ und anschließend *Startbildschirm* ❷ aus. Hier können Sie auch nur den *Sperrbildschirm* oder *Beide* auswählen.

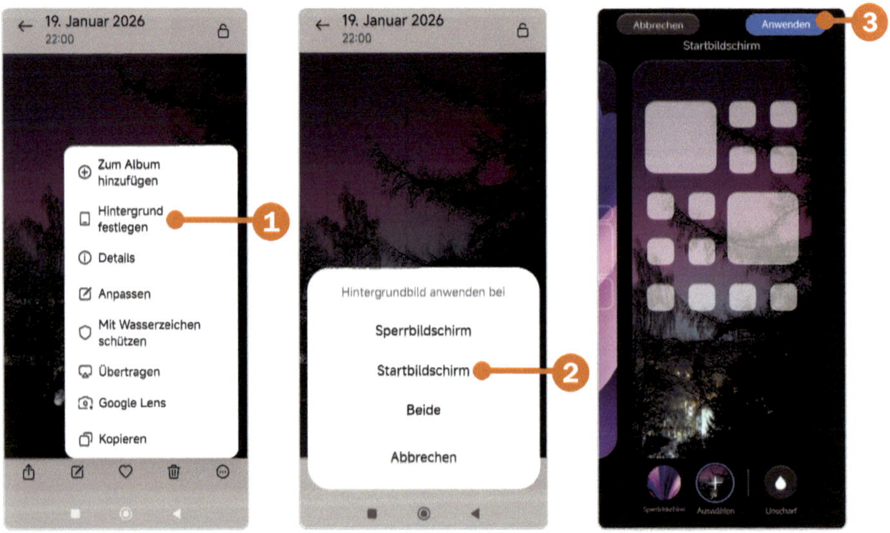

- Sie erhalten dann eine Vorschau. Durch Antippen des Fotos mit zwei Finger und Ziehen können Sie den Bildausschnitt ggf. noch ein wenig verändern. Tippen Sie dann rechts oben auf *Anwenden* ❸.

> In der *Themen*-App können Sie unter ◯ wieder den Standardhintergrund auswählen.

3.4 Die Themen-App

Vielleicht ist es Ihnen bereits aufgefallen, bei vielen Personalisierungseinstellungen werden Sie von den *Einstellungen* zur App *Themen* weitergeleitet. Hier können Sie das gesamte Design der Benutzeroberfläche ändern oder nur einzelne Aspekte, wie Hintergrund, Klingeltöne, Schriftarten, Sperrbildschirm und App-Symbole etc. Wir beschränken uns auf die Inhalte, die Ihnen standardmäßig zur Verfügung stehen.

Beim ersten Öffnen müssen Sie der Anwendung erlauben, den Speicher Ihres Gerätes zu nutzen, damit Inhalte abgespeichert werden können. Tippen Sie hierfür auf *Zustimmen*. Die Einwilligung für *Personalisierte Werbung* ist nicht erforderlich. Tippen Sie auf *Optionen verwalten*, um die einzelnen Einwilligungen abzuwählen. Dazu deaktivieren Sie alle aktiven Schalter durch antippen und wählen anschließend *Auswahl bestätigen*.

Beachten Sie, dass viele Themen und Schriftarten nicht kostenlos sind. Um Bezahlinhalte beziehen zu können, ist ein Xiaomi-Konto nötig.

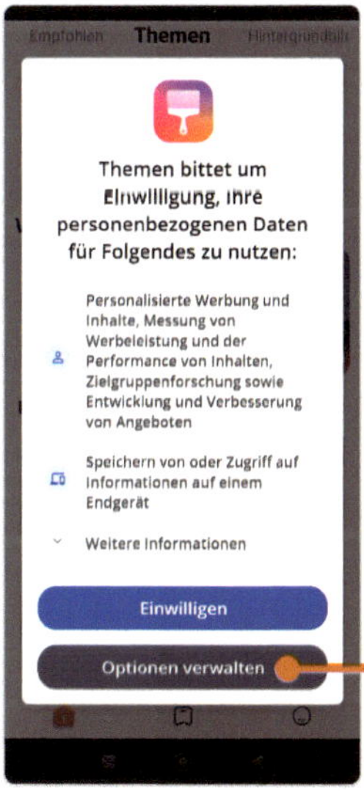

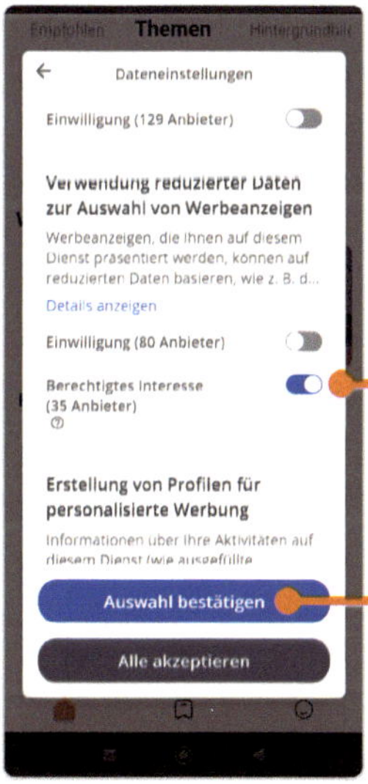

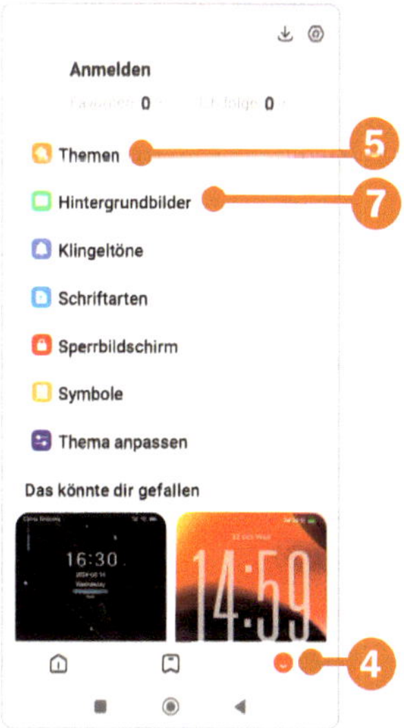

Im Bereich *Profil* ❹ (siehe vorige Seite) finden Sie unter *Themen* das Standardthema, es folgen vorinstallierte *Hintergrundbilder*, *Klingeltöne*, *Schriftarten*, Optionen für die Darstellung von *Symbolen* und mehr. Wenn Sie Ihr Hintergrundbild geändert haben und wieder zur ursprünglichen Darstellung zurückkehren möchten, haben Sie zwei Optionen:

- Tippen Sie auf *Themen* ❺ (siehe vorige Seite) und wählen Sie *Standard* ❻ aus und dann *Anwenden*. Damit werden sowohl der Startbildschirm als auch der Sperrbildschirm wieder auf das Originaldesign zurückgesetzt.
- Wollen Sie nur Änderungen für den Startbildschirm vornehmen, wählen Sie *Hintergrundbilder* ❼ (siehe vorige Seite), wählen dann den ursprünglichen Hintergrund durch antippen ❽ aus, tippen im nächsten Schritt auf *Startbildschirm* und dann auf *Anwenden* ❾.

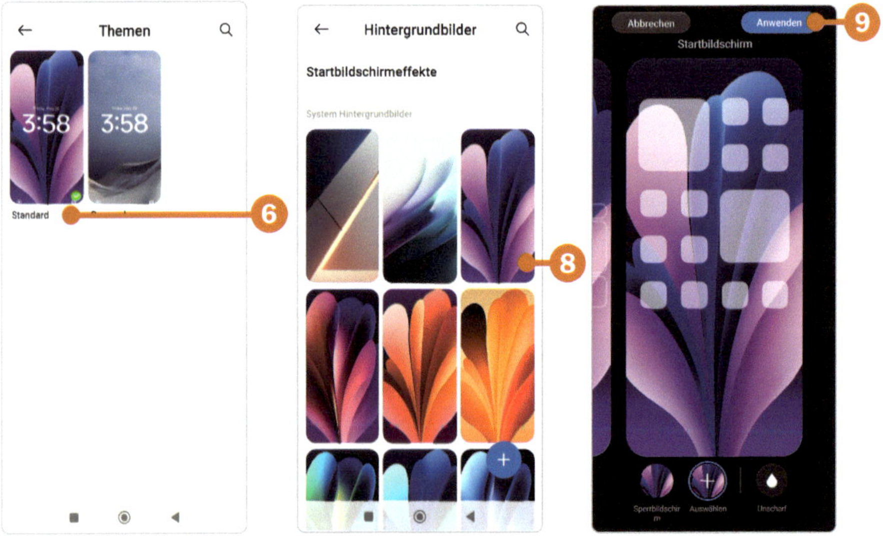

3.5 Klingelton einstellen

Sie mögen den Klingelton Ihres Telefons nicht? Das lässt sich ändern:

- Rufen Sie die *Themen* Ihres Smartphones auf und wechseln Sie zur Kategorie *Klingeltöne*.
- Hier können Sie direkt aus einer Vielzahl von Klingeltönen auswählen. Tippen Sie auf ein Register, z. B. *Kategorien* ❶, um nach Genres zu sor-

tieren. Tippen Sie auf den Namen ❷ eines Klingeltons in der Liste, um diesen abzuspielen. Bleibt das Gerät stumm, überprüfen Sie die Lautstärke (siehe Seite 65).

- Wenn Ihnen ein Ton gefällt, tippen Sie auf die Glocke 🔔 und legen Sie dann fest, wofür der Ton verwendet werden soll ❸. Anschließend wird der Ton heruntergeladen.

- Möchten Sie eine auf Ihrem Handy gespeicherte Musikdatei als Klingelton auswählen, tippen Sie unter *Profil* ☺ ▶ *Klingeltöne* ▶ ⊕ *Ton auswählen* auf *Audiodateien* ❹ oder *Musik*. Dort finden Sie die auf Gerät gespeicherten Musikstücke. Noch schneller geht es mit *Auf deinem Gerät gespeicherten Ton auswählen* ❺.

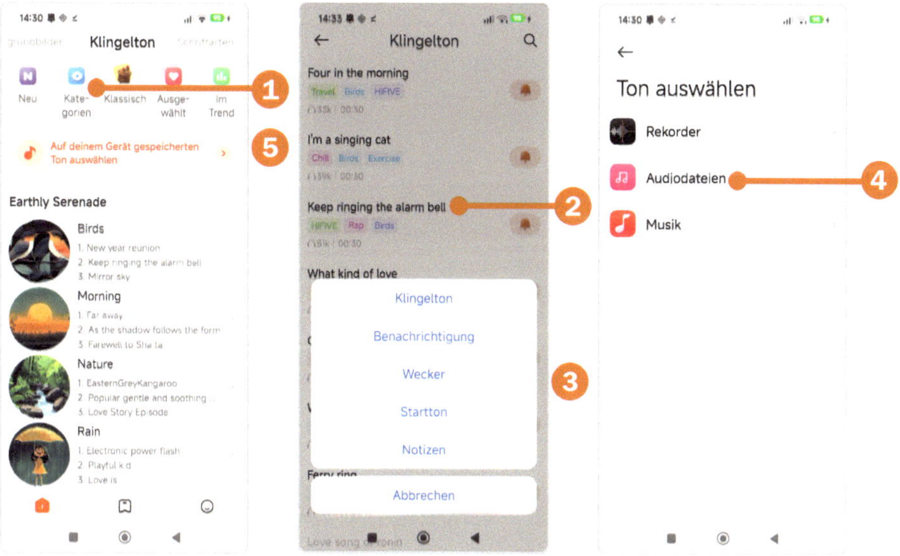

3.6 Startbildschirm anpassen

Mit einem aufgeräumten Startbildschirm lässt es sich besser arbeiten! Entfernen Sie alles vom Startbildschirm, was Sie jetzt nicht brauchen - Sie können es jederzeit wieder hinzufügen.

App vom Startbildschirm entfernen: In diesem Beispiel starten wir mit dem Entfernen des Mi-Browsers vom Startbildschirm. Diese App benötigen Sie nicht so häufig und Sie finden sie danach immer noch in der App-Übersicht.

- Tippen Sie etwas länger auf die App, die Sie vom Startbildschirm entfernen möchten. Das Menü wird angezeigt.
- Wählen Sie *Entfernen* ❶ oder schieben Sie die App nach oben auf das Entfernen-Symbol ⊖. Übrigens: Eine App vom Startbildschirm zu entfernen ist keine Deinstallation. Mehr dazu auf Seite 98.

App verschieben: Eine App kann auch von einem zum anderen Startbildschirm verschoben oder nur ihre Bildschirmposition verändert werden:

- Drücken Sie mit dem Finger auf eine App, bis das Menü angezeigt wird. Jetzt können Sie die App an die gewünschte Position ziehen.
- Wenn die App auf einem anderen Bildschirm sein soll, ziehen Sie sie an den Rand ❷, bis der nächste Bildschirm erscheint. Im unteren Displaybereich werden die anderen Startbildschirmseiten angezeigt.

App zum Startbildschirm hinzufügen: Als nächstes legen wir eine Verknüpfung zum *Dateimanager* auf den Startbildschirm.

- Zeigen Sie die App-Übersicht an und tippen Sie etwas länger auf den *Dateimanager*. Ziehen Sie die App nun auf den Startbildschirm und lassen Sie an der gewünschten Stelle ❸ los.

Ordner: Manche Apps benötigen Sie öfter, sodass es unpraktisch ist, wenn sich diese in einem Ordner verstecken, das gilt z. B. für die E-Mail-App *Gmail*.

- Öffnen Sie den Ordner *Google* ❹ durch Antippen. Tippen Sie etwas länger auf die App *Gmail* und ziehen Sie diese dann nach oben. Der Startbildschirm wird angezeigt. Positionieren Sie die App und lassen Sie an der gewünschten Stelle los.
- Tippen Sie einen Ordner länger an, um den Namen zu ändern sowie die Größe des Ordners ❺ festzulegen.

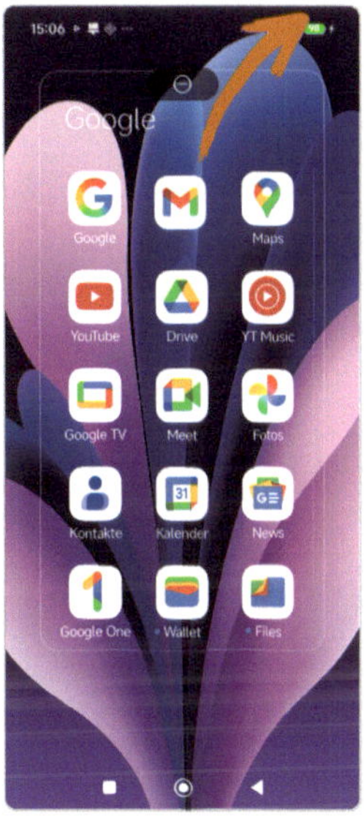

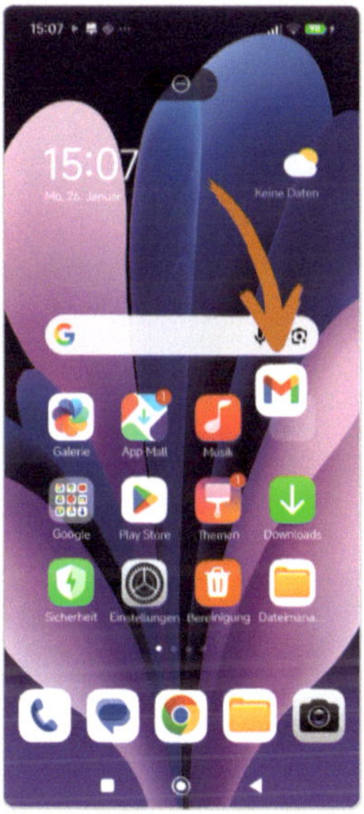

Ordner anlegen: Ziehen Sie eine App auf eine andere, so wird ein Ordner erstellt.

Nachrichtenbereich und Startbildschirm-Suche deaktivieren: Mit einem Wisch von der Startseite nach rechts zeigen Sie *Google Discover* an, welches aktuelle Informationen und Nachrichten zusammenfasst. Und mit einem Wisch von der Startseite nach unten bzw. mit Suche starten Sie eine Kompaktsuche via *App-Finder*, Xiaomis KI-unterstützte Web-, App-, Daten- und Gerätesuche.

Natürlich lässt sich beides auch deaktivieren:

- Tippen Sie etwas länger auf eine freie Stelle des Startbildschirms und wählen Sie *Einstellungen* ❶. Tippen Sie dann auf *Mehr* ❷.
- Tippen Sie auf *-1-Bildschirm* ❸ und wählen Sie anschließend *Nichts*.

- Unter *Auf dem Startbildschirm nach unten wischen* können Sie *Benachrichtigungsleiste und Kontrollzentrum* auswählen sowie unter *Startbildschirm-Suche* den Regler ausschalten.

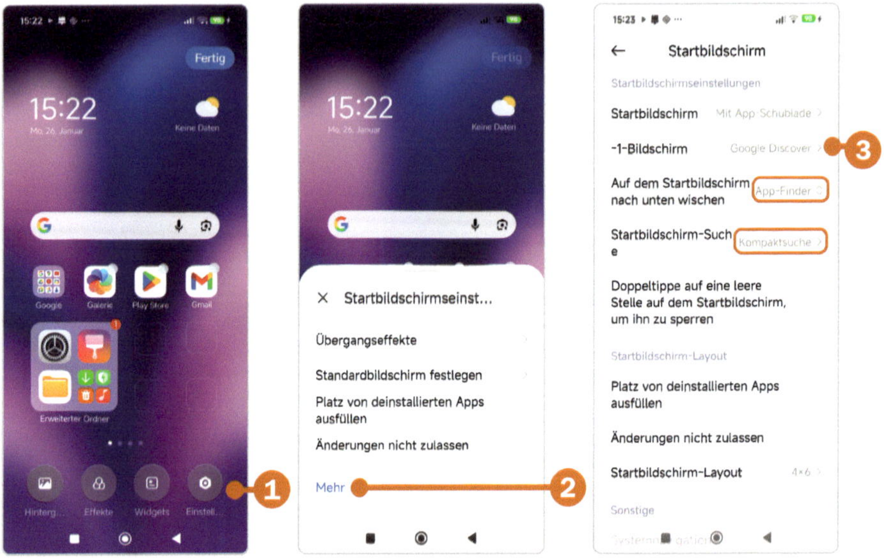

Unter *Effekte* sowie *Übergangseffekte* finden Sie weitere Personalisierungsmöglichkeiten. Mit *Standardbildschirm* wählen Sie jene Startbildschirmseite aus, welche beim Drücken des Home-Buttons angezeigt wird. Ist der Schalter bei *Änderungen nicht zulassen* aktiv, lassen sich keine Apps oder Widgets am Startbildschirm mehr vorschieben oder neu platzieren.

Widgets verwenden

Mit Widgets werden aktuelle Informationen bereitgestellt oder ein schneller Zugriff auf Anwendungen ermöglicht. Diese finden Sie nur auf den Startbildschirmseiten. Über Widgets erhalten Sie z. B. das aktuelle Wetter oder einen Medienplayer ohne dass Sie die entsprechende App öffnen müssen. Sie können in verschiedenen Größen auf dem Startbildschirm angeordnet werden.

Zwei Widgets haben Sie bereits auf dem Startbildschirm - die **Google-Suchleiste** ❶ und das Kombi-Widget aus Uhr und Wetter. Für das Google-Widget ist keine weitere Aktion notwendig; das **Wecker-Wetter-Widget** ❷ sollten Sie einrichten oder, falls Sie es nicht verwenden möchten, entfernen.

Wetter-Widget einrichten:

Tippen Sie auf das Wetter-Widget und entscheiden Sie, ob Sie den Standortzugriff erlauben oder verbieten möchten:

- **Standortzugriff zulassen:** Tippen Sie auf *Bei Nutzung der App* ❸. Diese App erfragt von vornherein nur den ungefähren Standort. Möchten Sie, dass das Widget automatisch das Wetter anzeigt, müssen Sie noch in die *Einstellungen* ❹ wechseln und dort mit *Immer zulassen* der App erlauben, jederzeit auf den Standort zuzugreifen sofern das GPS aktiviert ist. Nach einer kurzen Aktualisierung zeigt das Widget nun das lokale Wetter samt Temperatur. Durch die Standortfreigabe erkennt die Wetter-App, wo Sie sich gerade befinden.
- **Standortzugriff verbieten:** Wenn Sie den Standortzugriff nicht erlauben möchten, dann wählen Sie *Nicht zulassen* ❺. Tippen Sie dann Ihren Heimatort in das Feld *Suchen* ❻ (siehe nächste Seite) ein. Sie erhalten eine Vorschlagsliste. Wählen Sie den passenden Ort durch Antippen ❼ aus und bestätigen Sie im nächsten Schritt oben rechts mit *Hinzufügen*.

Durch Antippen des Wetter-Widgets erhalten Sie eine aktuelle Wetterwarnungen, eine Vorschau auf die nächsten fünf Tage ❽ sowie eine 24-Stunden-Vorhersage. Ebenso finden Sie hier Informationen zur UV-Strahlung, Luftfeuchtigkeit, Luftqualität, die Regenwahrscheinlichkeit, Zeiten zu Sonnenaufgang und -untergang und die Windgeschwindigkeiten.

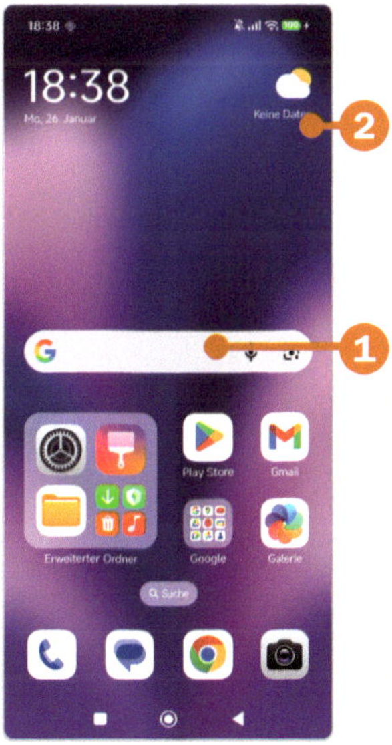

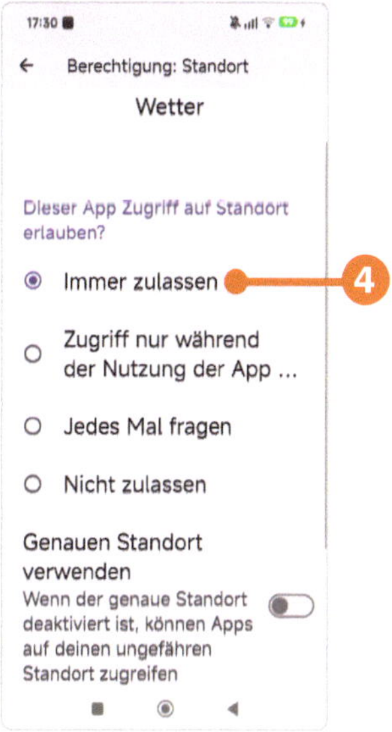

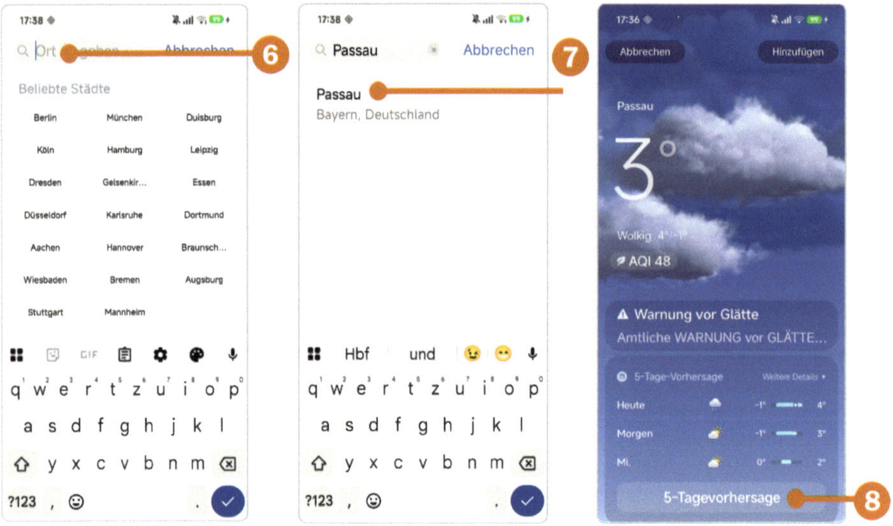

Weitere Widgets hinzufügen

Viele Apps bringen eigene Widgets mit. Auch das Wetter-Widget ist in verschiedenen Varianten verfügbar. So zeigen Sie die Widgetliste an:

- Tippen Sie etwas länger auf eine freie Stelle des Startbildschirms und wählen Sie *Widgets* ❶. Durch Antippen von *Android-Widgets* ❷ werden Ihre aus dem Play Store heruntergeladenen App-Widgets angezeigt. Sie finden hier auch praktische *Schnellzugriffe* ❸ für den Startbildschirm.

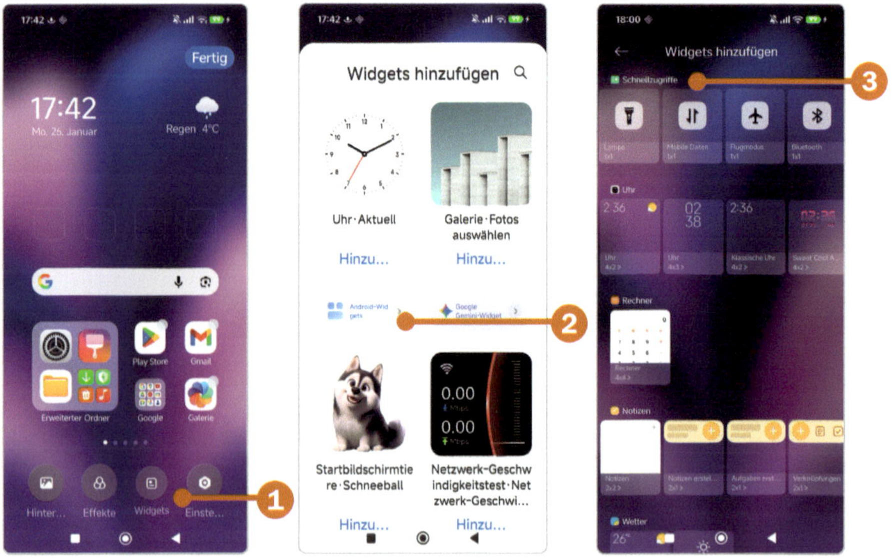

- Unter *Apps mit mehreren Widgets* ❹ finden Sie alle bereits installierten Apps, welche Ihnen mehrere Widgets zur Verfügung stellen.
- Möchten Sie bspw. das Kalender-Widget von Google auf einem der Startbildschirme hinzufügen, tippen Sie den Eintrag *Kalender* an und wechseln durch horizontales Wischen zwischen den verschiedenen Widget-Versionen für diese App. Gefällt Ihnen eine, tippen Sie auf *Zum Startbildschirm hinzufügen* ❺.
- Das Widget wird nun am Startbildschirm angezeigt und kann auf die gewünschte Position verschoben werden. Bestätigen Sie mit *Fertig* ❻.

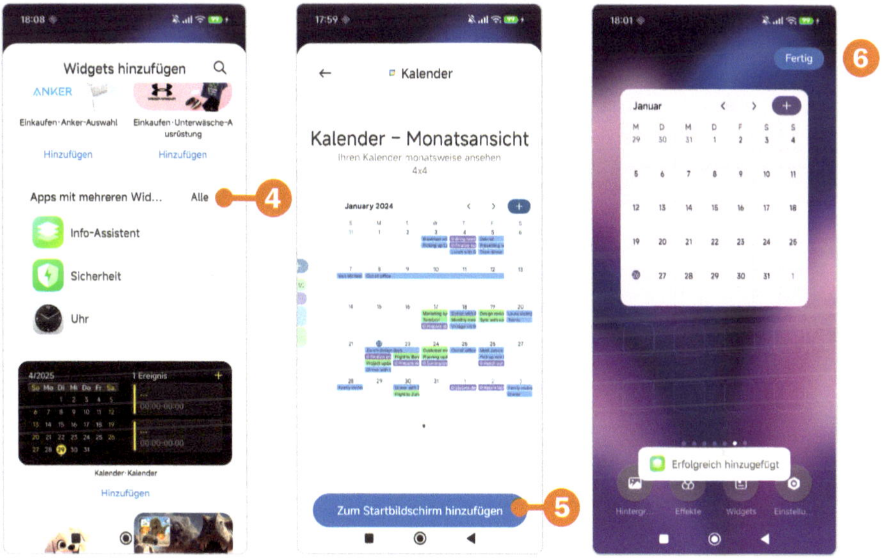

Widget verschieben, ersetzen, entfernen und Größe anpassen

- Tippen Sie etwas länger mit dem Finger auf ein Widget bis die Optionen *Entfernen* ❼ und *Größe anpassen* erscheinen. Nun können Sie dessen Position am Startbildschirm ändern, es auf eine der anderen Seite platzieren oder komplett vom Startbildschirm *Entfernen*.
- Wählen Sie *Größe anpassen*, so erhalten Sie Anfasser ❽, mit denen das Widget wie gewünscht in Höhe und Breite verändern werden kann.
- Bei Widgets, deren Größe nicht veränderlich ist, erhalten Sie die Option *Ersetzen* ❾. Tippen Sie diese an, erhalten Sie eine Auswahl aller Widgets in genau der gleichen Größe, mit dem Sie das aktuelle Widget an dieser Position nun ersetzen können.

18:01
Entfernen
Größe
anpassen
Januar
7

18:33
8
Januar
Suche

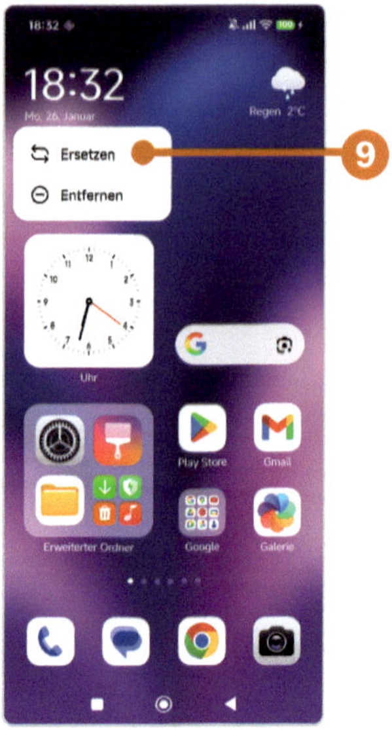
18:32
Regen 2°C
Ersetzen
Entfernen
9
Uhr
Play Store
Gmail
Erweiterter Ordner
Google
Galerie

4 Alles rund um Apps

Ohne Apps ist das Smartphone nicht zu gebrauchen. Wie man Apps findet, installiert und verwaltet, erfahren Sie in den nächsten Abschnitten.

Was sind eigentlich Apps?
Eine App (Application) ist eine Anwendungssoftware mit unterschiedlichen Funktionen. Sie können mit Apps Ihr Smartphone erweitern, sodass es zu einem ganz individuellen Gerät wird.

4.1 App im Play Store finden und installieren

Apps erhalten Sie in der App Mall und im Play Store. Teilweise werden Ihnen Apps auch über Webseiten angeboten. Davon würden wir abraten, da Sie so die Kontrollfunktionen des Stores nicht nutzen und es wahrscheinlicher wird, sich samt der App Schadsoftware zu installieren. Wir zeigen Ihnen hier, wie Sie den Play Store von Google verwenden. Hier finden Sie alle Apps, die Sie benötigen. Öffnen Sie die App *Play Store*:

- **Stöbern:** Unterteilt ist der Store in *Spiele*, *Apps* ❶, *Suche* und *Bücher*. Damit treffen Sie schon einmal eine grobe Auswahl. Diese Kategorien sind oben durch weitere Register ❷ untergliedert, mit denen Sie die Auswahl konkretisieren. Durch vertikales Wischen zeigen Sie die verschiedenen Inhalte an. Wenn Sie ein Bereich interessiert, tippen Sie auf → ❸.
- **Etwas Bestimmtes finden:** Tippen Sie in das Suchfeld ❹ und geben Sie über die Tastatur den Namen der App ein, z. B. Signal Messenger. Wenn das Suchfeld nicht angezeigt wird, wischen Sie vertikal leicht nach unten. Sie müssen den Begriff meist gar nicht ausschreiben, weil eine Liste mit Vorschlägen angezeigt wird, aus der Sie durch Antippen auswählen. Wenn Sie den App-Namen ausgewählt haben, erscheint in der Regel keine Liste möglicher Apps, sondern sofort die gesuchte. Beachten Sie, dass der erste Eintrag jedoch immer eine Werbeanzeige ist. Für mehr Informationen tippen Sie auf den Namen der gesuchten App ❺.
- **Suchanfrage mit Trefferliste:** Anstatt des Namens der App können Sie in das Suchfeld auch eingeben, was Sie tun möchten, z. B. *Vögel bestimmen*. Sie erhalten eine Trefferliste ❻ mit passenden Apps, aus der Sie eine auswählen können.

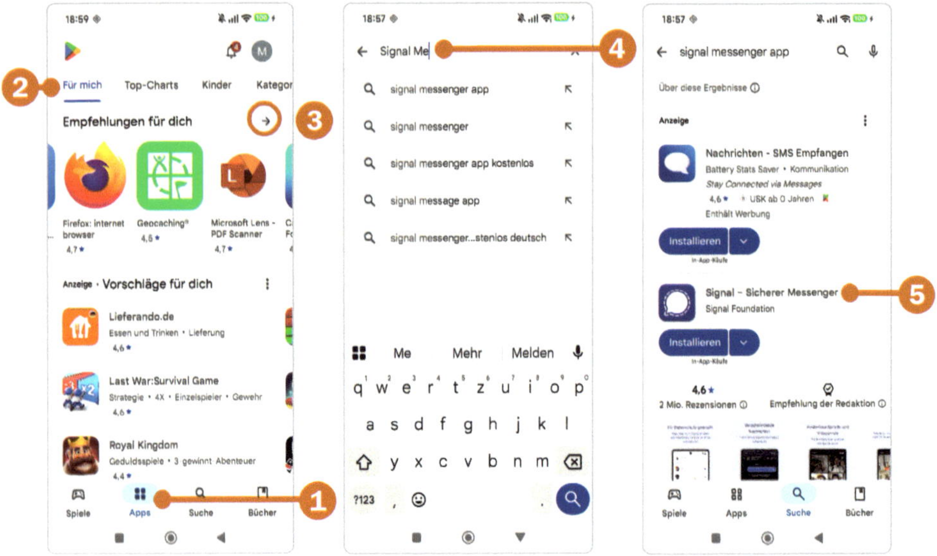

- Nach dem Antippen einer App erhalten Sie **weitere Infos**:
  - Wählen Sie *Über diese App* → 7. Sie erhalten eine ausführliche Beschreibung zur App. Mit der Zurück-Taste gelangen Sie wieder zur vorigen Seite.
  - Viele Downloads bedeuten, dass eine große Anzahl an Menschen die App installiert hat. Das ist nicht immer ein Qualitätskriterium, aber als Hinweis nützlich.
  - Wischen Sie vertikal über den Bildschirm und erfahren Sie bei *Datensicherheit* 8, welche Daten von der App erhoben werden und ob sie an Dritte weitergegeben werden.
  - Darunter bei *Bewertungen & Rezensionen* sehen Sie, wie zufrieden andere Nutzer waren und welche Kritikpunkte es gibt. Unter Umständen erfahren Sie hier auch, dass die App nur als Bezahlversion, z. B. mit einem Abo, funktioniert.
- Bei Nichtgefallen gelangen Sie mit der Zurück-Taste oder dem Pfeil links oben ← 9 wieder zur Trefferliste und dann zur Startseite. Wenn der Pfeil nicht angezeigt wird, streichen Sie über den Display vertikal nach unten.

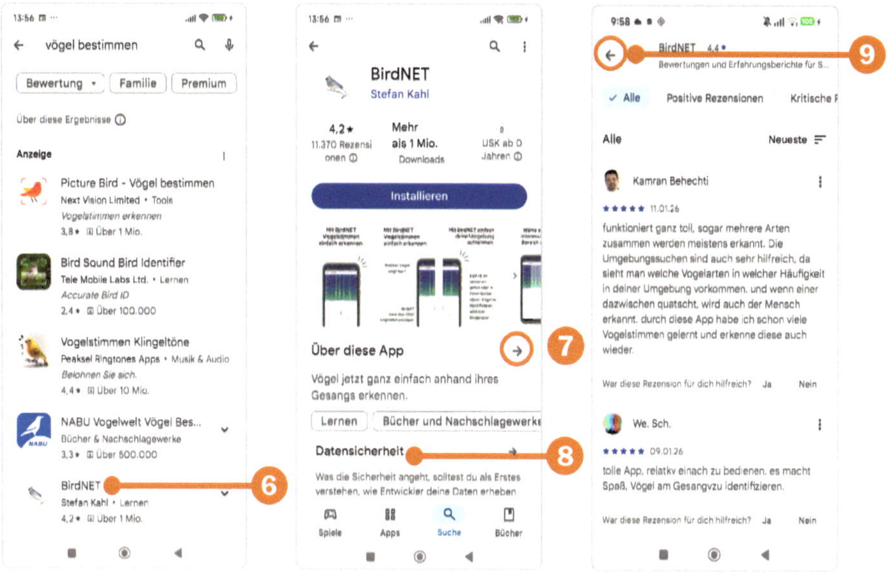

App installieren

Kostenlose App: Durch Anklicken der Schaltfläche *Installieren* ❶ starten Sie die Installation. Nach Abschluss tippen Sie auf *Öffnen*.

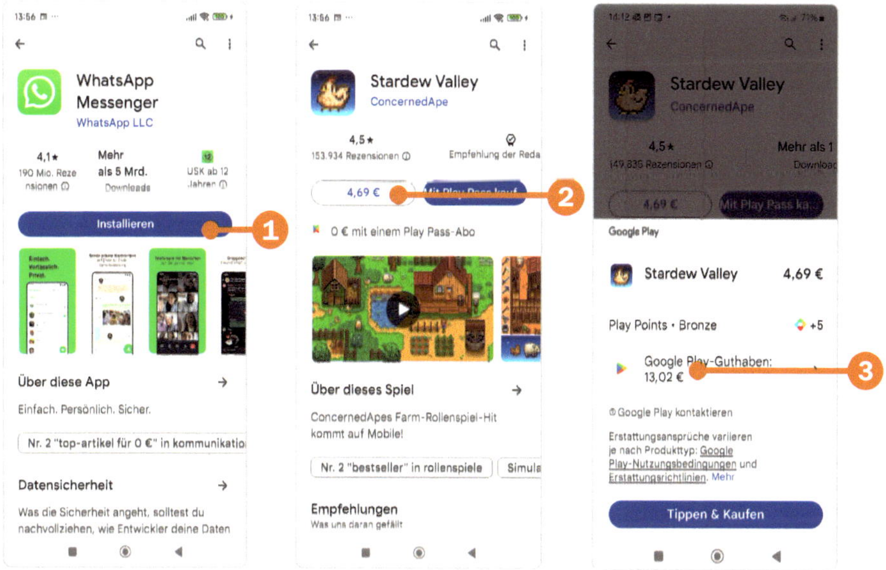

Kostenpflichtige App: Tippen Sie auf die Preisschaltfläche ❷ (vorige Seite). Dann tippen Sie auf *Zustimmen*. Im nächsten Fenster sehen Sie nochmals den Preis der App und wie viel Guthaben ❸ Ihnen gegebenenfalls zur Verfügung steht (zum Guthaben erfahren Sie gleich mehr).

Tippen Sie auf *Tippen & Kaufen*. Im nächsten Schritt müssen Sie den Kauf bestätigen, entweder durch das Kennwort Ihres Google-Kontos oder (falls so vereinbart) durch einen Fingerabdruck. Unter Umständen erhalten Sie einen Hinweis auf ein Google Play Pass Probeabo. Tippen Sie auf *Nein, danke*. Warten Sie, bis die Installation beendet ist, dann kann die App geöffnet werden.

Zahlungsmethoden für den Play Store - Geschenkkarte einlösen

Im Play Store gibt es viele kostenlose Apps. Sie werden also nicht sofort in die Verlegenheit kommen, für eine App bezahlen zu müssen. Kostenlose Apps beinhalten oft Werbung oder bieten In-App-Käufe an.

Viele Apps verfügen über einen eigenen Store der zusätzliche Funktionen gegen Zahlung eines einmaligen Betrags zur Verfügung stellt. Dieses Prinzip nennt man In-App-Käufe. Dazu zählt auch, dass statt einer Einmalzahlung ein Monats- oder Jahresabonnement angeboten wird.

Manche Apps können auch als kostenlose Testversion heruntergeladen werden. Dann steht die App nur für einen bestimmten Zeitraum zur Verfügung und kann nach Ablauf der Testzeit nicht mehr verwendet werden, außer sie wird gekauft oder ein Abo wird abgeschlossen. In diesem Zusammenhang ist der Übergang zum Abonnement in manchen Fällen fliesend. Es kann sein, dass Sie eine App, die Sie als Testversion heruntergeladen haben, während des Testzeitraums kündigen müssen, da sich an die Testzeit automatisch ein Abonnement anschließt.

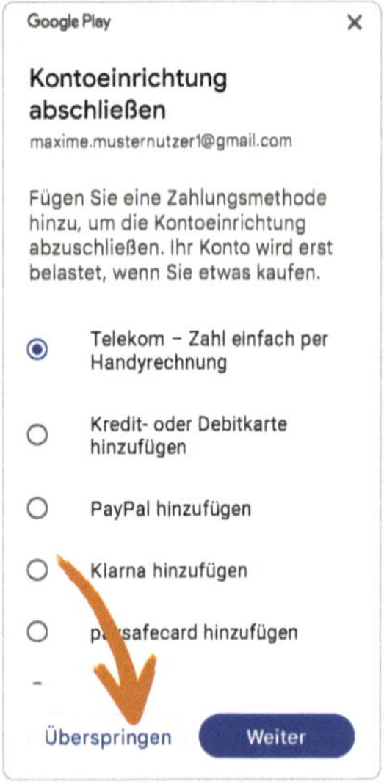

Um hier Bescheid zu wissen, sollten bei der Installation von Apps, die einzelnen Hinweise genau gelesen werden. Ein Abonnement ist grundsätzlich nichts Schlechtes viele Fitness-Apps, Zeitungen oder Musik-Apps stellen ihre Inhalte im Rahmen eines Abos zur Verfügung.

Es gibt eine Reihe von Zahlungsmöglichkeiten, die für den Play Store hinterlegt werden können,

z. B. Kreditkarte oder ein PayPal-Konto. Unter Umständen werden Sie beim Herunterladen kostenloser Apps gebeten, die Kontoeinrichtung für den Play Store abzuschließen. Sie müssen aber keine Zahlungsmethode hinterlegen, wenn Sie nicht möchten. Wählen Sie einfach, falls die Meldung erscheint, *Überspringen* aus.

Falls Sie doch einmal etwas kaufen möchten, empfehlen wir die **Google Play Geschenkkarte** mit Gutscheincode. Diese kann in Super- und Elektromärkten sowie Drogerien gekauft werden. Es gibt sie schon ab einem Preis von 5 €, der in der rechten oberen Ecke des Gutscheins abzulesen ist.

- Um den Wert der Geschenkkarte Ihrem Konto gutzuschreiben, tippen Sie im Play Store oben rechts auf Ihr Profil ❶, wählen *Zahlungen und Abos* ❷ und anschließend *Code einlösen* aus. Ziehen Sie auf der Rückseite der Geschenkkarte den Streifen über dem Code ab. Geben oder scannen Sie den Code ❸ ein und tippen auf *Einlösen*.

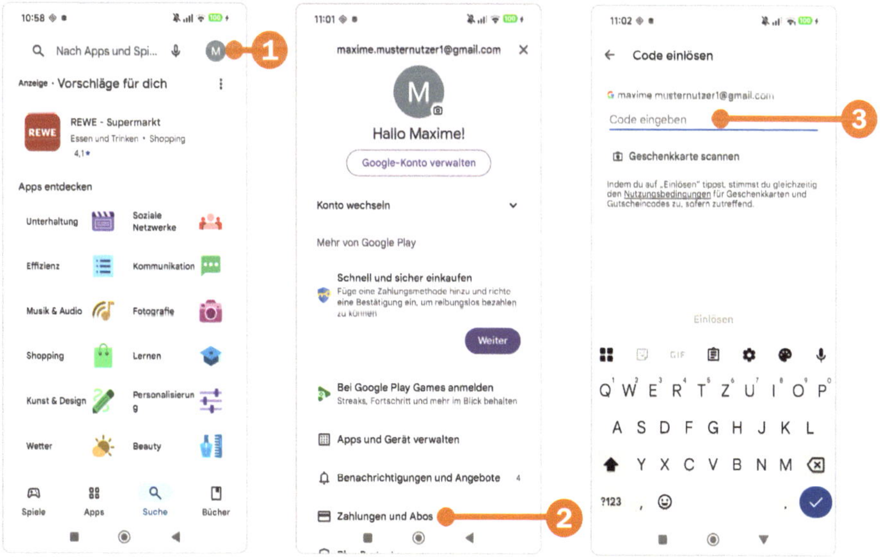

Wenn Sie viele Abos über den Play Store verwalten, ist es wahrscheinlich sinnvoller eine andere Zahlungsmethode zu hinterlegen, um sicherzustellen, dass der Abobetrag bei Fälligkeit auch abgezogen werden kann, z. B. über die Handyrechnung, PayPal oder Kreditkarte.

4.2 App löschen

Eine Reihe von Apps sind schon auf Ihrem Smartphone installiert und werden auch dringend benötigt, z. B. Telefon, Kontakte, Kamera, Einstellungen etc. Diese können gar nicht deinstalliert werden.

Andere vorinstallierte Apps, z. B. TikTok, können Sie von Ihrem Gerät entfernen, falls Sie diese nicht verwenden möchten. Auch alle von Ihnen selbst installierten Apps können jederzeit wieder deinstalliert werden.

- Tippen Sie hierzu etwas länger auf das App-Symbol. Befindet sich die App auf dem Startbildschirm, wählen Sie die *App-Info* ⓘ ❶ aus und dann *Deinstallieren* ❷. Bestätigen Sie mit *Deinstallieren*.
- In der App-Schublade, auch App-Übersicht genannt, haben Sie ebenfalls die Möglichkeit die App direkt zu deinstallieren 🗑 ❸.

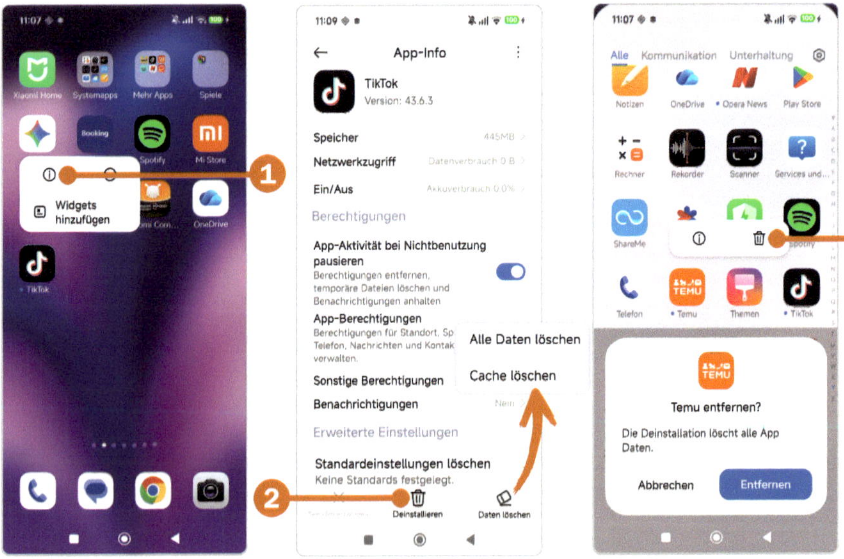

Startbildschirm **App-Info** **App-Übersicht**

In der App-Info sehen Sie bspw. wie viel *Speicherplatz* die App benötigt. Tippen Sie auf *Speicher* oder direkt auf *Daten löschen*, so erhalten Sie die Wahl nur den Cache zu leeren oder alle Daten zu löschen. Mit *Cache löschen* entfernen Sie nicht mehr benötigte Dateien aus dem Zwischenspeicher und machen so Speicherplatz frei. Mit *Alle Daten löschen* wird die App jedoch vollständig zurückgesetzt und deren gesamter Inhalt/Speicherstand gelöscht.

4.3 Apps und App-Daten auf dem Smartphone suchen

Alle installierten Apps werden in der App-Übersicht angezeigt. Je mehr Apps da sind, umso schwieriger wird es, die gewünschte zu finden. Hier hilft die Suchleiste, die unten in der App-Übersicht angezeigt wird:

- Zeigen Sie die App-Schublade an und tippen Sie den Namen der gesuchten App unten in die Suchleiste ❶ ein. Die passenden Apps werden dann automatisch angezeigt. Zum Öffnen tippen Sie die App an.
- Ist keine passende App auf Ihrem Gerät, können Sie im *Play Store* ❷ auch direkt nach der App suchen und sie installieren.
- Möchten Sie etwas mehr System in Ihrer App-Schublade, stehen Ihnen in den Einstellungen ❸ mehrere Optionen zur Verfügung. So können Sie dort die Scroll-Leiste ändern, Apps bestimmte Kategorien zuweisen oder installierte Anwendungen nach Symbolfarbe ordnen.

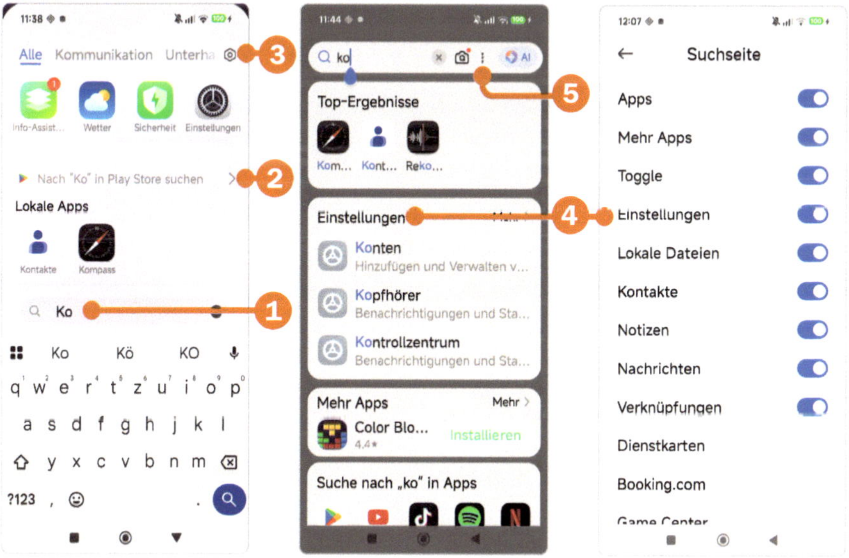

Weitaus umfangreicher sind die Suchmöglichkeiten der Kompaktsuche via *App-Finder* auf dem Startbildschirm Suche. Diese haben Sie bereits auf Seite 48 kennengelernt. Neben installierten Apps werden Ihnen hier mehr Apps aus *Xiaomi's App Mall*, Schalter, Einstellungen ❹, lokale Daten, Kontakte uvm. angezeigt. Wo und was gesucht wird, legen Sie im Drei-Punkte-Menü ❺ ▶ *Einstellungen* ▶ *Suchseite* fest. Hier können Sie auch mithilfe von KI Objekte identifizieren lassen oder AI -Suchanfragen starten.

Mist, der Dateimanager ist weg! Einige Xiaomi-Apps, wie der Dateimanager, Themen oder Downloads lassen sich zwar nicht deinstallieren, aber einmal vom App-Bildschirm entfernt, sind sie nicht mehr aufzufinden. Wieder eingeblendet werden diese unter *Einstellungen* ▶ *Apps* ▶ Drei-Punkte-Menü ▶ *Andere Einstellungen* ▶ *Startbildschirmverknüpfungen verwalten*.

4.4 Standard-Apps festlegen

Zur Anzeige von E-Mails benötigen Sie eine E-Mail-App. Um PDF-Dateien zu betrachten, wird ein PDF-Viewer gebraucht und um Internetseiten aufzurufen, eine Browser-App. Immer wenn mehrere Anwendungen für eine Aufgabe zur Verfügung stehen, wird eine Standard-App ausgewählt.

Beispiel: Sie möchten den Inhalt eines PDFs auf dem Handy anzeigen. Das ist mit mehreren Apps möglich, mit welcher entscheiden Sie. Dazu erhalten Sie eine *Öffnen mit*-Abfrage wie in der ersten Abbildung:

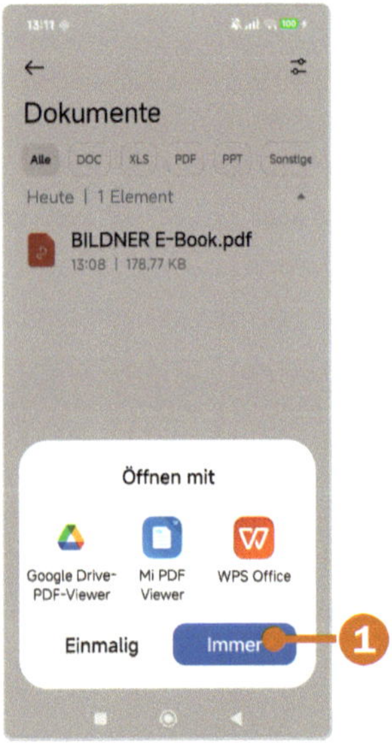

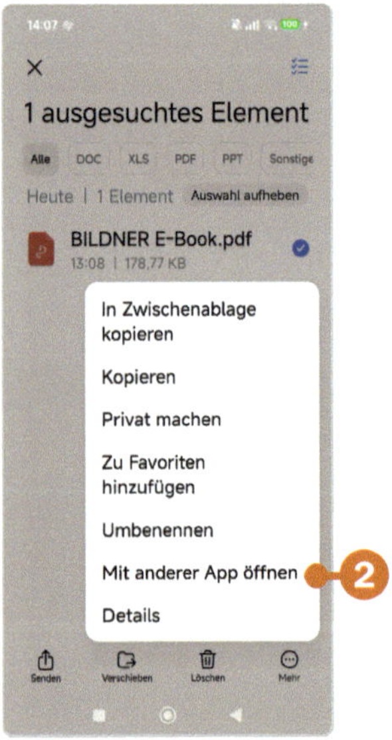

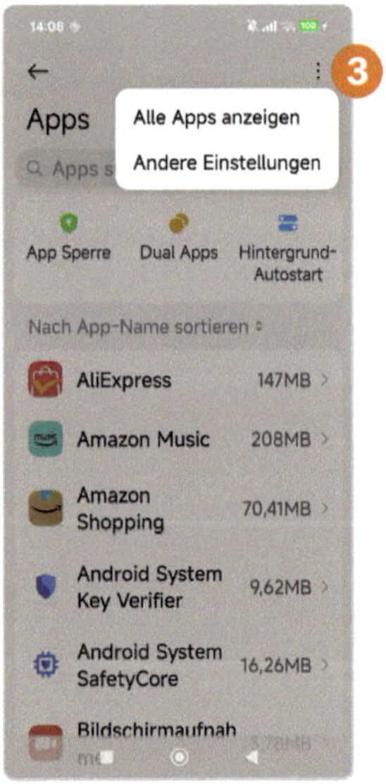

- Damit Sie diese Anzeige nicht immer wieder erhalten, können Sie sich für eine App dauerhaft entscheiden, z. B. den PDF-Viewer von Google. Tippen Sie hierzu zuerst die App und dann *Immer* ❶ an.
- Wer sich nicht gleich entscheiden mag, wählt *Einmalig*. Dann können Sie ausprobieren, ob Ihnen die App zusagt und Sie werden beim nächsten Mal erneut gefragt.

Die getroffene Wahl der Standard-App für Dateien lässt sich ändern, indem Sie den *Datei-Manager* aufrufen, eine Datei mit entsprechendem Dateityp auswählen und anschließend auf *Mehr* ▶ *Mit anderer App öffnen* ❷ tippen. Erinnern Sie sich an die *App-Info* von Seite 98? Unter *Erweiterte Einstellungen* ▶ *Standardeinstellungen löschen* werden alle Zuordnungen, bei denen diese App als Standard-App festgelegt wurde, wieder zurückgesetzt.

Für alle anderen Aktionen, wie beispielsweise Anrufe, SMS oder Links öffnen, legen Sie die Standard-Apps in den *Einstellungen* unter *Apps* ▶ *Apps verwalten* im Drei-Punkte-Menü ❸ ▶ *Andere Einstellungen* ▶ *Standard-Apps* fest.

4.5 Updates

Sowohl die installierten Apps als auch die Systemsoftware Ihres Smartphones erhalten von Zeit zu Zeit Aktualisierungen, um Sicherheitslücken zu schließen, Fehler zu beheben, bestehende Funktionen zu verbessern oder neue hinzuzufügen. Die Updates im Auge zu behalten, ist nicht nur aus Gründen der Sicherheit wichtig. Updates sollten auch in regelmäßigen Abständen heruntergeladen werden, um den vollen Funktionsumfang zu erhalten. Neben den HyperOS-Updates kommt es auch zu Updates für Systemapps, Framework-Aktualisierungen, System-Updates von Google sowie Sicherheitsupdates. Wenn zu viele Updates über einen langen Zeitraum verpasst werden, treten vermehrt Fehler auf.

Systemupdates und Sicherheitsupdates

HyperOS-Systemupdates können bei bestehender WLAN-Verbindung automatisch heruntergeladen werden, sofern diese Option in den *Einstellungen* unter *Über das Telefon* eingeschaltet ist. Tippen Sie hier auf die Überschrift *Xiaomi HyperOS*, dann auf das Drei-Punkte-Menü ❶ und wählen *Update-Einstellungen*. Die Aktualisierungen kann dann nachts, wenn das Gerät nicht genutzt wird, automatisch installiert werden ❷. Wenn keine automatische Aktualisierung aktiviert ist, werden Sie auf das Update hingewiesen und können über die Schaltflächen *Ein Update ist verfügbar* ❹ und *Aktualisierung herunterladen* die Daten herunterladen.

Zur Installation eines heruntergeladenen Updates, tippen Sie auf *Jetzt neustarten* ❸. Da für die Installation ein Neustart erforderlich ist. Beachten Sie jedoch folgendes:

- Bei größeren Updates können Sie während des Installationsprozesses das Smartphone nicht verwenden.
- Nach dem Neustart benötigen Sie die PIN der SIM-Karte, um das Gerät zu entsperren.
- Das Update nimmt keine Änderung an Ihren gespeicherten Daten (Fotos, Nachrichten, Adressen usw.) vor. Bei jeder Installation verbleibt allerdings ein Restrisiko. Sie können also Daten vorher sichern.

Während der Installation kann der Bildschirm auch schwarz werden. Die meiste Zeit sehen Sie einen Fortschrittsbalken. Am Ende der Installation wird das Smartphone neu gestartet. Geben Sie jetzt die PIN der SIM-Karte ein.

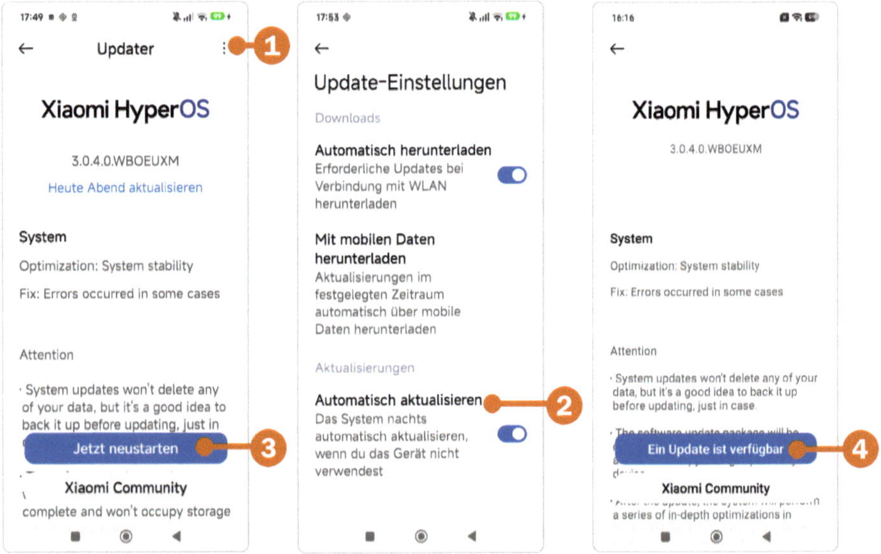

Update verschieben: Wenn Sie ein Update momentan nicht durchführen möchten, klicken Sie einfach auf den Home-Button. Natürlich ist aufgeschoben nicht aufgehoben. Sie sollten das Update zeitnah installieren. Sie werden in den darauffolgenden Tagen auch erneut darauf hingewiesen oder das Update wird nachts automatisch installiert.

Nach weiteren Updates suchen: Öffnen Sie *Einstellungen* ▶ *Sicherheitsstatus* ▶ *Google Play-Systemupdate* 4. Dort tippen Sie auf *Auf Updates prüfen*. Ist eines vorhanden, wird dieses auch gleich heruntergeladen. Deshalb ist es ratsam, dass das Smartphone mit einem WLAN verbunden ist.

Apps aktualisieren im Play Store

Updates Ihrer installierten Apps erhalten Sie über den Play Store. Hier sollten Sie festlegen, dass Updates nur automatisch heruntergeladen werden, wenn Ihr Smartphone mit einem WLAN verbunden ist. Das ist die Standardeinstellung. Folgend zeigen wir, wie Sie sich vergewissern, dass diese auch bei Ihrem Telefon festgelegt ist.

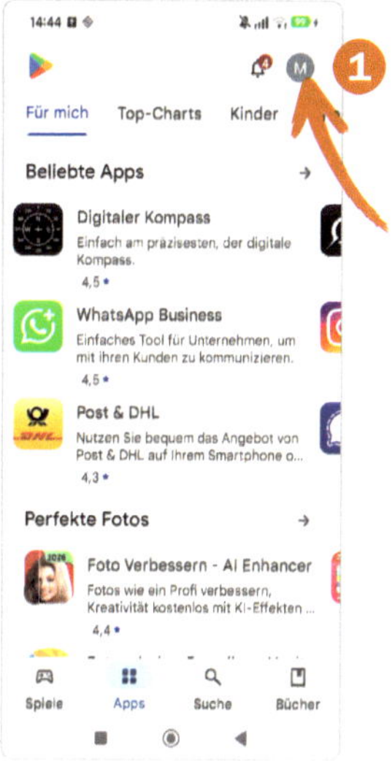

- Öffnen Sie den Play Store.
- Tippen Sie nun rechts oben auf Ihr Profil ❶.
- Wählen Sie anschließenden *Einstellungen* ❷ und dann die *Netzwerkeinstellungen* ❸.
- Unter *Apps automatisch aktualisieren* steht die Option zur Auswahl: *Automatische App-Updates nur über WLAN zulassen* ❹. So würden Updates automatisch nur bei verbundenem WLAN installiert, um das Datenvolumen Ihres Mobilfunkvertrags nicht zu stark zu belasten.
- Falls Sie also keinen Vertrag mit viel Datenvolumen haben, tippen Sie auf *Apps automatisch aktualisieren* und wählen *Nur über WLAN* aus.

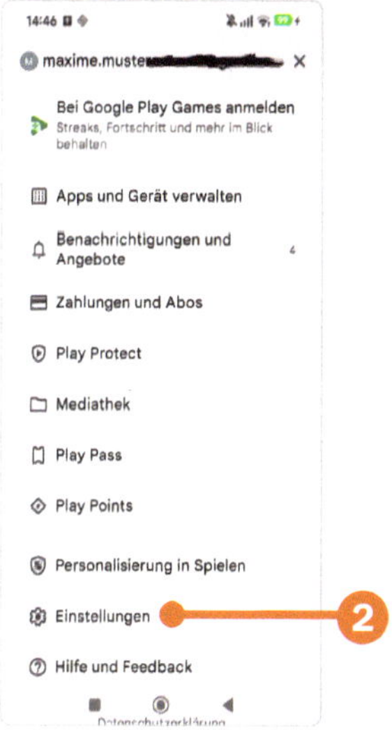

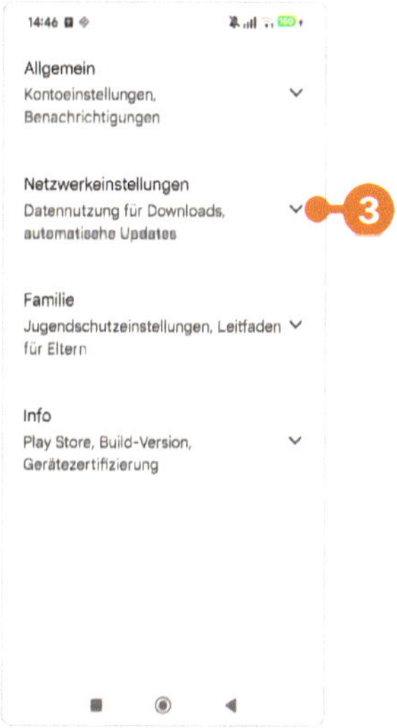

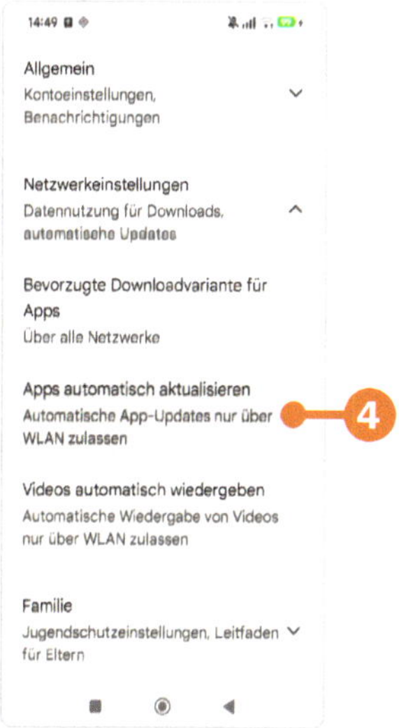

- Die Einstellungen verlassen Sie wieder über die Zurück-Taste.

Sie können jederzeit eine Aktualisierung auch manuell anstoßen. So geht's:

- Rufen Sie im Play Store Ihr Profil rechts oben auf und wählen Sie *Apps und Gerät verwalten* ❶ aus.
- Im Register *Übersicht* ❷ wird angezeigt, ob Updates verfügbar sind. Dieses Register ist standardmäßig ausgewählt. Tippen Sie auf *Details ansehen* ❸, um die ausstehenden Updates anzuzeigen. Hier haben Sie nun auch die Wahl, nur bestimmte Apps zu aktualisieren.
- Mit *Alle aktualisieren* ❹ laden Sie alle Updates herunter.

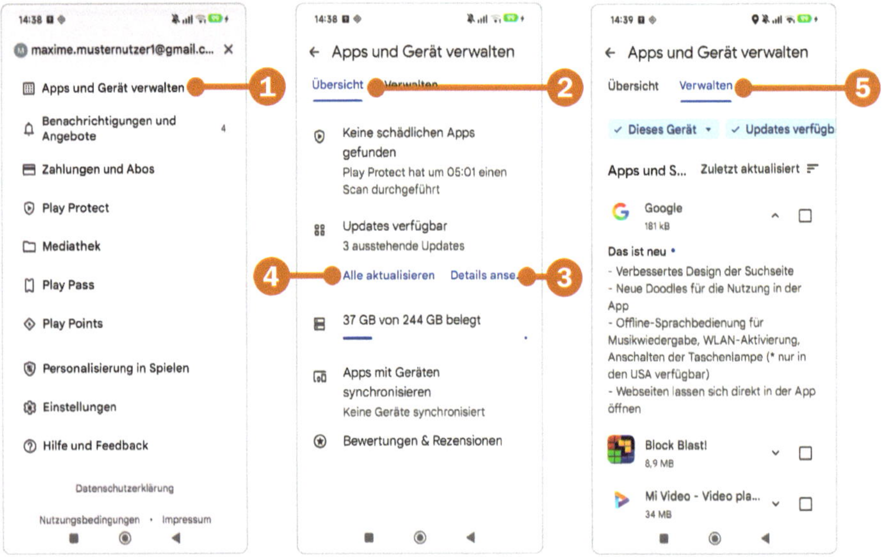

- Unter *Verwalten* ❺ finden Sie all Ihre je aus dem Play Store installierten Apps. Hier können Sie z. B. ebenfalls nach Apps filtern, für die Updates verfügbar sind, oder alle heruntergeladenen Anwendungen nach Häufigkeit der Nutzung, Zeitpunkt der letzten Aktualisierung oder nach Größe sortieren.

5 Tatsächlich telefonieren

5.1 Das Adressbuch verwalten

Am bequemsten telefoniert es sich, wenn Telefonnummern von Familienmitglieder und Freunde im Adressbuch des Smartphones gespeichert sind.

Das Adressbuch finden Sie auf Ihrem Handy in Form der App **Kontakte**.

Falls Sie beim Öffnen der App schon Kontakte vorfinden, hatten Sie diese unter Umständen bereits in Ihrem Google-Konto abgespeichert. Kontakte werden automatisch synchronisiert, also in der Cloud gespeichert. Bei Verlust des Handys sind sie so also nicht verloren. Ob die Sicherung Ihrer Kontakte aktiv ist, prüfen Sie durch Anklicken Ihres Profilbildes ❶ ▶ *Mehr von dieser App*. Ist hier kein grüner Haken ✓, tippen Sie auf Ihr Profil und aktivieren sie den Schieberegler bei *Google Kontakte synchronisieren*.

Kontakte abspeichern

- Um einen Kontakt einzuspeichern, tippen Sie in **Kontakte** auf + ❷. Danach wählen Sie den Speicherort, mehr dazu gleich auf Seite 106.
- Ebenso können Sie über die App **Telefon** neue Kontakte hinterlegen. Dazu öffnen Sie diese und geben über das Tastenfeld die Telefonnummer ein. Tippen anschließend auf *Neuen Kontakt erstellen* ❸.

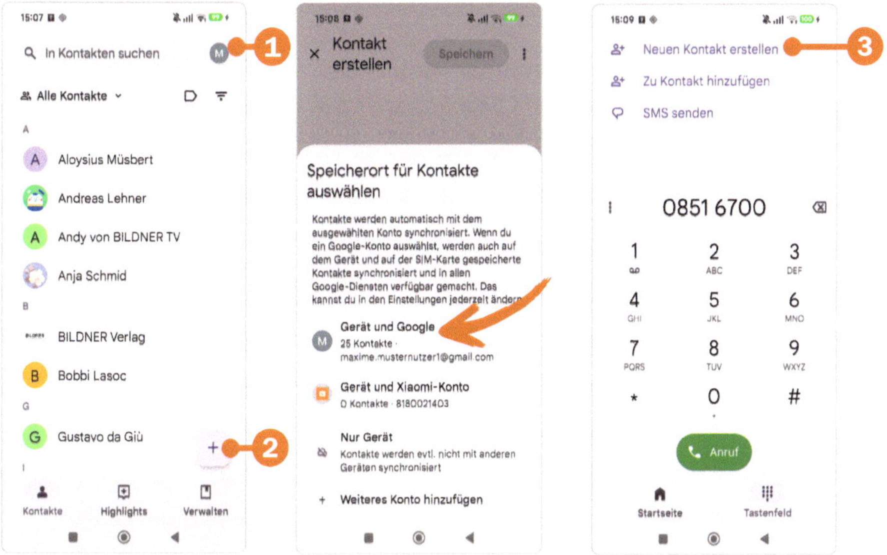

- **Speichern unter:** Beim ersten Speichern in der App **Kontakte** entscheiden Sie, wo die Kontaktdaten abgelegt werden sollen: Auf dem *Gerät* und im *Google-Account*, auf dem *Gerät* und im *Xiaomi-Account* oder nur auf dem *Gerät*. Der *Google-Account* bietet den Vorteil, dass Ihr Kontakt zusätzlich extern gesichert ist und bei Verlust des Telefons weiterhin zur Verfügung steht. Mit der Option *Nur Gerät* werden die Daten lokal auf dem Telefon gespeichert und sind dann nicht gesichert. Wir verwenden Google zum einen, weil die Daten so gesichert werden und zum anderen, weil wir in diesem Buch auch das E-Mail-Programm und den Kalender von Google nutzen und die Informationen dann auch dort zur Verfügung stehen. Sie finden diese Option ❹ auch in der App **Telefon**.
- **Name:** Geben Sie den Vor- und Nachnamen ein.
- **Bild hinzufügen:** Mit *Bild & Anruferansicht* ❺ können Sie sowohl ein Foto des Kontaktes als auch ein Bild, welches auf Ihrem Bildschirm erscheint, sobald dieser Kontakt anruft, hinzufügen.
- **Telefonnummer:** Im Feld *Telefon* ❻ tragen Sie die Nummer ein. Beachten Sie, dass jede Nummer mindestens mit Ortsvorwahl eingegeben werden muss. Die Ländervorwahl kann durch Tippen auf das Flaggen-Symbol geändert werden. Mit *Telefonnummer hinzufügen* lässt sich eine weitere Nummer bei diesem Kontakt abspeichern.

  Jedes Telefonnummernfeld erhält automatisch ein Label, wie *Mobil* oder *Hauptnummer*. Um einen anderen Nummerntyp auszuwählen, tippen Sie zuerst ins Nummernfeld und dann auf *Label* ❼.

  Sobald eine Telefonnummer eingegeben wurde, erscheint darunter ein weiteres *Telefon*-Feld. Tippen Sie dieses an, falls Sie noch eine Nummer eingeben wollen. Dieses Prinzip gilt auch für die E-Mail-Adresse.
- Mit dem Minus-Symbol - entfernen Sie einzelne Einträge wieder.
- Unterhalb können Sie weitere Felder ergänzen, wie *Geburtstag*, *E-Mail*, *Adresse* ❽, *Notizen* und so weiter. In der Kontakte-App werden übrigens alle Kontakte angezeigt, auch jene bei denen nur die E-Mail-Adresse gespeichert wurde. In der Telefon-App im Register *Kontakte* werden nur jene angezeigt, bei denen auch eine Telefonnummer hinterlegt ist.
- Um den Kontakt abzuspeichern, tippen Sie auf *Speichern*. Die Kontakte sind standardmäßig nach dem Vornamen alphabetisch sortiert.

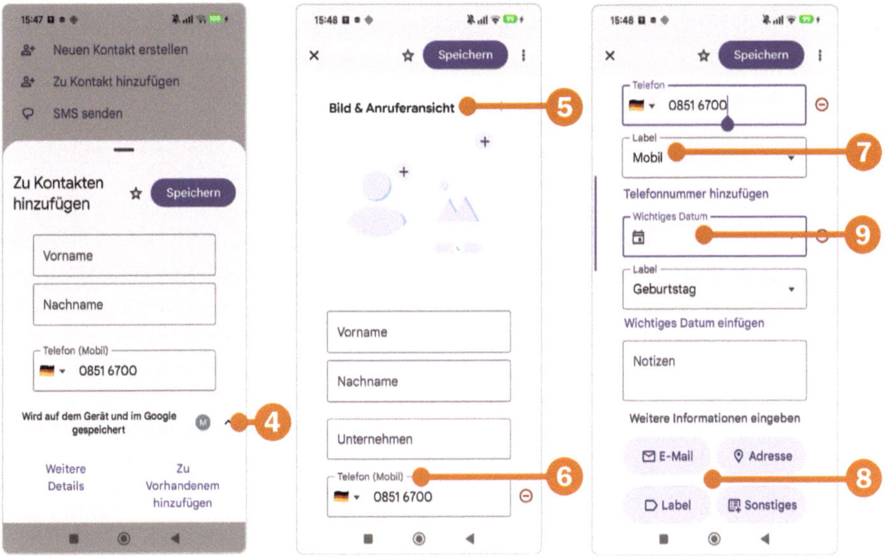

So vergessen Sie keine Geburtstage!
Wenn Sie einen Kontakt in Ihrem Adressbuch anlegen, können Sie auch gleich ein wichtiges Datum ❾ eintragen, der anschließend in der Kalender-App zu sehen ist. Tippen Sie hierzu auf *Geburtstag*. Ist der Schalter bei *Inklusive Jahr* aktiv, wird das Geburtsjahr angezeigt. Anschließend bewegen Sie den Finger auf dem Bildschirm von unten nach oben und umgekehrt, um Tag, Monat und Jahr auszuwählen. Bestätigen Sie mit *OK*.

Kontakte bearbeiten und löschen

Kontakt bearbeiten: Details zu einem Kontakt können sich ändern oder es muss etwas ergänzt werden. Wie Sie einen Kontakt bearbeiten, erfahren Sie jetzt:

- Zeigen Sie den Kontakt in Ihrem Adressbuch oder in der App Telefon im Register *Kontakte* an und wählen Sie diesen durch Antippen aus. Mit *Bearbeiten* ❶ können Sie Änderungen am Kontakt vornehmen, Inhalte hinzufügen oder veraltete Informationen löschen.
- Bestätigen Sie Ihre Änderungen mit *Speichern* ❷.

Kontakt löschen oder blockieren: Selbstverständlich kann ein Kontakt auch komplett aus dem Adressbuch gelöscht werden.

- Zeigen Sie den Kontakt an und wischen Sie nach unten zu den *Kontakteinstellungen* . Wählen Sie *Löschen* ❸ und bestätigen Sie mit *Löschen*.
- Möchten Sie die Nummer stattdessen *blockieren* ❹ oder stets direkt an Ihre *Mailbox* (Anrufbeantworter) weiterleiten, ist dies ebenfalls möglich.

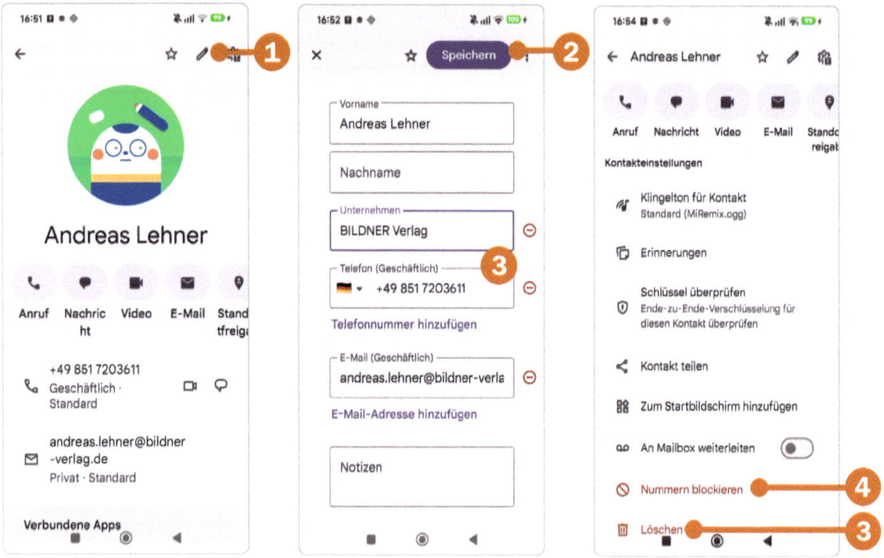

Kontakt favorisieren

Einige Kontakte sind wichtiger als andere – diese können als Favoriten markiert werden. Dadurch werden die „bevorzugten Kontakte" in einer eigenen Rubrik sowohl in der App **Kontakte** als auch in der App **Telefon** angezeigt und man muss nicht lange suchen.

- **Kontakte** : Zeigen Sie den Kontakt, den Sie als Favorit hinzufügen möchten, an. Tippen Sie auf das Stern-Symbol ❶. Der Stern wird gefüllt angezeigt, damit wird der Kontakt nun bei *Favoriten* ❷ angezeigt.
- **Telefon** : Tippen Sie bei *Favoriten* auf *Hinzufügen* ❸. Wählen Sie anschließend die App (*Kontakte*), mit der die Aktion durchgeführt werden soll, bestätigen Sie mit *Immer* und wählen Sie die entsprechende Person in der Kontaktliste. Sie wird nun bei *Favoriten* ❷ angezeigt.

- Versehentlich angetippte Favoriten können Sie durch nochmaliges Antippen des Sterns ❶ wieder „entfavorisieren".

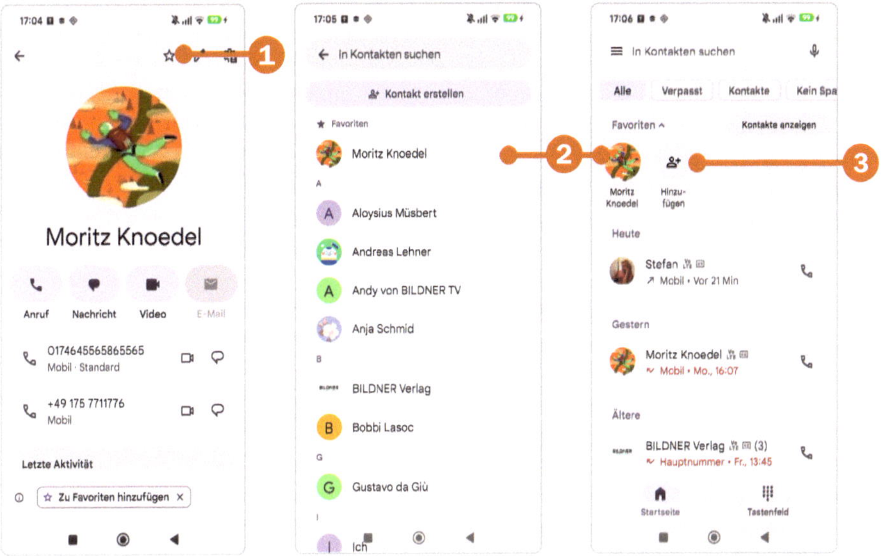

Hilfe im Notfall

Für einen Notfallanruf bei Rettungsdienst oder Feuerwehr muss das Smartphone nicht entsperrt werden. Auf Notfallnummern haben Sie über den Sperrbildschirm Zugriff. Außerdem können von Ihnen weitere Notfallkontakte und persönliche medizinische Informationen hinterlegt werden. So können Ersthelfer schneller Angehörige erreichen und Informationen, wie Blutgruppe, Medikamente, Allergien etc., einsehen. Auch das kann angezeigt werden, ohne dass das Smartphone entsperrt werden muss - wenn Sie Ihr Smartphone verlieren, natürlich auch von unbefugten Personen.

Notfallinformationen hinterlegen

- Gehen Sie in die *Einstellungen* zum Eintrag *Notfälle & Sicherheit*.
- Durch Antippen von *Medizinische Daten* ❶ (siehe nächste Seite) können Sie medizinisch relevante Informationen, wie z. B. Allergien ❷ oder Medikamente hinterlegen. Tippen Sie hierzu auf den Eintrag, geben Sie die gewünschte Information ein und bestätigen Sie mit *OK*.

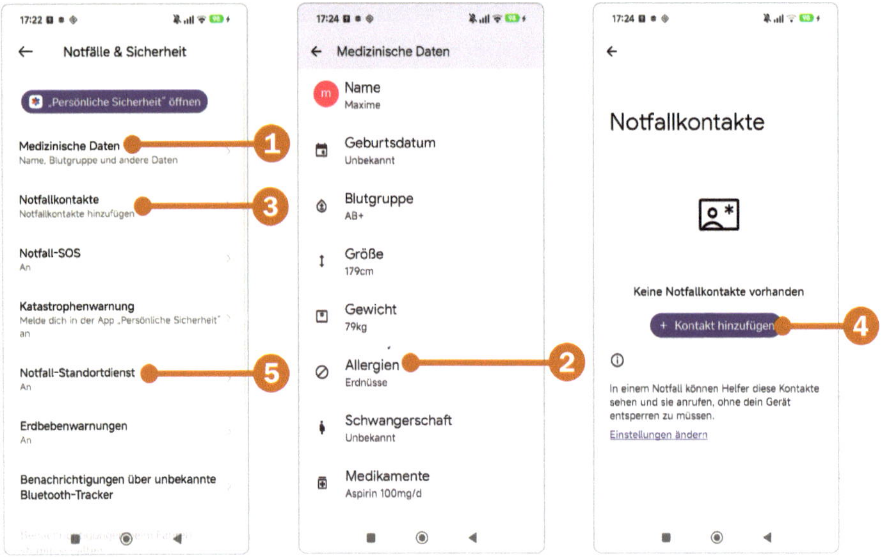

- Mit der Zurück-Taste gelangen Sie wieder zur Übersicht. Wählen Sie jetzt *Notfallkontakte* ❸ aus.
- Tippen Sie auf *Kontakt hinzufügen* ❹ und führen Sie die Aktion ggf. mit der Kontakte-App aus. Wählen Sie nun einen Kontakt durch Antippen. Die Telefonnummer, die an oberster Stelle des gewählten Kontaktes angezeigt wird, wird als Notfallnummer verwendet, auch wenn eine zweite Nummer für den Kontakt hinterlegt ist. Durch erneutes Anklicken von *Kontakt hinzufügen* fügen Sie weitere Notfallkontakte hinzu.
- Prüfen Sie sowohl bei den medizinischen Daten als auch den Notfallkontakten jeweils unter *Einstellungen ändern*, ob diese im gesperrten Zustand sichtbar sein und während eines Notrufs weitergegeben werden dürfen.
- Mit eingeschaltetem *Notfall-Standortdienst* ❺ sollte die Leitstelle in der Regel in der Lage sein, während eines Notrufs Ihren Standort zu orten.

Mit *Persönliche Sicherheit öffnen* lassen sich weitere Notfalleinstellungen, wie die Notfall-SMS-Funktion oder Katastrophenwarnungen treffen.

Wichtig: Ganz unten unter *Notfallbenachrichtigungen für Mobilgeräte* prüfen Sie, ob auf Ihrem Gerät die Warnmeldung via sogenanntem Cell Broadcasting aktiviert ist, welche z. B. am bundesweiten Warntag getestet werden.

Notfallanruf tätigen

Im Notfall stehen nun alle hinterlegten Informationen zur Verfügung, ohne dass das Smartphone entsperrt werden muss.

- Wischen Sie über den Sperrbildschirm und tippen Sie auf *Notfall* ❻.
- Nun ließe sich ❼ eine Notrufnummer (z.B. 112 oder 110) eingeben.
- Wischen Sie den blauen Schalter über *Notfallinformationen* ❽ nach rechts, um Ihre zuvor eingegebenen *Notfalldaten* und *-kontakte* ❾ zu öffnen.

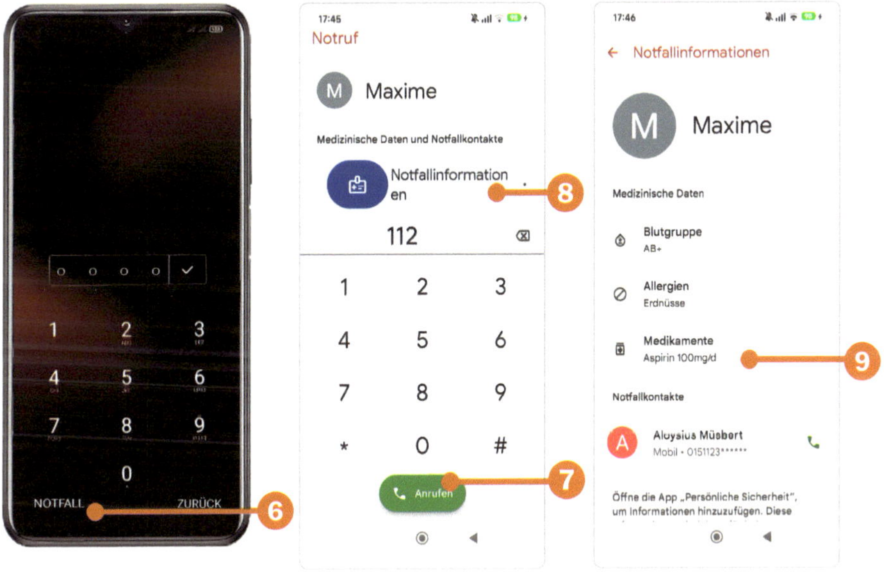

5.2 Freunde und Familie anrufen

In der App *Telefon* gibt es mit den Rubriken *Startseite* und *Tastenfeld* zwei verschiedene Möglichkeiten, jemanden anzurufen.

Telefonnummer eintippen

Mit der Auswahl des *Tastenfelds* ❶ können Sie eine Nummer einfach eintippen. Beachten Sie, dass Sie immer die Vorwahl eingeben müssen. Tippen Sie anschließend zum Verbindungsaufbau auf *Anruf* ❷. Mit der Löschen-Taste ❸ können Sie einen Tippfehler entfernen.

Aus der Anrufliste auswählen

Ein Punkt am App-Symbol signalisiert übrigens einen Anruf in Abwesenheit. In der *Anrufliste* ❹ werden die letzten verpassten bzw. angenommenen Anrufe vermerkt. Auch ausgehende Anrufe finden Sie hier. Wenn Sie einen Kontakt eingespeichert haben, wird in der Liste der Name der Person angezeigt, sonst die Nummer.

- Wollen Sie einen Kontakt erneut anrufen, tippen Sie in der Anrufliste einfach auf den Hörer ❺.

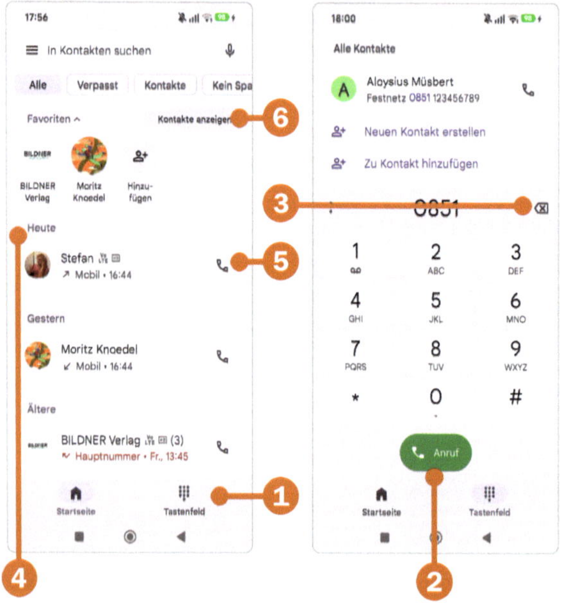

↗ Dieser Anruf wurde von Ihnen getätigt.

↙ Verpasster Anruf oder Anrufe (in Klammern stehende Ziffer)

↙ Sie wurden angerufen und haben den Anruf angenommen.

Achtung! Sollten Sie die Nummer nicht kennen, ist beim Rückruf Vorsicht geboten. Mit einer Rückrufmasche versuchen Betrüger Sie zu verleiten, bei kostenpflichtigen Telefonnummern anzurufen und Sie dann durch unverständliche Bandansagen oder Warteschleifen möglichst lang in der Leitung zu halten. So ein Anruf kann dann mehrere Euro pro Minute kosten. Meist werden dazu ausländische Telefonnummern verwendet, deren Ländervorwahl deutschen Ortsvorwahlen ähnelt, z. B. 00241 Gabun (0241 Aachen), oder Sonderrufnummern wie die 00882 oder 00883.

Aus den Kontakten auswählen

Unter *Kontakte anzeigen* ❻ wählen Sie einen eingespeicherten Kontakt aus. Die Liste ist alphabetisch nach Vornamen sortiert.

- Zum „Blättern" durch die Kontaktliste streichen Sie vertikal über den Bildschirm.
- Durch Antippen eines Kontakts wird dieser angezeigt. Tippen Sie auf *Anruf* ❼ oder auf die Telefonnummer, um diese Person anzurufen.

Rufen Sie einen Kontakt in Ihrem Adressbuch auf, können Sie diesen nicht einfach nur über einen Sprachanruf kontaktieren, sondern Sie haben auch die Möglichkeit, eine SMS oder falls eine Mail-Adresse hinterlegt ist, eine E-Mail zu verfassen. Sie können auch Videoanrufe ❽ mit der App *Google Meet* tätigen und mit der *Standortfreigabe* übermitteln Sie dem Kontakt für einen festgelegten Zeitraum Ihren Standort in Echtzeit via *Google Maps*.

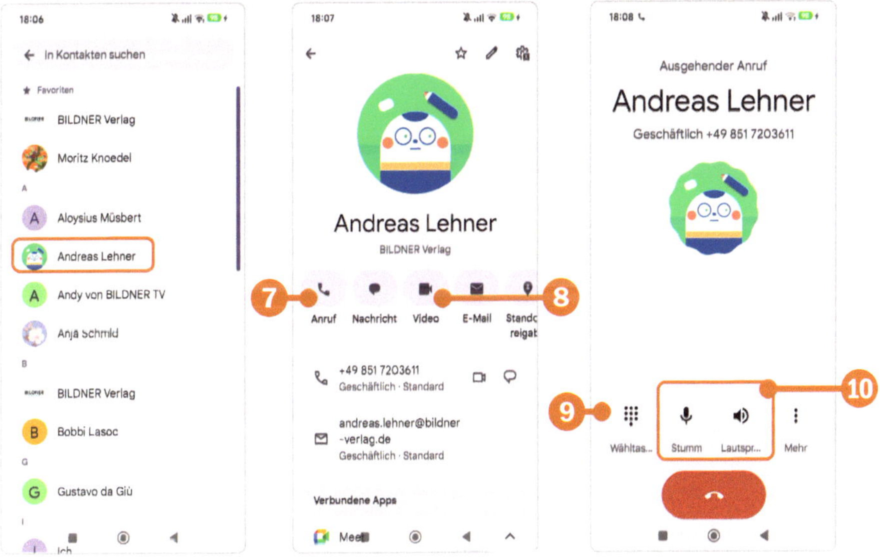

Anruf durchführen

- Durch Antippen von *Wähltasten* ❾ erhalten Sie im Gespräch ein Ziffernfeld. Für Anrufe bei Behörden oder Firmen wird die Zuteilung des korrekten Ansprechpartners zum Teil durch Eingabe von Nummern gelöst: „Für Fragen zu einer Rechnung tippen Sie die 1."
- Während des Telefonats können Sie den Anruf über die *Stumm-Taste* ❿ kurz stummschalten, dann werden Sie nicht gehört. Mit *Lautsprecher* schalten Sie den Verstärker ein. Durch nochmaliges Antippen schalten Sie die Stummschaltung bzw. den Lautsprecher wieder aus.
- Tippen Sie den roten Hörer an, um das Gespräch zu beenden.

5.3 Anruf annehmen oder nicht?

- **Annehmen:** Wenn Sie einen Anruf erhalten, tippen Sie auf den grünen Hörer ❶ und ziehen ihn nach rechts. Das ist auch möglich, wenn das Smartphone gerade gesperrt ist.

  Wenn Sie ein Anruf erreicht, während Sie gerade am Handy sind, wird der Anrufhinweis nur oben eingeblendet. Dann nehmen Sie das Gespräch mit dem grünen Hörersymbol (*Annehmen*) ❷ an oder weisen es mit dem roten Hörersymbol (*Ablehnen*) ab.

- **Ablehnen:** Haben Sie gerade keine Zeit, dann tippen Sie auf den roten Hörer und ziehen ihn nach oben. Oder geben Sie dem Anrufer via SMS Bescheid, dass Sie den Anruf nicht entgegennehmen können: Dazu tippen Sie auf *Nachricht* ❸ und wählen eine Nachricht ❹ durch Antippen aus.

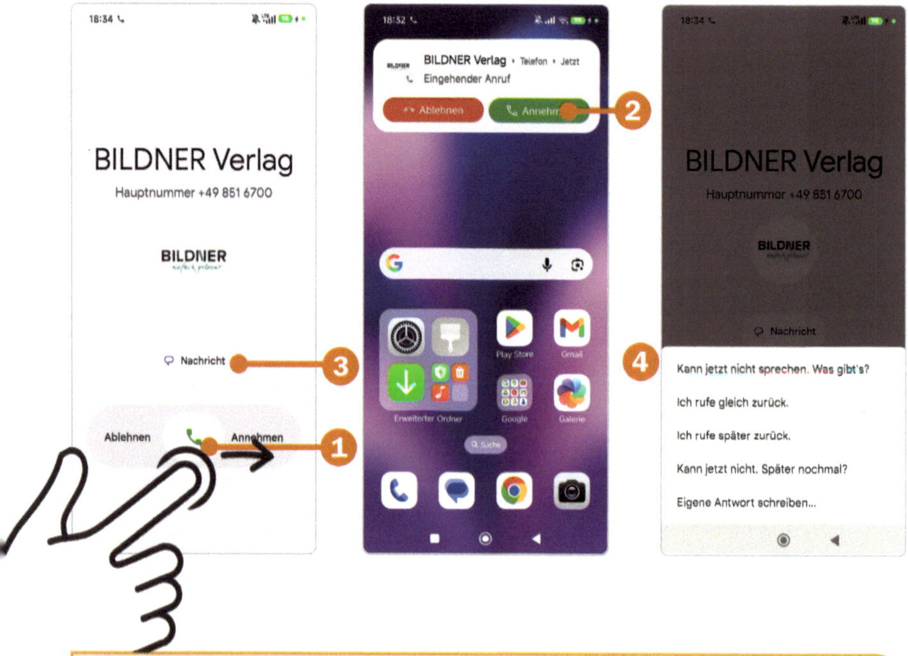

Mist! Meine Handynummer vergessen ...
Öffnen Sie die *Einstellungen* und zeigen Sie die Kategorie *Mobilfunknetze* an. Hier finden Sie Ihre eingelegte(n) SIM-Karte(n) und die dazugehörige Telefonnummer.

6 Nachrichten und Fotos versenden

SMS, E-Mails und WhatsApp-Nachrichten erleichtern die Kommunikation mit Familie und Freunden ungemein. Ein kurzer Text getippt, schnell auf Senden gedrückt und sofort kommt die Nachricht beim Empfänger an. In diesem Kapitel werden die Apps *Nachrichten*, *Gmail* und *WhatsApp* vorgestellt.

6.1 SMS und RCS versenden sowie empfangen

Eine SMS (**S**hort **M**essage **S**ervice - Kurznachrichtendienst) ist eine Mitteilung, die 160 Zeichen lang ist. Umfasst Ihre Nachricht mehr Zeichen, wird automatisch eine zweite verschickt. Der SMS-Versand kann zusätzliche Kosten verursachen, ist aber auch bei vielen Anbietern - je nach Vertrag - kostenlos.

Trotz vieler anderer Kommunikations-Apps, wie z. B. WhatsApp, hat die SMS immer noch ihre Berechtigung. Sie erhalten Informationen Ihres Mobilfunkanbieters als SMS, z. B. eine Benachrichtigung, wenn Sie sich in einem ausländischen Netz befinden. Auch Zugriffscodes werden via SMS versendet. Der große Vorteil der SMS ist, dass Sie für das Versenden nur eine Verbindung zum Mobilfunknetz benötigen. Die SMS bietet damit zuverlässige Erreichbarkeit. Es muss weder mobiles Internet (mobile Datenverbindung) noch WLAN zur Verfügung stehen.

Wir verwenden in diesem Buch die bereits vorinstallierte SMS-App *Google Messages*. Sie unterstützten auch **RCS** (**R**ich **C**ommunication **S**ervices - zu deutsch "reichhaltiger Kommunikationsdienst"), den Nachfolger der SMS. Dabei handelt es sich um einen Chat-Austausch ähnlich WhatsApp, jedoch läuft dieser direkt über die Netzinfrastruktur der Mobilfunkanbieter und ist an die SIM-Karte gebunden – ähnlich wie SMS. Die RCS bietet gegenüber der SMS verschiedene Vorteile: keine Zeichenbegrenzung, Gruppenchats, verschlüsselte Nachrichtenübertragung, Versenden von Videos, Emojis und Sprachnachrichten, Tippindikatoren sowie eine Anzeige, ob die Nachricht gelesen wurde. Für das Versenden einer RCS-Nachricht benötigen Sie eine mobile Datenverbindung oder WLAN. Chat-Nachrichten reduzieren Ihr mobiles Datenvolumen, außer Sie sind mit einem WLAN verbunden.

Nicht alle Smartphones sind RCS-fähig (min. Android **6** / iOS **18** benötigt), haben eine RCS-fähige App installiert oder einen Mobilfunkanbieter, der RCS unterstützt. In solchen Fällen wird stattdessen automatisch eine SMS versandt.

SMS bzw. Chat versenden

- Öffnen Sie *Messages* von Google. Legen Sie fest, wer Ihren Namen und ggf. das Profilbild sehen kann. Tippen Sie dann auf *Weiter*.
- Tippen Sie auf die Schaltfläche *Chat starten* ❶ und geben Sie bei *An* den Namen der Person ein bzw. wählen Sie die Person unten durch Antippen aus. Falls Sie mit der Person bereits Nachrichten ausgetauscht haben, können Sie eine vorhandene Unterhaltung ❷ durch Antippen anzeigen, der Empfänger ist dann bereits eingetragen.
- Tippen Sie in das Textfeld unten und verfassen Sie Ihre Nachricht. Noch nicht abgeschickte Nachricht werden als Entwurf gekennzeichnet.
- Ob Sie eine SMS oder eine Chat-Nachricht versenden, ist leicht an der **Senden-Schaltfläche** zu erkennen: für SMS, ❸ für RCS-Chat. Standardmäßig ist eingestellt, dass RCS-Chats verwendet werden, sofern sie verfügbar sind. Sollten Sie nur SMS verschicken wollen, tippen Sie auf Ihr Profilsymbol ❹, wählen *Messages-Einstellungen* und dann *RCS-Chats*. Hier können Sie die RSC-Chats aktivieren bzw. deaktivieren ❺.

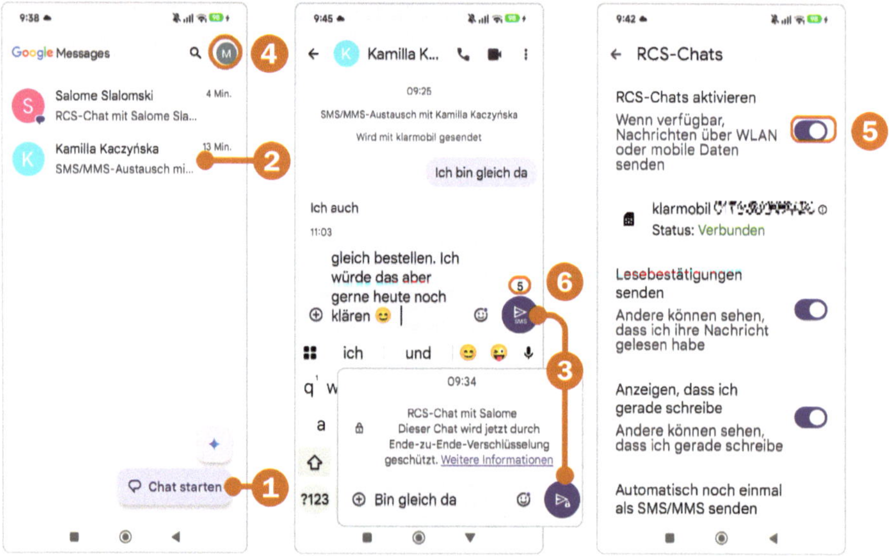

> **Tipp:** Wenn Sie eine lange SMS-Nachricht schreiben, erscheint rechts neben der Nachricht eine Zahl, z.B. *5* ❻. Diese zeigt an, wie viel Zeichen Sie noch zur Verfügung haben bis eine weitere SMS versendet wird. Die zweite SMS umfasst dann nur noch 145 Zeichen

SMS erhalten

Auf den Eingang einer SMS werden Sie im Benachrichtigungsfeld und durch eine Ziffer (Anzahl der neuen SMS) am App-Symbol hingewiesen. Nach dem Öffnen der App sehen Sie Ihre Nachrichten. Ungelesene Nachrichten 7 sind fett markiert. Durch Antippen öffnen Sie diese und können im Nachrichtenfeld antworten.

Achtung vor Phishing: Betrüger versuchen oft mit vermeintlich seriösen SMS von Banken oder Paketversendern sensible Daten abzufragen. Tippen Sie weder auf die darin enthaltenen Links oder antworten Sie auf die Nachricht.

Unterhaltung löschen

Um einen Chat zu löschen, tippen Sie ihn etwas länger an und wählen oben das Papierkorb-Symbol 🗑 8. Mit archivieren Sie eine Nachricht.

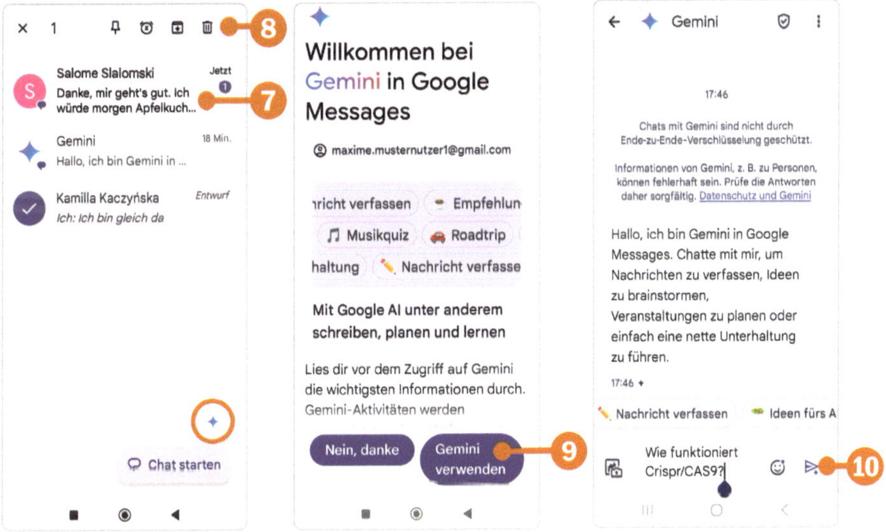

Gemini-Funktion in Google Messages

In der Messages-App können Sie auch mit Googles KI namens *Gemini* chatten. Tippen Sie auf ✦ und bestätigen Sie anschließend mit *Gemini verwenden* 9. Sie können Gemini bitten, Nachrichten für Sie zu formulieren, Ihnen Kochideen fürs Abendessen zu liefern, gesendete Bilder zu analysieren oder stellen Sie Gemini einfach Fragen. Mit 10 versenden Sie Ihre Anfrage. Da es sich bei der sogenannten KI eigentlich nur um ein großes Sprachmodell handelt, sind die Angaben mit Vorsicht zu genießen. Bitten Sie Gemini bei wichtigen Fragen daher um eine Quellenangabe mit Link. Mehr zu Gemini auf Seite 160.

6.2 Über E-Mails kommunizieren

Zum Verfassen und Empfangen von E-Mails empfehlen wir die Nutzung von *Gmail*, da hier bereits die Daten Ihres Benutzerkontos, welche Sie während der Einrichtung des Handys eingegeben haben, hinterlegt sind. Sie können sofort loslegen.

Vielleicht erledigen Sie den Großteil des E-Mail-Verkehrs am PC. Dennoch ist es praktisch, auch einmal schnell eine E-Mail am Smartphone zu lesen. Sie können dasselbe Konto mit Ihrem Smartphone und dem Computer verbinden.

- Sie finden die App *Gmail* im Ordner *Google* auf dem Startbildschirm. Zum Öffnen tippen Sie den Ordner an und wählen *Gmail*.

Beim ersten Öffnen der App wird oben die hinterlegte Gmail-Adresse angezeigt. Hier könnten auch noch weitere E-Mail-Adressen hinzugefügt werden. Darauf verzichten wir. Tippen Sie unten auf *Weiter zu Gmail*. Sie können Gmail erlauben, Ihnen Benachrichtigungen zu senden. Dann werden Sie über den Eingang neuer E-Mails informiert.

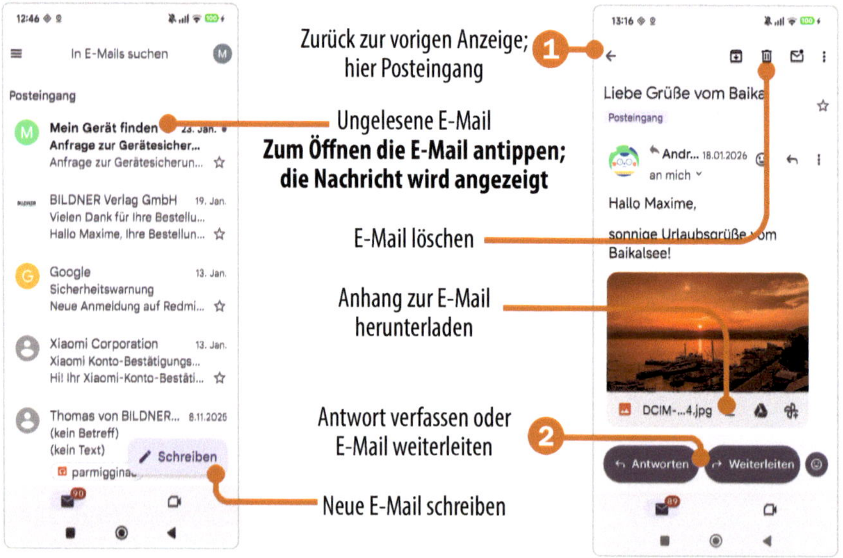

Posteingang
Anzeige aller aktuellen E-Mails

Inhalt einer E-Mail
Anzeige der ausgewählten E-Mail

Neue E-Mail lesen und beantworten

E-Mail erhalten

Dass eine neue E-Mail eingetroffen ist, sehen Sie schon an der angezeigten Nummer beim Gmail-Symbol. Öffnen Sie die Gmail-App. Der Posteingang wird automatisch angezeigt. Neue E-Mails finden Sie immer ganz oben in der Liste. Sie blättern durch vertikales Wischen durch die Liste.

- Zum Lesen des Inhalts der Nachricht tippen Sie die neue E-Mail an. Mit der Zurück-Taste ❶ (Grafik oben) gelangen Sie wieder zur Übersicht.

Eine Antwort verfassen

Um auf eine E-Mail zu *Antworten*, tippen Sie in der geöffneten E-Mail unten auf ❷ und verfassen Sie anschließend Ihr Antwortschreiben. Der Absender der Nachricht wird automatisch im Feld *An* eingetragen. Tippen Sie auf ❸, um weitere Empfänger in *CC* (Kopie) oder *BCC* (Blindkopie) zu setzen. Der Betreff wird mit dem Zusatz *Re* ❹ übernommen. Schreiben Sie Ihren Nachrichtentext und tippen Sie zum Versenden oben rechts auf ⊳.

Eine E-Mail kann an mehrere Personen versendet werden. Möchten Sie allen Personen dieselbe Antwort zukommen lassen, tippen Sie auf *Allen antworten*.

Tipp: Sie werden auch im Benachrichtigungsbereich auf neue E-Mails hingewiesen. Tippen Sie direkt darauf ❺, um die E-Mail anzuzeigen. Mehr dazu auf Seite 63.

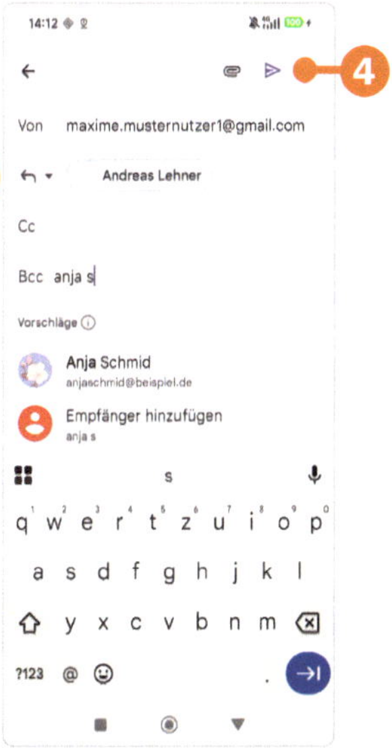

Neue E-Mail schreiben

Tippen Sie auf *Schreiben* und tragen Sie im Feld *An* die E-Mail-Adresse des Empfängers ein. Bestätigen Sie die Adresse ggf. durch Antippen von *Empfänger hinzufügen*. Beim Eingeben der ersten Buchstaben erhalten Sie meist schon Vorschläge für mögliche Empfänger. Tippen Sie einen Vorschlag an, um diesen zu übernehmen. Tippen Sie dann auf *Betreff* und geben Sie einen kurzen Hinweis ein. Berühren Sie das Feld darunter, um den eigentlichen Nachrichtentext zu verfassen, und tippen Sie dann auf ⊳.

Foto oder Video versenden

Mit dem Klammer-Symbol ❻ können Sie via Gmail Dateien (Fotos, kurze Videos etc.) versenden. Wählen Sie nach Antippen der Klammer *Datei anhängen* aus und navigieren Sie zu Ihrem Bilderordner. Durch Antippen öffnen Sie den Ordner und wählen das Bild aus. Dieses sehen Sie dann am Ende der E-Mail und können es durch Antippen von x ❼ auch wieder entfernen. Die Nachricht versenden Sie wie gewohnt.

E-Mail löschen

Durch längeres Antippen einer E-Mail erhalten Sie weitere Bearbeitungsmöglichkeiten. Tippen Sie auf das Papierkorb-Symbol ❽ oben rechts, um die markierte E-Mail zu löschen. Die gelöschte E-Mail verbleibt 30 Tage im Papierkorb und wird dann endgültig gelöscht.

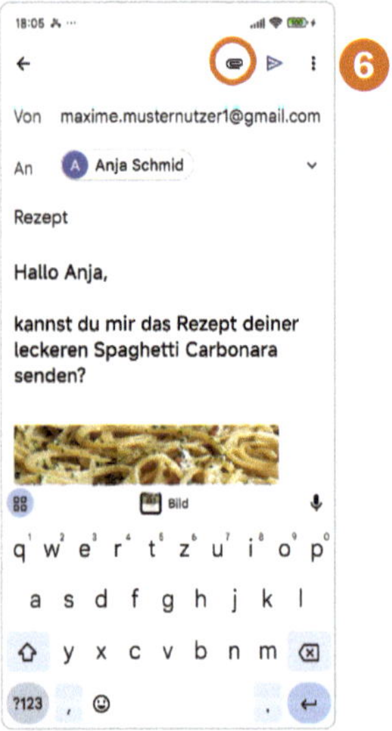

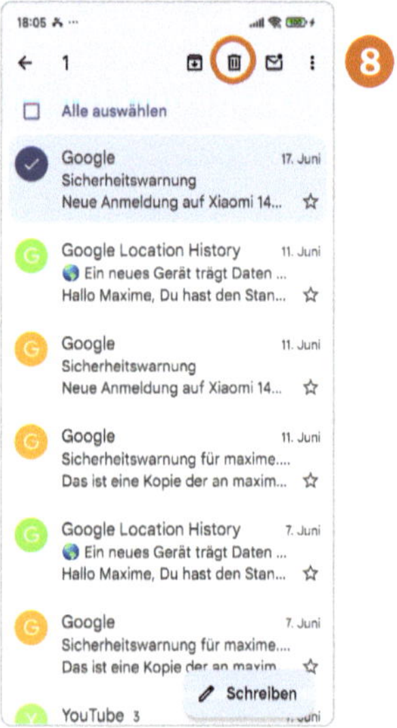

6.3 Nachrichten über WhatsApp

Via WhatsApp tauschen Sie Nachrichten, Bilder und Videos aus. WhatsApp-Nachrichten haben die SMS abgelöst, schließlich ist dieser Dienst kostenlos, man kann ganz einfach Fotos und Videos versenden und sogar Sprach- und Videoanrufe per WhatsApp tätigen. Zunächst muss die App aus dem Play Store heruntergeladen werden. Wie das geht, haben Sie bereits auf Seite 93 erfahren. Sie können natürlich auch andere Nachrichtendienste, wie Signal oder Threema, verwenden.

WhatsApp einrichten

Nach dem Öffnen müssen Sie zunächst eine Sprache bestimmen. Standardmäßig ist die Gerätesprache bereits ausgewählt. Mit *Zustimmen und fortfahren* ❶ erklären Sie sich mit den Datenschutzrichtlinien und Nutzungsbedingungen einverstanden. Um diese zu lesen, tippen Sie auf die blauen Worte und zeigen mit der Zurück-Taste danach wieder WhatsApp an. Im Anschluss entscheiden Sie, ob WhatsApp Ihnen Benachrichtigungen senden darf.

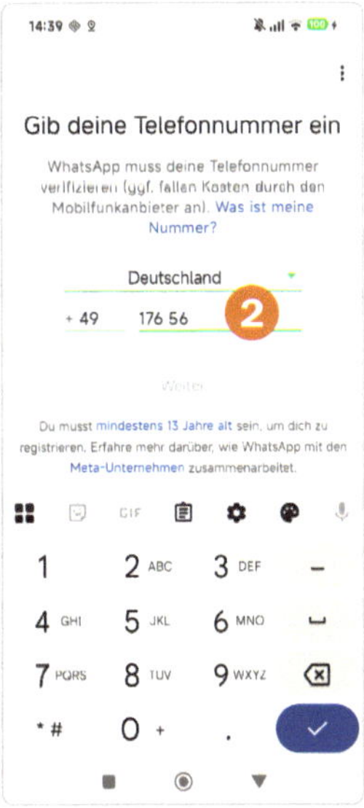

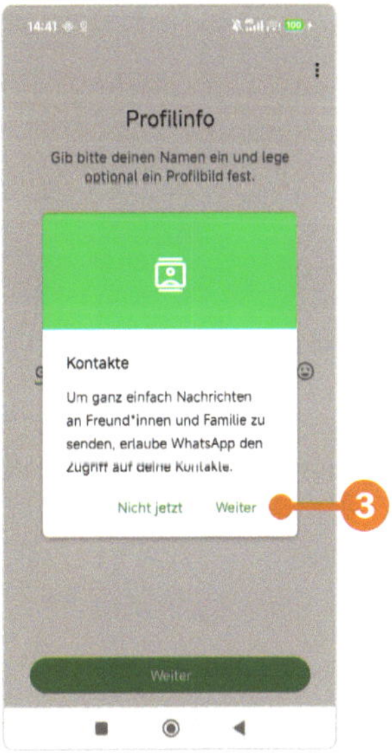

- **Telefonnummer eintragen:** Geben Sie nun Ihre Handynummer ein ❷. Beachten Sie, dass der Ländercode *+49* automatisch vorangestellt wird. Dadurch entfällt die erste Null Ihrer Telefonnummer. Tippen Sie auf *Weiter* und bestätigen Sie die Richtigkeit der Nummer mit *Ja*. Zur Verifikation der Telefonnummer wird eine SMS gesendet und in der Regel auch gleich übernommen. Ansonsten tippen Sie den sechsstelligen Code ein. Wenn Sie keine SMS erhalten haben, überprüfen Sie die angezeigte Telefonnummer. Hat sich ein Tippfehler eingeschlichen, dann tippen Sie auf *Falsche Nummer?*. Ist die Nummer richtig, wählen Sie entweder *SMS erneut senden* oder *Anrufen lassen*.

- **Berechtigungen erteilen:** Tippen Sie auf *Weiter* ❸, um die verschiedenen Berechtigungen zu erteilen. Den Zugriff auf die Kontakte sollten Sie mit *Zulassen* erlauben, sonst können Sie WhatsApp nicht nutzen. Den Zugriff auf Musik- und Audiodateien können Sie auch auf später verschieben und erst einmal *Nicht zulassen*. Wenn Sie Bilder versenden möchten, müssen Sie auch den Zugriff auf Fotos erlauben. Hier können Sie die Rechte auf bestimmte Fotos beschränken. Dazu tippen Sie auf *Eingeschränkten Zugriff zulassen* ❹ und wählen im nächsten Schritt ein Foto aus, z. B. Ihr Profilbild und bestätigen mit auf *Erlauben*. So verwehren Sie WhatsApp den Zugriff auf Ihre Bilder, müssen dann aber für jedes Bild, das Sie versenden, einzeln den Zugriff gewähren. Mit der Option *Vollen Zugriff zulassen* ❺ hat WhatsApp Zugriff auf Ihr gesamtes Fotomaterial. Sie wägen hier ab zwischen Pragmatismus und Datenschutz.

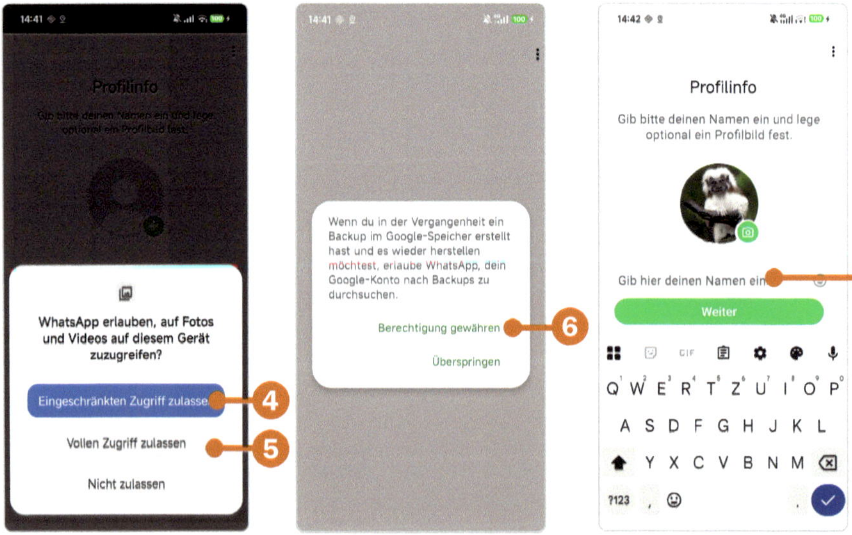

- **Back-up suchen:** Falls Sie WhatsApp schon einmal auf einem anderen Smartphone verwendet und auf Google Drive eine Sicherung erstellt haben, tippen Sie auf *Berechtigung gewähren* ❻ und wählen Sie anschließend Ihr Google-Konto, um Ihre Chats, Bilder, Videos etc. auf das neue Smartphone zu laden. Sollten Sie WhatsApp mit dieser Nummer zum ersten Mal verwenden, wird die Einrichtung ohne die Back-up-Abfrage durchgeführt und dieser Schritt nicht angezeigt.

- Geben Sie dann für Ihr WhatsApp-Profil einen Namen ❼ ein, der Ihren WhatsApp-Kontakten angezeigt wird, und laden Sie optional ein Profilbild hoch. Tippen Sie dann auf *Weiter*.
- Wenn Sie möchten, können Sie im Anschluss Ihre Mail-Adresse eingeben. Dies dient primär der erhöhten Sicherheit sowie Kontowiederherstellung und ermöglicht eine alternative Verifizierung, falls kein SMS-Empfang möglich ist oder das Handy verloren geht.

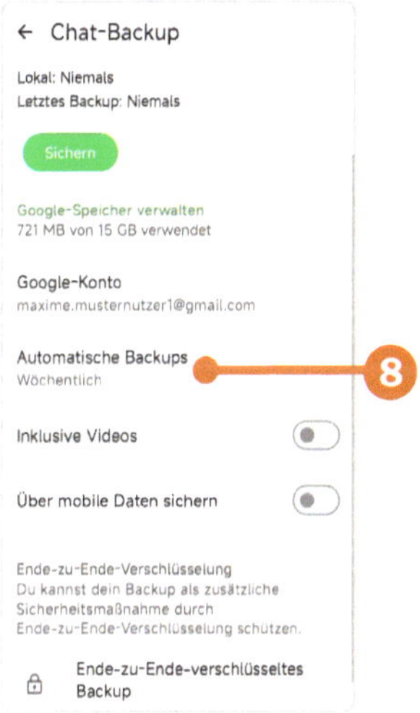

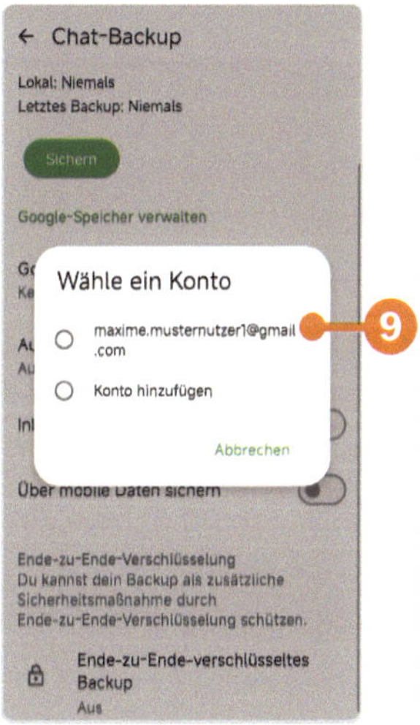

- **Back-up erstellen:** Bei einem Back-up werden Ihre Chats mit Bildern und ggf. auch Videos auf Google-Drive gesichert. So kann nichts verloren gehen. Das ist durchaus sinnvoll. Wenn Sie ein Back-up erstellen möchten (*Einstellungen* ▸ *Chats* ▸ *Chat-Backup*), wählen Sie aus, wie häufig gesichert werden soll, z. B. *Wöchentlich* ❽. Im Anschluss müssen Sie ein Google-Konto wählen. Das Konto, das Sie bei der Einrichtung des Smartphones hinterlegt haben, wird angezeigt. Tippen Sie dieses an ❾. Zu guter Letzt müssen Sie WhatsApp den Zugriff auf Ihr Google-Konto erlauben; tippen Sie auf *Weiter* ❿. Wenn Sie auch Videos sichern möchten, tippen Sie auf den Regler bei *Inklusive Videos*. Schließen Sie mit *Fertig* ab. Wenn Sie möchten, können Sie einen Passkey erstellen, ein geheimer digitaler Schlüssel mit dem Sie Ihr WhatsApp-Back-up zusätzlich sichern.

Eine Nachricht versenden

Um einen neuen Chat zu starten, öffnen Sie das Register *Chats* ❶ und tippen Sie auf *Neue Nachricht* ❷. Es wird eine Liste aller Kontakte angezeigt, die Sie im Adressbuch Ihres Smartphones (App Kontakte) mit Handynummer gespeichert haben und die WhatsApp verwenden.

- Tippen Sie den Namen der Person ❸ an, der Sie eine Nachricht schicken möchten. Es öffnet sich ein neuer Chat. Geben Sie den Text ein und versenden Sie die Nachricht mit ❹.
- Mit dem Pfeil links oben oder der Zurück-Taste verlassen Sie den Chat wieder und kehren zur Übersicht zurück. Wenn Sie dieser Person das nächste Mal eine Nachricht schreiben, können Sie einfach den Chat in der Übersicht auswählen.

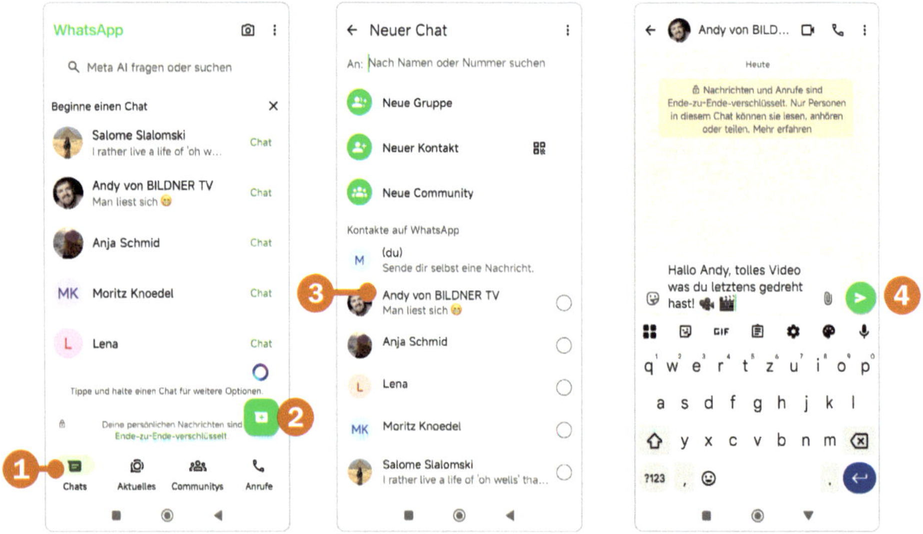

> **Tipp:** Zum Einfügen von Emojis tippen Sie auf ☺ im Nachrichtenfeld. Ansonsten gilt auch hier, was Sie auf Seite 54 über Emojis bereits erfahren haben.

Fotos/Videos versenden

- Öffnen Sie den Chat mit dem gewünschten Empfänger ❶ (Abbildung nächste Seite) oder tippen Sie auf das Symbol für *Neue Nachricht*, um einen anderen Empfänger auszuwählen.

- Tippen Sie im Texteingabefeld auf das Büroklammer-Symbol 📎 ❷ und anschließend auf *Galerie* 🖼 .
- Wählen Sie den Ordner *Kamera* aus. Dort können Sie Fotos oder Videos durch Antippen auswählen. Falls Sie den Zugriff beschränkt haben, müssen Sie durch Anklicken von Verwalten den Zugriff auf das Bild erlauben. Fügen Sie, wenn gewünscht, eine Bildunterschrift hinzu ❸. Senden Sie die Datei durch Antippen von ➤.

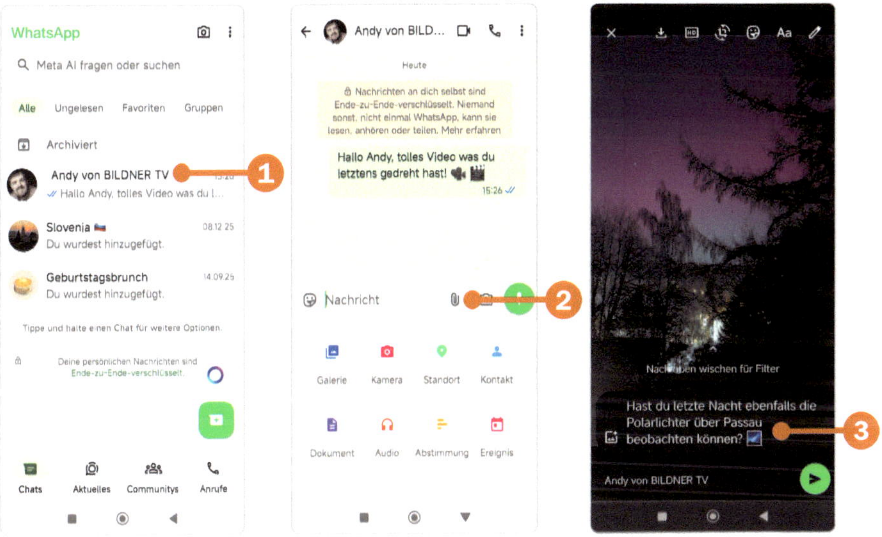

Sprachnachrichten und Videoanrufe

Eine Sprachnachricht aufnehmen

- Öffnen Sie den Chat und tippen Sie auf das Mikrofon-Symbol. Wenn nötig, erlauben Sie den Zugriff auf das Mikrofon mit *Weiter* und *Bei Nutzung der App* ❶. Halt Sie das Mikrofon gedrückt und ziehen Sie es nach oben ❷, um die Aufnahme zu starten.
- Sie pausieren die Aufnahme mit ⏸, verwerfen sie mit 🗑 und schicken die Sprachnachricht mit ➤ ab.

Einen WhatsApp-Anruf erhalten

- Wenn Sie via WhatsApp kontaktiert werden, wird ein Feld mit dem Anrufernamen eingeblendet. Sie können jetzt den Video- bzw. Sprachanruf *Ablehnen* oder mit *Video* ❸ bzw. *Annehmen* den Anruf entgegennehmen.

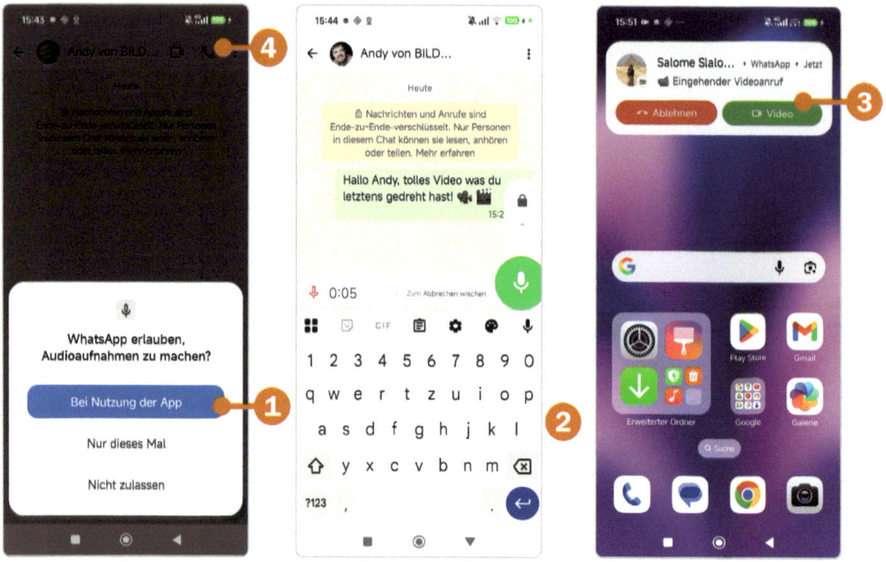

Jemanden via WhatsApp anrufen

- Öffnen Sie den Chat der Person, mit der Sie telefonieren wollen.
- Tippen Sie oben in der Leiste auf das Hörer-Symbol 4 für einen Sprachanruf oder auf das Kamera-Symbol für einen Videoanruf.
- Bestätigen Sie anschließend mit Antippen von *Anruf*. Wenn nötig, erlauben Sie vor dem Videoanruf den Zugriff auf die Kamera.
- Während eines Sprachanrufs können Sie auch zur Videotelefonie wechseln oder rechts oben weitere Personen über hinzufügen.

Warnhinweis Mikrofon und Kamera: Am rechten oberen Rand des Smartphones wird bei Nutzung der Kamera bzw. des Mikrofons ein dementsprechendes Symbol / eingeblendet und dann nach kurzer Zeit auf einen grünen Punkt reduziert. Das soll Sie darauf aufmerksam machen, dass diese Gerätekomponenten gerade verwendet werden. Wenn Sie einen WhatsApp-Videochat durchführen, ist das völlig in Ordnung, da Sie sowohl Kamera als auch Mikrofon benötigen. Sollte der grüne Hinweis bei einer App auftauchen, zu deren Funktionalität weder Kamera noch Mikrofon gehören, bzw. sollten Sie gerade keine App verwenden, kann das ein Hinweis auf Malware (mehr dazu im Glossar) sein.

Den cleveren Assistenten Meta AI nutzen

Meta AI ist der in WhatsApp integrierte KI-Assistent von Facebook. In WhatsApp können Sie Meta AI sowohl als eigenen Chat als auch in Chats mit Freunden verwenden. Sie können Meta AI nutzen, um kreative Inhalte wie Gedichte, Geschichten oder lustige Bilder zu erstellen. Außerdem können Sie aktuelle Nachrichten, Wettervorhersagen oder Empfehlungen für Orte abrufen. Meta AI hilft Ihnen auch bei alltäglichen Fragen und Aufgaben. So einfach verwenden Sie Meta AI:

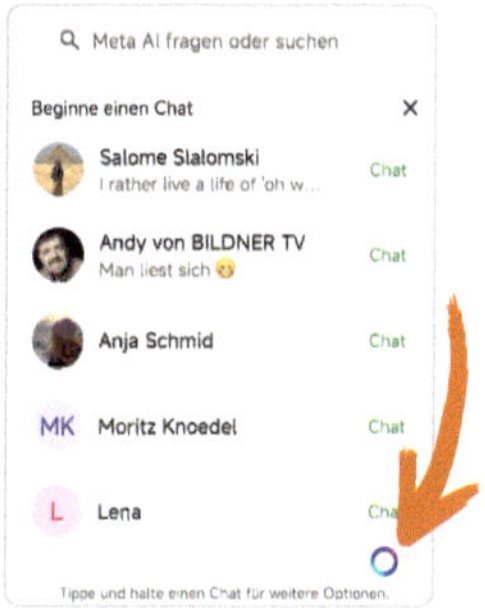

- Tippen Sie auf das Meta AI-Symbol in der unteren rechten Ecke oder verwenden Sie alternativ die Suchleiste oberhalb der Chat-Übersicht.
- Sie können Meta AI direkt im Chat über die Eingabezeile fragen, z. B. „Wie wird das Wetter morgen?" oder auffordern „Schreibe ein Gedicht über den Frühling" oder um ein Kuchenrezept ❶ bitten. Meta AI wird Ihnen schnell antworten und helfen, Informationen zu finden, Bilder zu generieren oder kreative Inhalte zu erstellen.
- Sie können auch in anderen Chats die KI befragen. Erwähnen Sie sie hierzu mit *@Meta AI* ❷ und schreiben Sie Ihre Frage dahinter.
- Möchten Sie aus Gründen des Datenschutzes keiner KI Zugriff auf Ihren Chat erlauben, aktivieren Sie im Chat oben recht über das Drei-Punkte-Menü ▸ *Kontakt ansehen* den *Erweiterten Chat-Datenschutz* ❸.

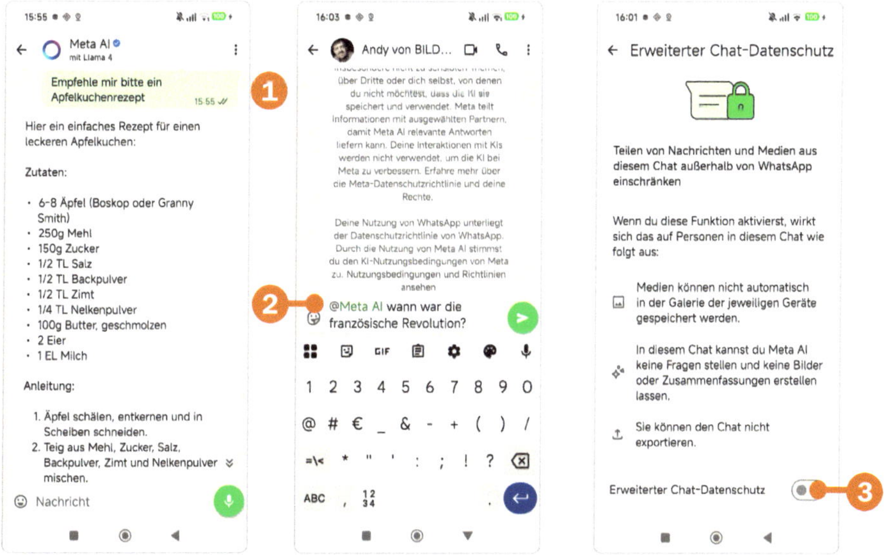

7 Fotos und Videos

Mit dem Smartphone haben Sie jetzt auch immer eine Kamera dabei. Diese macht nicht nur hübsche Schnappschüsse sondern hilft auch, Informationen festzuhalten, z. B. können Sie an der Bushaltestelle die neuen Abfahrtszeiten abfotografieren.

7.1 Fotos und Videos aufnehmen

Bedienoberfläche

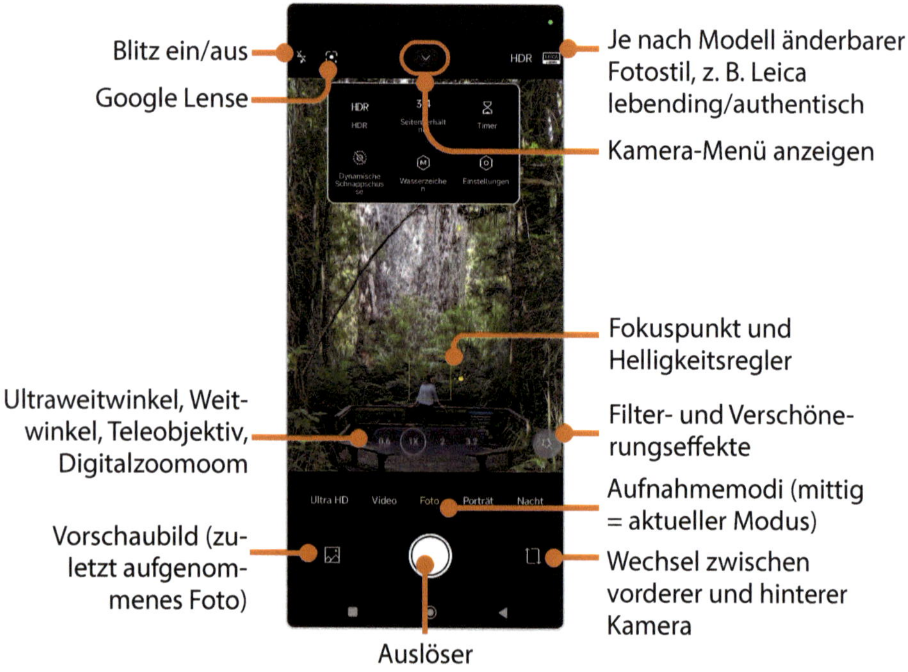

Beim Öffnen der App Kamera erscheint am rechten oberen Rand des Smartphones ein grün hinterlegtes Kamerasymbol, welches auf die Nutzung der Kamera hinweist. Wie Sie auf der vorigen Seite erfahren haben, handelt es sich um einen Hinweis, der vor unberechtigtem Zugriff schützen soll. Erlauben Sie der Kamera Geodaten zu speichern, wird auch das Standortsymbol angezeigt, bei Auswahl des Modus *Video* zusätzlich das Mikrofonsymbol. Nach kurzer Zeit reduziert sich die Anzeige auf einen grünen Punkt.

Fotos knipsen

- Öffnen Sie die Kamera-App. Vergewissern Sie sich, dass der Aufnahmemodus *Foto* ❶ ausgewählt ist.
- **Zoom:** In der Kamera Ihres Smartphones können unterschiedliche Festbrennweiten verbaut sein, z. B. Ultraweitwinkel (*0,6x*) ❷, Weitwinkel (*1x*) ❸ und Tele-Objektiv (*3,2x*) ❹. Alle Zoomstufen dazwischen (Abbildung rechts) werden digital erzeugt. Für diese Bilder werden Pixel rechnerisch ergänzt, weshalb Fotos mit Digitalzoom zwar die gleiche Auflösung wie jene ohne Zoom haben können, aber qualitativ trotzdem schlechter sind.

- **Scharfstellen:** Tippen Sie auf dem Bildschirm den Teil des Fotos an ❺, auf den scharf gestellt werden soll. Die Belichtung wird dadurch an den angetippten Bereich angepasst. Gleichzeitig wird ein Schieberegler angezeigt, über den Sie die Belichtung korrigieren können.
- **Auslösen:** Wenn Sie zufrieden sind, drücken Sie den Auslöser am Bildschirm unten . Nach der erfolgreicher Aufnahme wird das Foto als Miniaturbild ❻ in der linken unteren Ecke eingeblendet.

Kameralinsen

Je nach Modell stehen Ihnen unterschiedliche Kameralinsen mit jeweils variierender Auflösung zur Verfügung. Alle Geräte besitzen neben der Hauptkamera (Weitwinkel) noch eine Ultraweitwinkelkamera. Manche verfügen darüber hinaus entweder noch über ein Tele-, Makro- oder Telemakro-Objektiv, eine Periskop-Linse, einen Tiefensensor oder eine Kombination davon. Dementsprechend stehen Ihnen in der Kamera-App auch unterschiedliche Modi zur Verfügung, die aus diesem Grund von Modell zu Modell variieren können.

Mit der Hauptkamera nehmen Sie in der Regel die besten Bilder auf; das Ultraweitwinkelobjektiv, das beispielsweise bei Landschaftsaufnahmen gute Dienste leistet, stellt meistens etwas weniger Megapixel zur Verfügung. Auch die Telemakro-Kamera nimmt mit einer weitaus geringeren Anzahl an Pixeln auf. Allerdings sind die Megapixel nicht das allein entscheidende Qualitätsmerkmal. Mindestens genauso wichtig ist Größe des Sensors, mit dem eintreffendes Licht eingefangen und in ein digitales Signal umgewandelt wird. Ein 5 MP-Foto kann durchaus in Postkartengröße mit guter Qualität gedruckt werden, für ein A3-Poster reichen die Pixel allerdings nicht aus.

> **Was sind Megapixel (MP)?**
> Das Digitalfoto setzt sich aus vielen Bildpunkten, auch Pixel genannt, zusammen. Je mehr Pixel vorhanden sind, umso detailreicher ist das Foto; man spricht hier auch von einer guten Auflösung. Diese errechnet sich aus Breite x Höhe eines Bildes in Pixel.

Schnellstart der App Kamera

Schnell, schnell, der Augenblick ist gleich vorbei! Mit diesen zwei Kniffen aktivieren Sie fix die Kamera-App:

- Ziehen Sie das Kamera-Symbol rechts unten auf dem Sperrbildschirm aus dem Kreis nach oben.
- Aktivieren Sie in den *Einstellungen* unter *Weitere Einstellungen* ▶ *Gesten-Kurzbefehle* bei *Kamera starten* die Option, durch zweimaliges Drücken der Ein-/Aus- oder Leiser-Taste die Kamera aufzurufen.

Geotagging

Beim ersten Öffnen der Kamera-App, erscheint die Abfrage, ob Sie Geotagging zulassen möchten. Dadurch werden Ihren Fotos Informationen zum Aufnahmeort hinzugefügt. Das funktioniert recht genau mit Ort, Straßenname und Hausnummer (sofern vorhanden). Teilen Sie das Foto, werden diese Daten jedoch unter Umständen in Form von GPS-Koordinaten weitergegeben, sofern in der Galerie die Option *Sicheres Teilen* nicht eingeschaltet ist. Dadurch werden vor dem Versenden alle Metadaten des Fotos entfernt.

Natürlich ist es auch praktisch, dass man jederzeit beim Foto nachschauen kann, wo es geknipst wurde. Außerdem stehen Sortierfunktionen auf Grundlage des Standorts zur Verfügung. Wenn Sie Geotagging verwenden möchten, erlauben Sie den Zugriff auf den Gerätestandort. Wählen Sie zunächst, ob nur ein ungefährer Standort (im Radius von mehreren Hundert Metern wird einfach eine andere Straße angezeigt) oder der genaue Standort ❶ verwendet werden darf. Tippen Sie dann auf *Bei Nutzung der App* ❷. Wenn Sie keine Standortinformationen speichern möchten, wählen Sie *Nicht zulassen*.

In der App *Galerie* werden zum Foto die Standortinformationen unter *Details* ❸ angezeigt. Dazu tippen Sie in der Einzelbildansicht auf das Drei-Punkte-Menü. Danach sehen Die neben dem exakten Aufnahmezeitpunkt, die Dateigröße, Auflösung, den verwendeten Aufnahmemodus, Speicherort und den Ort der Aufnahme ❹.

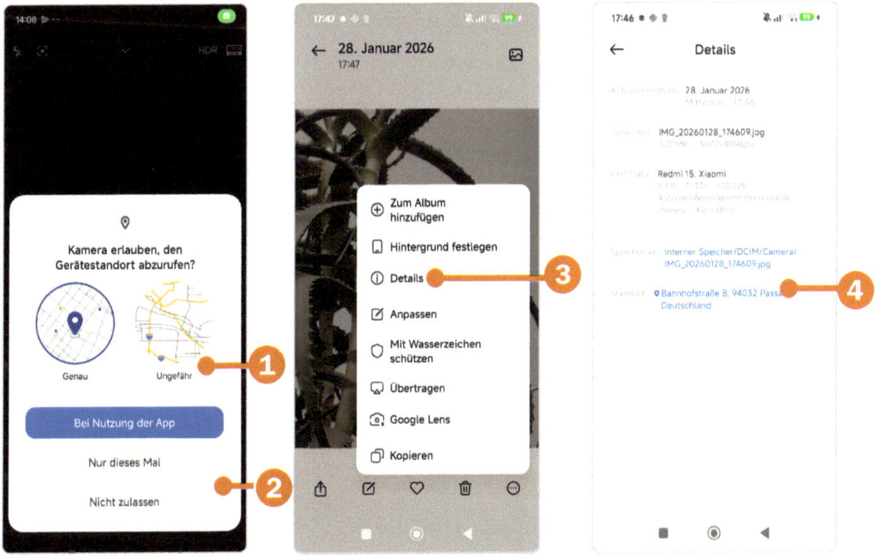

So machen Sie ein Selfie

Um ein Bild von sich selbst zu machen, müssen Sie die Kamera wechseln. Die Frontkamera steuern Sie durch Antippen von an. Jetzt sehen Sie sich selbst auf dem Bildschirm. Um Ihr Gesicht erscheint kurz ein rechteckiger Rahmen. Dadurch zeigt die Kamera an, dass sie bereit ist. Da es etwas umständlich ist, so den Auslöser zu drücken, steht speziell für Selfies eine weitere Auslösetechnik zur Verfügung: Halten Sie einfach Ihre Handfläche in die Kamera. Dadurch erscheint ein Timer und ein paar Sekunden später wird das Foto geknipst.

Video aufnehmen

Je nach Xiaomi-Modell können Sie zwischen den Modi *Video* ❶ oder *Film* wählen. Während mit *Video* gezoomt sowie zwischen Voll- und Breitbild gewählt werden kann, lassen sich im *Film*-Modus sowohl Lichtwert (EV) als auch Blendenzahl (f) festlegen. Um die Aufnahme zu starten, tippen Sie auf den Auslöser ❷. Im oberen Bereich wird die Aufnahmezeit eingeblendet. Ein *Video* können Sie mit ❸ auch pausieren und mit ❹ wieder fortsetzen. Beenden Sie die Aufzeichnung durch Antippen von ❺.

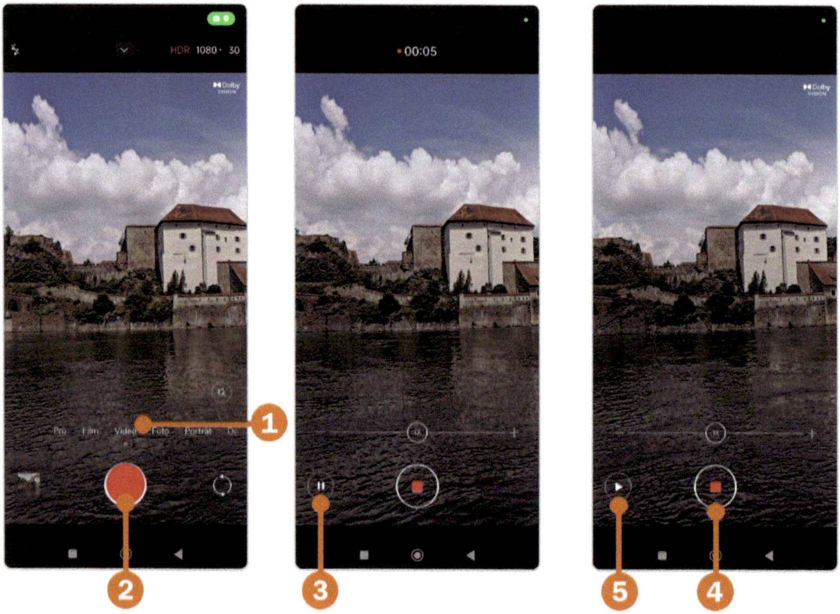

Weitere Aufnahmemodi

Neben *Foto* und *Video* stehen weitere Aufnahmemodi für besondere Situationen zur Verfügung, dabei kommt es auf Ihr Smartphonemodell an, welche Modi Ihnen angeboten werden.

- Bei einer Porträtaufnahme steht die Person im Vordergrund. Der *Porträt*-Modus bietet die Möglichkeit den Hintergrund unscharf abzubilden. Dazu tippen Sie im Porträtmodus auf f2.8 – je niedriger der Blendenwert, umso unschärfer der Hintergrund. Je nach Handymodell stehen weitere Effekte zur Verfügung.
- Im Modus *Dokumente* scannen Sie Briefe, Flyer oder andere wichtige Papiere schnell ein. Die Kamera schneidet diese automatisch zu.
- Der *Nacht*-Modus 3 ermöglicht Ihnen, auch bei wenig Licht noch gute Fotos zu machen, z. B. um Polarlichter festzuhalten. Da die Belichtungszeit relativ lange sein kann, sollten Sie für optimale Ergebnisse das Telefon in diesem Zeitraum so wenig wie möglich bewegen.
- Der Modus *Ultra HD* erlaubt es Ihnen ein Foto mit der vollen, der Hauptkamera zur Verfügung stehenden Anzahl an Megapixeln aufzunehmen. Je nach Smartphonemodell kann der Modus auch mit *48 MP*, *64 MP* oder *108 MP* bezeichnet werden. Diese Option ist nicht als Dauerauswahl anzuraten; der interne Speicher Ihres Handys wäre schnell voll. Im Standard-Modus (*Fotos*) werden je vier Bildpunkte zu einem Pixel verschmolzen (Pixel Binning). Dadurch werden Ihre Bilder besser ausgeleuchtet; das reduziert allerdings auch die Bildauflösung.
- Mit *Panorama* nehmen Sie 360 Grad Ihrer Umgebung als Foto auf.
- Mit *Zeitraffer* und *Zeitlupe* können Sie kurze als auch lange Aufnahme-Zeiträume optimal festhalten. So wird ein mehrminütiges Video einer rasanten Achterbahnfahrt auf einige Sekunden verkürzt oder der Wurf eines Frisbees detailliert aufgezeichnet.
- Die *Lange Belichtungszeit* ist in weitere Modi unterteilt, je nachdem ob die Lichtmalerei, fließendes Gewässer oder den Sternenhimmel fotografieren möchten. Hier empfiehlt sich die Nutzung eines Stativs.
- Mit dem Modus *Supermond* gelingen tolle Fotos unseres Erdtrabanten.
- Im *Regie-Modus* können Sie mehrere Smartphones und Tablets verbinden, um eine Szene gleichzeitig aus mehreren Blickwinkel zu filmen.

Auswahl des Seitenverhältnisses

Die Kamera-App stellt verschiedene Seitenverhältnisse zur Verfügung. Standardmäßig ist das Format 3:4 ausgewählt. Wenn Sie das Smartphone drehen, dreht sich die Menüanzeige automatisch mit.

- Zur Anzeige des Kamera-Menüs tippen Sie auf ⌄ ❶. Hier können Sie durch antippen von *Seitenverhältnis* ❷ ein anderes Bildformat wählen: *1:1*, *3:4*, *9:16* , *Full* und *Movie Frame* (*2,39:1*) ❸ - breiter Bildausschnitt im Kinostil.

Was genau hier zur Verfügung steht, ist auch abhängig vom gewählten Modus, z. B. wird im Videomodus nur *9:16* angeboten.

> **Tipp:** Für die besten Ergebnisse empfehlen wir das Format 3:4, da Sie hier das Meiste aus Ihrem Foto herausholen können. Falls gewünscht, können Sie das Bild nachträglich ja immer noch in jedes andere Format zuschneiden.

3:4 oder 9:16: Auf der folgenden Seite wurde das Bild links im Format 3:4 geknipst, das Foto rechts im Format 9:16. Sie sehen, dass mit 3:4 der größere Bildausschnitt aufgenommen wird während bei 9:16 Teile des Bilds oben und unten verloren gehen. 16:9 ist das Seitenverhältnis von Monitoren und

Fernsehern. Wenn Sie also Ihre Bilder am Fernseher oder Laptop vorführen möchten, dann sind Querformat-Aufnahmen in diesem Seitenverhältnis am schönsten anzusehen, da sie den gesamten Bildschirm einnehmen.

1:1 und Voll: Mit der Auswahl 1:1 knipsen Sie quadratische Bilder und mit *Full* wird das Seitenverhältnis des Handybildschirms verwendet. Wenn Sie ein Hintergrundbild für den Startbildschirm Ihres Smartphones fotografieren möchten, ist die Auswahl von *Full* von Vorteil.

Filmformat (*Movie Frame*) : Dieser Modus imitiert den Stil, wie Sie ihn aus Filmen kennen, mit einem schwarzen Balken oben und unten am Bildschirmrand. Diese Auswahl macht nur Sinn, wenn Sie im Querformat fotografieren.

Blitz einschalten

Selbstverständlich verfügt Ihr Smartphone auch über einen Blitz. Tippen Sie auf das Blitz-Symbol ❶, um zwischen *Aus*, *Automatisch* und *Ein* zu wechseln. Die vierte Option *Taschenlampe* schaltet das Blitzlicht dauerhaft ein und erhellt dann die Szene dauerhaft. Der Blitz steht nicht in allen Modi zur Verfügung, z. B. im Modus *Nacht* wird er nicht angeboten, da er hier auch nicht von Nutzen ist.

Kamera-Einstellungen

Bis jetzt haben Sie die Einstellung für das Seitenverhältnis kennengelernt. Öffnen Sie das Kamera-Menü ❶, um weitere Optionen anzuzeigen. Welche Auswahl hier angeboten wird, ist abhängig vom gewählten Aufnahmemodus (Foto, Video, Porträt etc.). Farbige Optionen sind eingeschaltet. Durch Antippen schalten Sie die Funktion ein bzw. aus.

- *HDR* (High Dynamic Range): Mit HDR werden mehrere Fotos mit unterschiedlichen Helligkeitsstufen aufgenommen und zu einem Foto vereint, um in schwierigen Lichtsituationen Licht- und Schattendetails optimal darzustellen. Diese Technik hilft beispielsweise bei Gegenlicht- oder Landschaftsaufnahmen.
- Bei *Dynamischen Schnappschüssen* werden sehr kurze Videoclips aufgezeichnet, aus denen Sie dann das beste Foto auswählen können.
- Nutzen Sie den *Timer*, um einen Selbstauslöser einzustellen; hier entscheiden Sie zwischen drei, fünf oder zehn Sekunden.
- *Supermakro* ist die geeignete Wahl für Makro- und Close-Up-Aufnahmen.

In den Kameraeinstellungen ❷ können Sie zu folgenden Funktionen genauere Einstellungen festlegen. Beachten Sie, dass die Kameraeinstellungen in die drei Register *Foto*, *Video* und *Allgemein* ❸ eingeteilt sind.

- Mit *Wasserzeichen* ❹ fügen Sie Ihren Bildern unter anderem Koordinaten, einen sichtbaren Zeitstempel oder benutzerdefinierten Text hinzu. In den Kameraeinstellungen ▶ Register *Foto* ▶ *Wasserzeichen* legen Sie fest, was auf dem Foto eingeblendet werden soll.
- Mit *KI-Empfehlungen* versucht die App automatisch den besten Modus für das gewählte Fotomotiv zu wählen und QR-Codes zu scannen.
- Wählen Sie unter *Video* das Dateiformat: *hohe Kompatibilität* (kann auf vielen Geräten abgespielt werden) oder *hohe Effizienz* (speicherplatzsparend).
- Im Register *Allgemein* finden Sie Optionen zu den *Gitterlinien*. Sie können auf dem Kameradisplay Linien einblenden (*Goldener Schnitt* / *Drittelregel*) die bei der Bildkomposition helfen. Mit der Aktivierung von Ausrichtung wird durch einen gelben Stricht angezeigt, wenn Sie das Smartphone parallel zum Boden halten.
- Im Register Allgemein lässt sich die Speicherung der *Standortinformationen* ❺ (Geotagging) wieder deaktivieren.

Keine Sorge, Sie können die Einstellungsmöglichkeiten bedenkenlos ausprobieren. Die Einstellungen lassen sich im Register *Allgemein* ▶ *Andere Einstellungen* ❻ ▶ *Standardeinstellungen wiederherstellen* zurücksetzen.

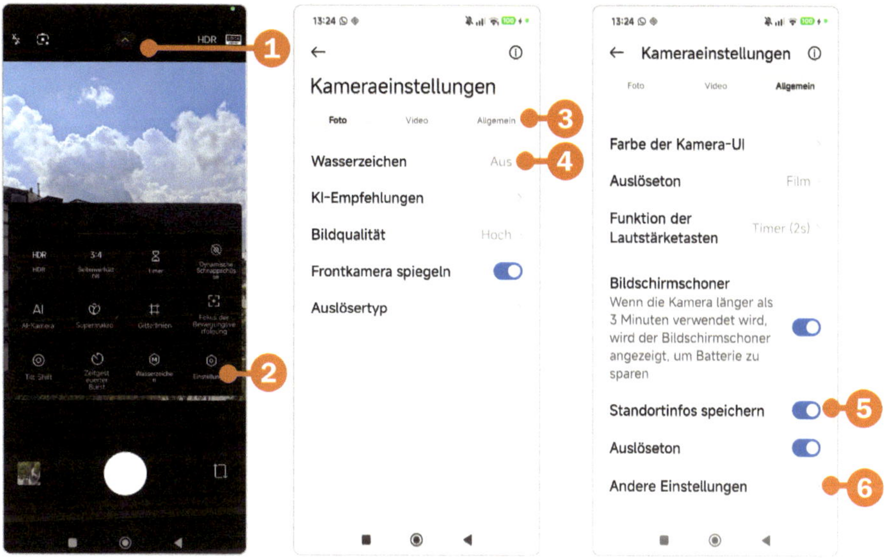

Die Kamera scannt QR-Codes

Mittels QR-Codes werden Ihnen Informationen zur Verfügung gestellt. Dabei kann es sich um eine Adresse oder Telefonnummer handeln, die sich hinter dem Code verbirgt. Oft dienen Codes der Weiterleitung zu einer Internetseite, beispielsweise als Teil eines Gewinnspiels oder zur Anzeige von Bildern und Videos zu einem Informationsflyer, Seminar oder Buch.

Den QR-Code können Sie mit der Kamera Ihres Smartphones scannen. Öffnen Sie die App *Kamera* und nehmen Sie den QR-Code ins Visier. Dieser wird automatisch gescannt. Wenn das geschehen ist, wird rechts unten ein QR-Symbol ❶ (siehe nächste Seite) angezeigt, auf das Sie tippen können. Danach haben Sie die Wahl entweder die URL zu kopieren ❷ oder direkt im Mi-Browser zu öffnen.

In den Schnelleinstellungen finden Sie auch die Schaltfläche *Scanner* ❸. Hier steht Ihnen noch die Möglichkeit zur Verfügung, die Taschenlampe einzuschalten, um den QR-Code etwas zu beleuchten oder bereits aufgenommene Bilder aus Ihrer Galerie zu scannen.

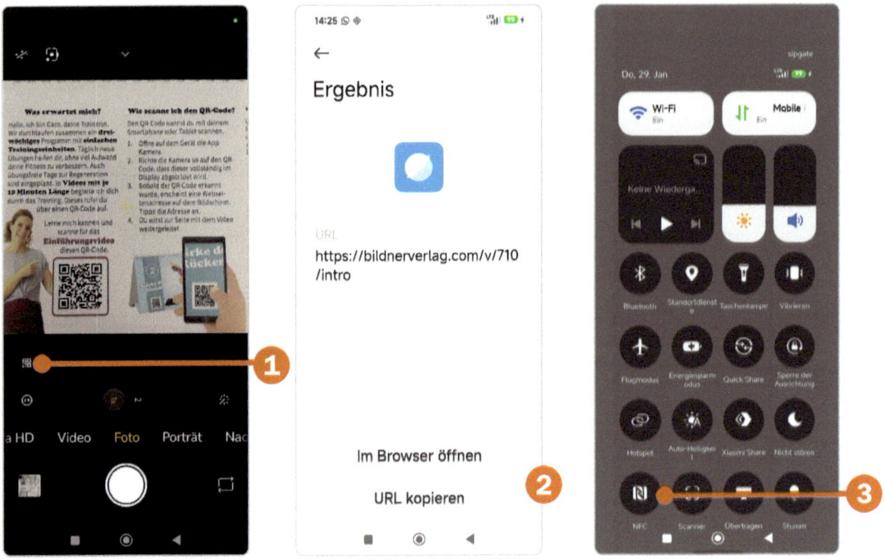

7.2 Die Galerie-App

Die App *Galerie* dient der Anzeige Ihrer Fotos bzw. Videos und bietet darüber hinaus auch einfache Bearbeitungsfunktionen. Die Galerie ist in die Bereiche *Fotos* und *Alben* aufgeteilt. Zwischen den beiden Kategorien wechseln Sie durch Antippen des Namens. Der Name des aktuell angezeigten Bereichs ist fett hervorgehoben.

Benutzeroberfläche und Kategorien

Im unteren Bereich der Galerie-App wird die schwebende Navigationsleiste angezeigt. Hier wechseln Sie zwischen den Bereichen *Fotos* und *Empfohlen*.

Die Seite *Fotos* enthält alle Bilder und Videos, die Sie geknipst oder bekommen haben. Videos erkennen Sie unter anderem an der eingeblendeten Videolänge ❶. Die Dateien sind nach Datum sortiert. Wischen Sie einfach vertikal über den Bildschirm, um durch Ihren Bildbestand zu blättern. Tippen Sie auf ein einzelnes Bild, um es genauer zu betrachten und ggf. zu bearbeiten (mehr dazu auf Seite 140).

Im Bereich *Empfohlen* finden Sie z. B. Ihre *Alben*, wie *Kamera*, *Downloads*, *Videos* etc. Ihr Bildbestand wird durch

Alben automatisch nach anderen Kategorien sortiert, z. B. nach *Favoriten* (Fotos, die Sie als Lieblingsfotos markiert haben), *Bildschirmfotos* (Screenshots) oder *Videos*. Tippen Sie ein Album an, um die Bilder darin anzuzeigen. Mit der Zurück-Taste verlassen Sie das Album wieder und kehren zur Übersicht zurück.

Fotos

Alle Bild- und Video-Dateien, die auf Ihrem Smartphone gespeichert sind, nach Datum sortiert.

Alben

Alben sind automatische Zusammenstellungen: Das Album *Kamera* enthält alle Fotos und Videos, die mit dem Smartphone aufgenommen wurden.

Mehr

Hier finden Sie kürzlich gelöschte Fotos und jene, die in anderen Modi geschossen wurden, z. B. *Portrait*, *Dynamisch*, *Zeitraffer*, etc.

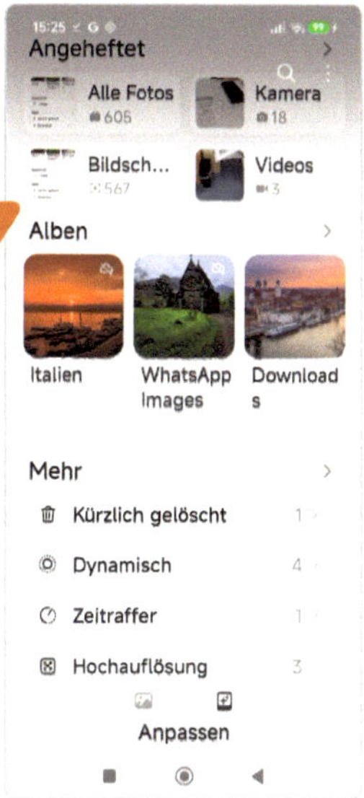

Angeheftet sind *Alle Fotos*, *Kamera*, *Bildschirmfotos*, *Videos* und *Favoriten*. Das Album wird erst angezeigt, wenn Sie eine entsprechende Datei gespeichert haben; wenn Sie noch kein Video aufgenommen haben, wird auch das Album *Videos* nicht angezeigt.

Sie können auch eigene Alben erstellen. Außerdem werden je mehr Apps und Dienste Sie nutzen, Alben hinzukommen. Das Album *Whats-App Images* erscheint, wenn Sie via WhatsApp ein Bild erhalten haben, das Album *Downloads* wird eingeblendet nachdem Sie das erste Bild heruntergeladen haben.

> **Tipp:** Ändern Sie die Größe der Vorschaubilder, indem Sie ein Bild mit zwei Fingern auseinander- bzw. zusammenziehen.

Bilder in der Einzelansicht anzeigen

In der Galerie können Sie Fotos nicht nur betrachten, in der Einzelansicht stehen auch verschiedene Bearbeitungsoptionen zur Verfügung.

- Öffnen Sie die Galerie und wählen Sie ein Bild durch Antippen aus.

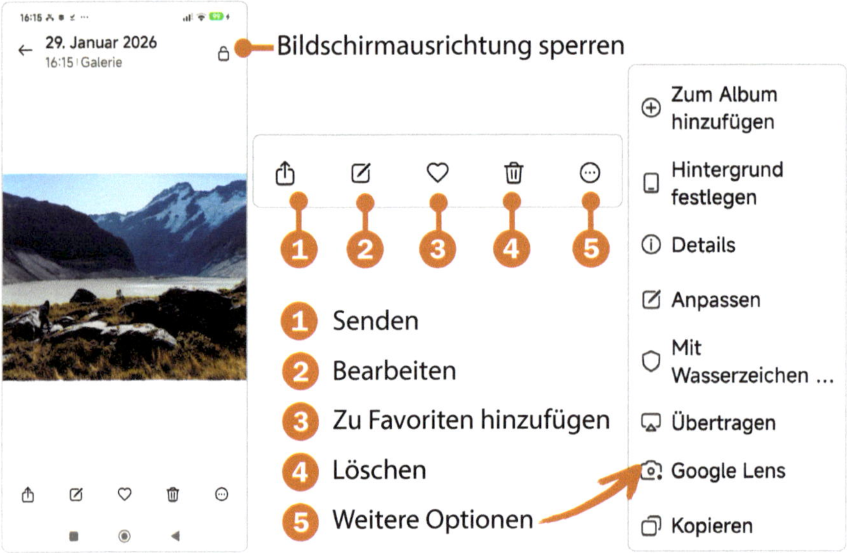

Bilder bearbeiten

Die App Galerie bietet grundlegende Bildbearbeitungsfunktionen. Allerdings stellen nicht alle Geräte, alle hier beschriebenen Funktionen zur Verfügung. Es ist möglich, dass Ihr Xiaomi-Modell etwas weniger kann.

- Wählen Sie ein Foto aus und tippen Sie auf *Bearbeiten*. Hier stehen verschiedene Bearbeitungsarten, wie *Anpassen*, *Zuschneiden* und *Filter*, zur Verfügung. Die gelb eingefärbte Kategorie ist gerade ausgewählt.

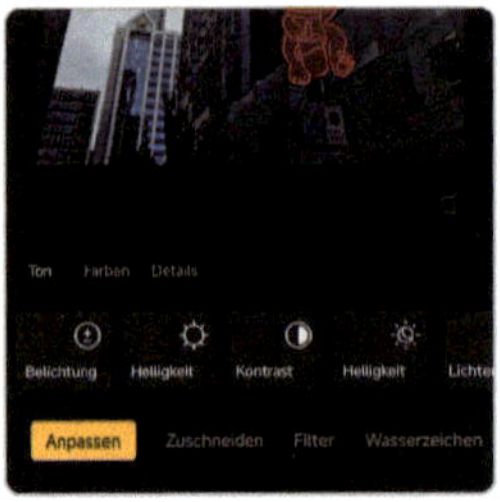

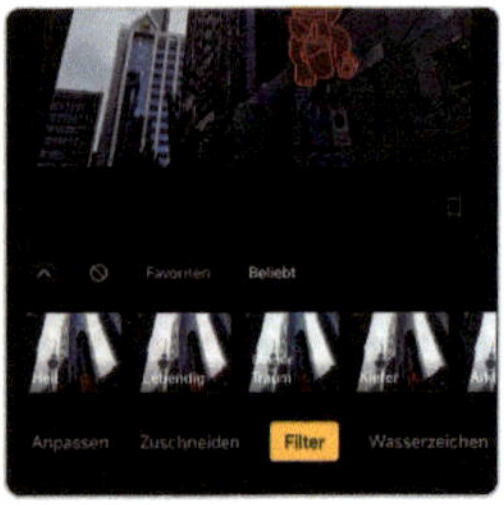

Einfache Bearbeitung: Bild zuschneiden, drehen und mehr

Beim Öffnen der Bearbeitungstools ist standardmäßig die Kategorie *Anpassen* ausgewählt. Dort stehen Ihnen mit *Belichtung*, *Helligkeit*, *Kontrast*, *Sättigung*, *Farbton*, *Leuchtkraft* ❶ und vielem mehr bereits ein großes Arsenal an Werkzeugen zur Verfügung.

- **Foto zuschneiden, erweitern und Seitenverhältnis ändern:** Um ein Bild an den Rändern zu beschneiden, tippen Sie auf *Zuschneiden* ❷ und ziehen an den weißen Anfassern in den Ecken des Fotos. Mit *Seitenverhältnis* passen Sie das Bild schnell einem gewünschten Format an, z. B. 16:9.

- **Bild drehen und spiegeln:** Normalerweise werden Fotos korrekt angezeigt. Steht doch mal eines Kopf oder wurde schief fotografiert, können Sie es mit ❸ jeweils um 90° oder mit dem horizontalen Schieber in der Mitte bis zu 45° drehen. Links davon finden Sie den Befehl *Horizontal spiegeln* .

- **Perspektivische Verzerrungen**: Mit *Horizontal*, *Vertikal*, *Verzerren* und *Freie Bearbeitung* lassen sich mittels Schieberegler und Anfasser Bildinhalte ver- und entzerren, beispielsweise stürzenden Linien bei Aufnahmen von hohen Gebäuden.

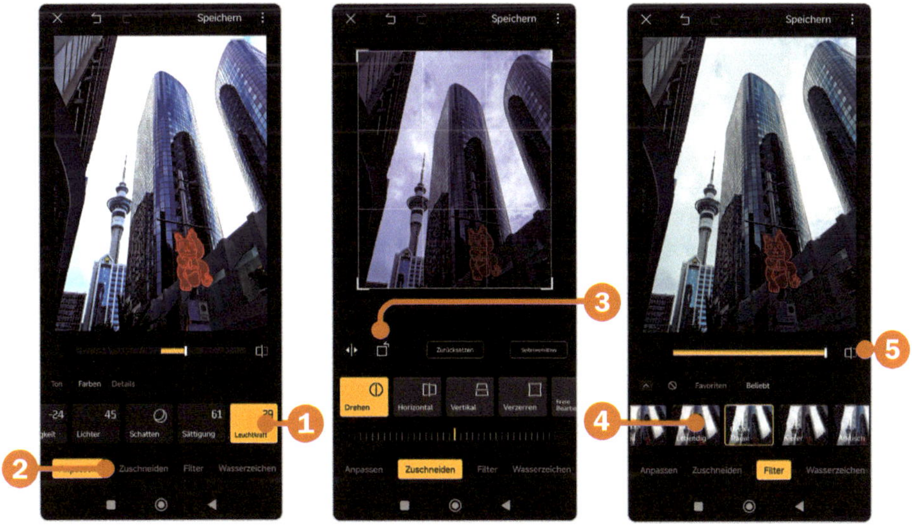

Filter

Mit Filtern verändern Sie Ihr Foto schnell: Sie können die Farben kühler oder wärmer erscheinen lassen oder ein Schwarz-Weiß-Bild erstellen.

- Tippen Sie auf *Filter* und wischen Sie mit einer horizontalen Fingerbewegung durch die Auswahl ④. Durch Antippen wählen Sie einen Filter aus. Mit dem eingeblendeten Regler bestimmen Sie dessen Intensität.
- Durch Antippen und halten von ◫ ⑤ blenden Sie zum Vergleich nochmals das Original ein.

Änderungen übernehmen oder verwerfen

- Gefallen Ihnen die im Bild vorgenommenen Änderungen, tippen Sie auf *Speichern*. Mit ☒ verwerfen Sie die Änderung und mit ↩ werden die letzten Bearbeitungsschritte rückgängig gemacht.
- Im Drei-Punkte-Menü oben rechts finden Sie die *Funktionseinstellungen*. Dort können Sie unter anderem auswählen in welcher Qualität und Größe bearbeitete Fotos gespeichert werden sollen.

☛ Jede Änderung, die Sie vornehmen und speichern, wird als ein neues Bild in der Galerie abgespeichert. Das Original bleibt also erhalten.

Weitere Bearbeitungswerkzeuge

In der Werkzeugpalette finden Sie auch die Möglichkeit, nachträglich *Wasserzeichen* einzufügen oder dem Bild einen Rahmen zu verleihen.

Mit *Markieren* zeichnen Sie etwas auf das Bild, fügen einen Sticker hinzu oder zensieren etwas. Bei den Xiaomi-Smartphones der Mittel- und Oberklasse können Sie auch störende Objekte, Linien oder Schatten aus Ihrem Bild *Löschen* ⌫. Wählen Sie hierzu den Radierer aus und markieren Sie den zu entfernenden Bereich ①. In der linken oberen Ecke sehen Sie vergrößert, was entfernt wird.

Des Weiteren stehen Ihnen verschiedenen *Bokeh*-Effekte ⚙ zur Verfügung, die Sie durch Antippen des jeweiligen Effektes ② (siehe Grafik vorige Seite) anwenden. Mit *Auswahl* legen Sie fest, welche Bereich von der Unschärfe ausgenommen wird.

Tippen Sie auf *Himmel* ☁, um diesen auszutauschen bzw. dem Bild den Look einer anderen Tageszeit zu verleihen ③.

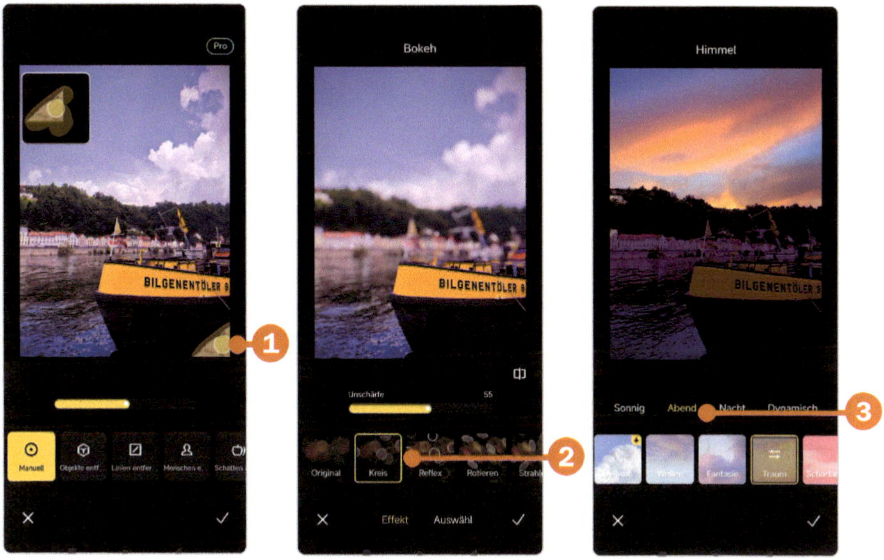

Videos abspielen

- Um ein Video wiederzugeben, öffnen Sie die Galerie-App und wählen es durch Antippen aus. Zum Video wird in der Übersicht die Abspieldauer 1 eingeblendet.

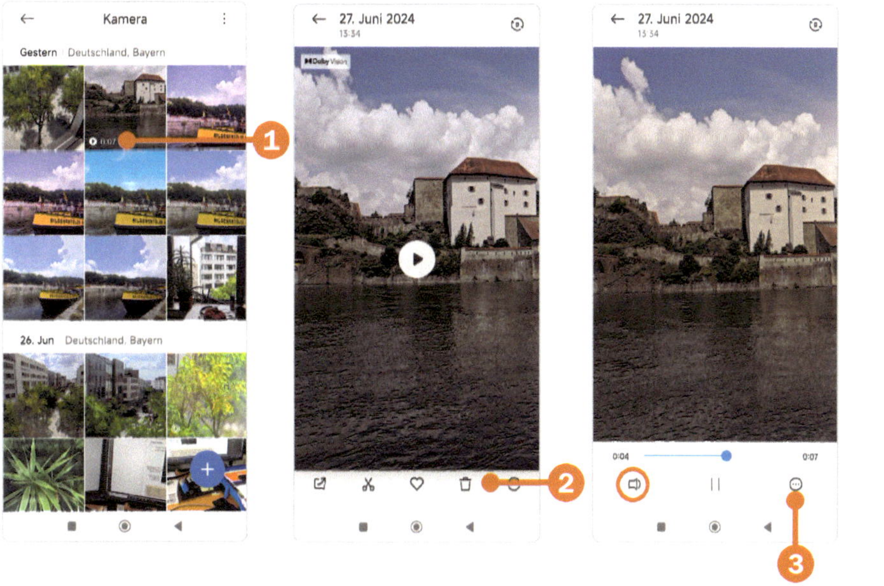

- Für Videos finden Sie in der Bearbeitungsleiste diese Optionen: *Senden*, *Schneiden*, *Zu Favoriten hinzufügen* und *Löschen* ❷.
- Tippen Sie auf den Play-Button, um das Video abzuspielen. Den Ton schalten Sie mit aus.
- Tippen Sie auf das Drei-Punkte-Menü ❸ während der Wiedergabe, um die Geschwindigkeit des Videos zu ändern.

Bilder und Videos löschen

Meist belegen Fotos und Videos den größten Teil des Speicherplatzes. Löschen Sie deshalb Bilder und Videos, die misslungen sind oder die Sie nicht mehr benötigen. Öffnen Sie die Galerie-App.

- **Einzelbild:** Wählen Sie ein Bild oder ein Video durch Antippen aus. Dieses wird in der Einzelansicht angezeigt. Tippen Sie unten auf und bestätigen Sie mit *Löschen*.
- **Mehrere Bilder:** Sie können auch mehrere Bilder auf einmal auswählen, um diese zu löschen. Dazu tippen Sie in der Übersicht etwas länger auf ein zu löschendes Bild. Dieses wird links oben mit einem Häkchen versehen und ist damit ausgewählt. Tippen Sie dann nacheinander die weiteren Bilder an, die Sie löschen möchten. Bestätigen Sie mit *Löschen* ❶.

Gelöschte Bilder wiederherstellen

Bilder und Videos, die Sie gelöscht haben, landen im Papierkorb. Zur Anzeige des Papierkorbs tippen Sie in der Alben-Übersicht ganz nach unten zu *Fotos ordnen* und tippen dort auf *Papierkorb* ❷.

- **Wiederherstellen:** Wenn Sie ein Foto aus Versehen gelöscht haben, tippen Sie im Papierkorb auf *Bearbeiten*, wählen das Bild durch Antippen aus und tippen dann unten links auf *Wiederherstellen* ❸.

Papierkorb leeren: Wenn Sie sich sicher sind, dass die gelöschten Bilder nicht mehr gebraucht werden, können Sie diese auch aus dem Papierkorb entfernen. Dazu tippen Sie oben rechts auf *Alle markieren* und wählen anschließend *Löschen* aus. Bestätigen Sie mit *Löschen*. Das muss aber nicht unbedingt sein, da lokal am Gerät gespeicherte Bilder und Videos, die im Papierkorb landen, nach 30 Tagen automatisch gelöscht werden.

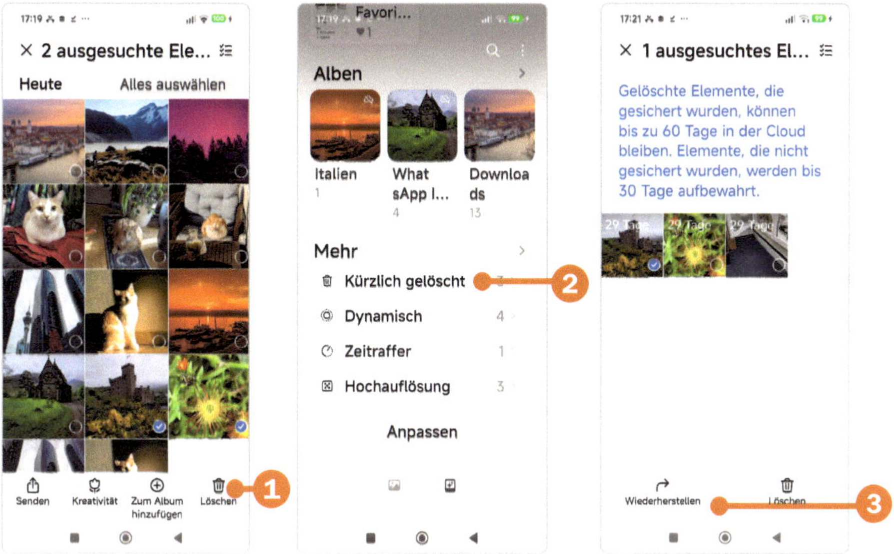

Lieblingsbilder und Collagen

Bild favorisieren: Sie können Bilder und Videos in der Einzelansicht *Zu Favoriten hinzufügen*. Dazu tippen Sie unten auf das Herzsymbol ♡. Diese Lieblingsaufnahme wird dann im Album *Favoriten* angezeigt. Alben zeigen Sie in der Galerie durch antippen des Bereichs *Empfohlen* an (siehe Seite 138).

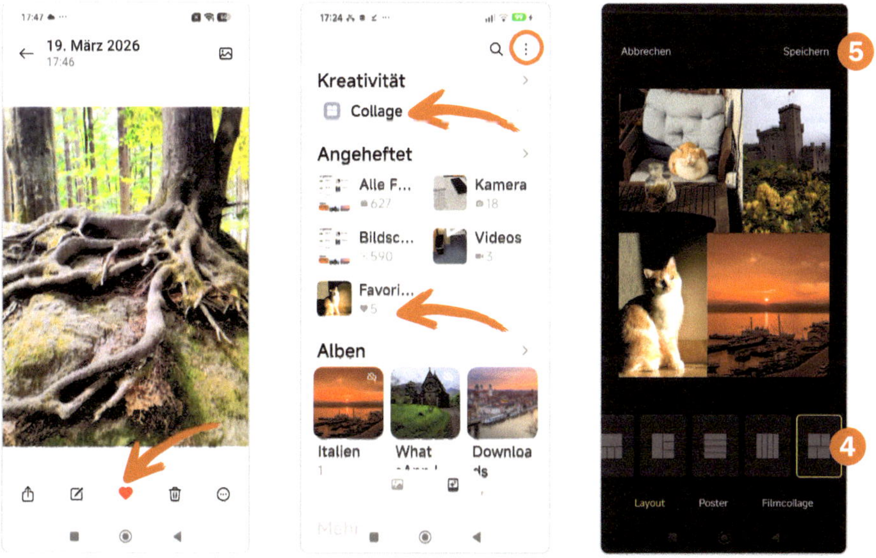

Collage erstellen: Im Bereich *Empfohlen* finden Sie auch die *Collage*. Mit dieser Funktion können Sie bis zu 9 Bilder gemeinsam anordnen. Tippen Sie *Collage* an, wählen Sie Fotos aus und bestätigen mit *Ok*. Im nächsten Schritt entscheiden Sie sich für ein Layout ❹ und tippen dann auf *Speichern* ❺.

Bilder synchronisieren mit Google Fotos

In der Galerie erscheint des Öfteren der Hinweis, die Sicherung Ihrer Fotos einzuschalten und Ihre Alben mit der App *Google Fotos*, also Ihrem Google Account, zu synchronisieren. Über Ihr Google-Konto stehen Ihnen kostenlos 15 GB Cloud-Speicherplatz zur Verfügung. Auch wenn diese Einstellung verlockend erscheinen mag, sollten Sie bedenken, dass 15 GB vergleichsweise wenig sind, insbesondere wenn man bedenkt, dass der Cloud-Speicher auch für die WhatsApp-Sicherung und Ihre E-Mails benutzt wird. Wer dennoch seine Bilder sichern möchte, geht so vor:

Verbindung mit dem Cloud-Speicher herstellen

- Um die Galerie mit Ihrem Google-Konto zu verknüpfen, tippen Sie auf *Einschalten* ❶ und erlauben Sie den Zugriff auf *Google Fotos*.
- **Alternative 1:** Vielleicht knipsen Sie nicht ganz so viele Bilder mit dem Handy, dann können Sie die Fotos in der Google-Cloud automatisch sichern lassen. Dazu tippen Sie im nächsten Schritt auf *Jetzt starten* ❷.
- **Alternative 2:** Wenn Sie nur eine Auswahl Ihrer Fotos in der Cloud speichern möchten deaktivieren Sie den Schieberegler bei *Fotos und Videos auf diesem Gerät automatisch sichern* und tippen dann auf *Ohne Sicherung fortfahren*.

Einstellungen für die Sicherung

Zur Betrachtung und Bearbeitung von Fotos haben wir in diesem Buch die App *Galerie* vorgestellt. Die gleichen Aufgaben erfüllt auch die vorinstallierte App *Fotos* von Google. Einstellungen, die sich auf die Sicherung von Daten in der Cloud beziehen, nehmen Sie in der App *Fotos* vor. Diese befindet sich im Google-Ordner.

Tippen Sie anschließend in *Google Fotos* rechts oben auf Ihr Profil ❸. Dort sehen Sie direkt, ob die automatische Sicherung aktiviert oder deaktiviert ist. In den *Fotos-Einstellungen* ▶ *Sicherung* schalten Sie diese ein. Unter *Geräteordner sichern* ❹ wählen Sie, ob neben dem Kameraordner weitere Albumordner auf Ihrem Handy automatisch in die Cloud geladen werden. Mit *Siche-*

rungsqualität bestimmen Sie, ob Bilder gegebenenfalls ohne Qualitätsverlust oder komprimiert, also Speicherplatz sparend, gesichert werden.

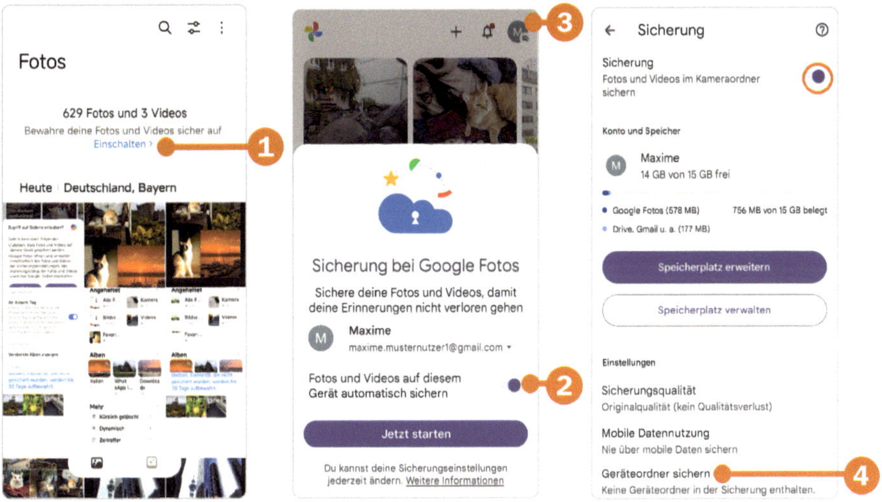

So sichern Sie ein oder mehrere Fotos:

- Öffnen Sie die *Google Fotos* und wechseln Sie zum Reiter *Sammlungen* 5 und tippen Sie auf einen Ordner.
- Durch längeres Antippen markieren Sie mehrere Bilder. Anschließend wählen Sie im Drei-Punkte-Menü *Jetzt sichern* 6. Bei generell aktivierter Sicherung können Sie die Sicherung für einzelne Ordner mit deaktivieren.

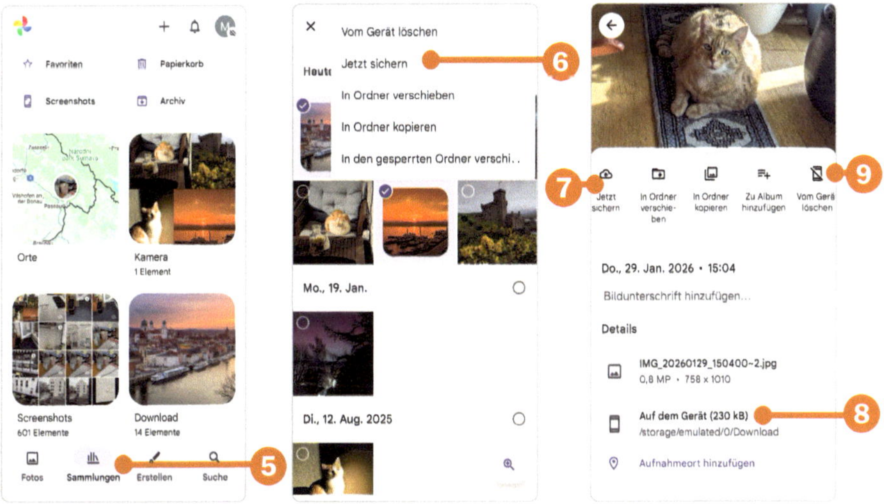

- Um nur ein Bild zu sichern, zeigen Sie dieses in der Einzelbild-Ansicht an und wischen Sie von unten nach oben. Tippen Sie dann auf *Jetzt sichern* ❼.
- Um zu prüfen, ob ein Bild in der Cloud gespeichert ist, schieben Sie das Bild nach oben. In den Details sehen Sie auf einem Blick, ob sich das Foto nur *Auf dem Gerät* ❽, in der Cloud *Gesichert* oder in beidem befindet.

Auf dem Smartphone

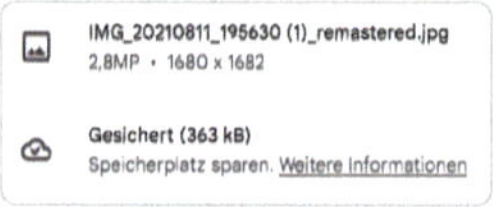

In der Cloud

Smartphone und Cloud

Bilder und Videos in Google Fotos löschen

Haben Sie Aufnahmen sowohl in *Google Fotos* gesichert als auch auf dem Gerät gespeichert, können Sie die Bilddatei auch nur auf Ihrem Gerät entfernen. Ein gesichertes Foto bleibt weiterhin in der Cloud gespeichert.

- Öffnen Sie das Bild in der Einzelansicht und schieben Sie es nach oben.
- Tippen Sie anschließend auf *Vom Gerät löschen* ❾ und bestätigen Sie nochmals mit *Vom Gerät löschen*.

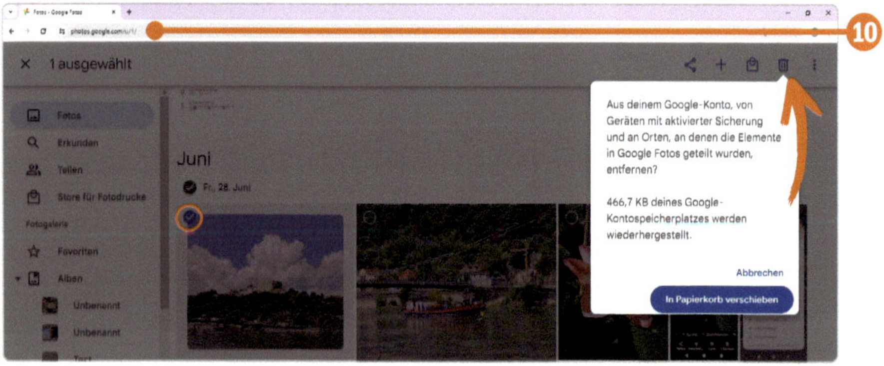

Auf in der Cloud gespeicherte Fotos können Sie von jedem Gerät aus zugreifen. Hierzu rufen Sie photos.google.com ❿ auf und melden sich mit Ihrem Google-Account an. Um alle gesicherten Fotos und Videos in Google Fotos zu löschen, die über Ihr Handy in die Cloud geladen wurden, gehen Sie in der Fotos-App an Ihrem Smartphone in die *Fotos-Einstellungen* und wählen Sie *Sicherung für dieses Gerät rückgängig machen*. Die Bilder werden dann nur aus der Cloud gelöscht, nicht von Ihrem Smartphone. Bilder, die Sie über ein anderes Gerät dort hochgeladen haben, bleiben in der Cloud außer Sie löschen diese zum Beispiel im Browser an Ihrem PC.

8 Merken und erinnern

Das Smartphone als ständiger Begleiter ist das ideale Medium zum Speichern kurzer Notizen oder Einkaufslisten. Daneben vervollständigen die App Kalender mit der Speicherung von Terminen und die App Uhr die Möglichkeiten.

8.1 Termine im Griff mit der Kalender-App

Nichts mehr verpassen, mit Terminen in der Kalender-App.

- Öffnen Sie die *Kalender*-App von Google und erlauben Sie den Zugriff auf Ihren Kalender.
- Im Bild unten links wird der Kalender in der Ansicht *Terminübersicht* angezeigt. Das aktuelle Datum ist ganz oben. Durch vertikales Wischen können Sie durch die verschiedenen Monate blättern. Zur Anzeige des aktuellen Datums kehren Sie wieder über das kleine Kalenderblattsymbol rechts oben ❶ zurück.
- Neben der *Terminübersicht* finden Sie im Menü ≡ die Möglichkeit, die Kalenderansicht auf *Tag*, *3 Tage*, *Woche* oder *Monat* ❷ umzustellen.
- Durch Antippen eines Tags mit einem Eintrag ❸ wird der Termin oder Feiertag gesondert in der Tagesansicht angezeigt. Tippen Sie links oben auf das *x* ❹, um wieder zur *Terminübersicht* zurück zu gelangen.

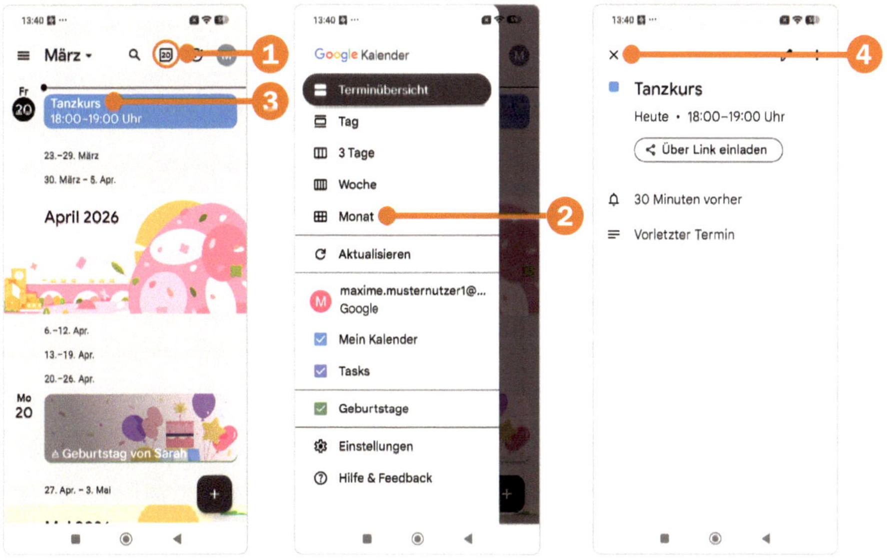

Termin eintragen

- Öffnen Sie die Ansicht *Monat* und wählen Sie auf dem Kalenderblatt den Tag ❶ des Termins. Dadurch springen Sie direkt zum gewünschten Datum und ersparen sich die händische Eingabe.
- Anschließend geben Sie bei *Titel hinzufügen* eine passende Bezeichnung ❷ ein. Darunter sollte die Kategorie *Termin* ausgewählt sein, falls nicht, tippen Sie diese an. Ziehen Sie den Eingabebereich etwas nach oben, um alle Felder anzuzeigen.
- Findet der Termin zu einem bestimmten Zeitpunkt statt, so tippen Sie auf die Zeitangabe ❸ und wählen die entsprechende Uhrzeit aus. Mit dem Tastatur-Symbol ⌨ wechseln Sie die Eingabemethode, falls Ihnen das Auswählen auf der Uhr zu aufwendig ist. In der Regel können Sie auf die Eingabe des Terminendes verzichten. Falls keine Uhrzeit angezeigt wird, ist der Termin momentan als ganztägig hinterlegt. Tippen Sie auf den Schalter bei *Ganztägig*, um das zu ändern.
- Standardmäßig werden Sie 30 Minuten vor Beginn des Termins erinnert. Manchmal ist eine frühere Erinnerung wichtig. Tippen Sie dann auf *Benachrichtigung hinzufügen* ❹ und wählen Sie eine andere Erinnerungszeit. Mit *x* entfernen Sie die Auswahl *30 Min. vorher*. Manchmal ist es aber auch praktisch, zwei Erinnerung zu erhalten. Ebenso können Sie einen *Ort hinzufügen*, eine ausführliche *Beschreibung* oder Anhänge hinterlegen. Bestätigen Sie mit *Speichern* ❺.

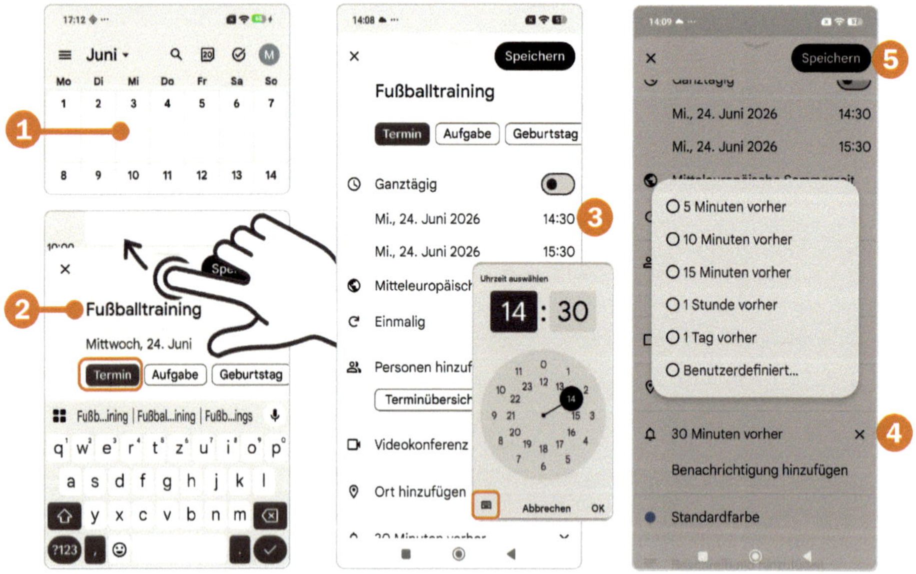

Terminerinnerung: Die Erinnerung an Ihren Termin erscheint am oberen Bildschirmrand ❼. Die Benachrichtigung ist natürlich auch in der Statusleiste hinterlegt. Ist das Smartphone gerade gesperrt, erscheint die Erinnerung auf dem Sperrbildschirm.

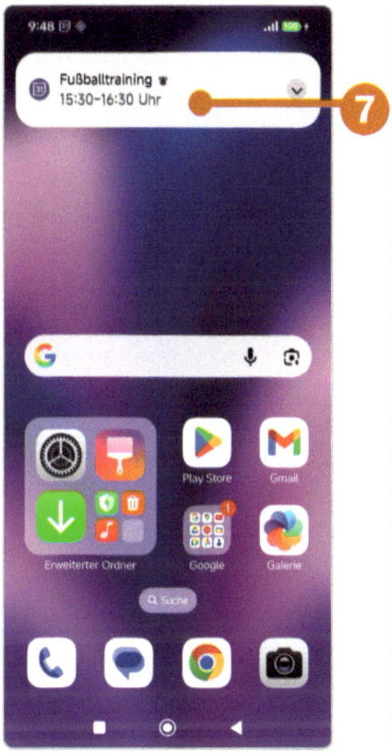

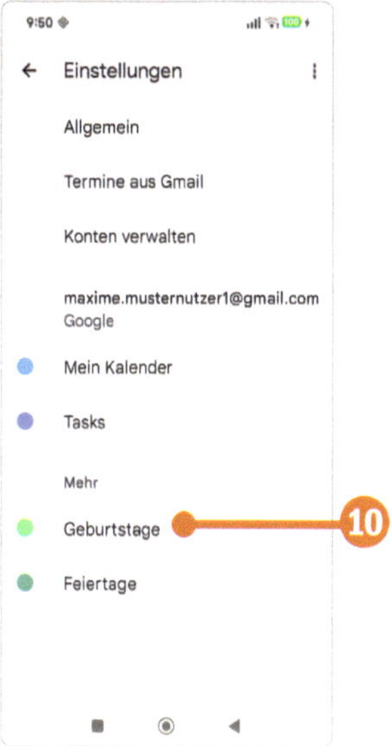

Datumsnavigator: Tippen Sie oben links neben dem Menüsymbol auf den Monat ❽. Dadurch wird ein Navigator eingeblendet, mit dem Sie durch horizontales Wischen zwischen den einzelnen Monaten nach vorne oder hinten springen können.

Geburtstage und Feiertage: Geburtstage können Sie sowohl im Kalender mit der Auswahl *Geburtstag* als auch in der Kontakte-App bei der jeweiligen Person unter *Wichtiges Datum* hinzufügen. Letztere werden dann über Ihr Google-Konto mit dem Kalender synchronisiert und dort angezeigt ❾. Sollten keine Geburtstage im Kalender angezeigt werden, überprüfen Sie die Einstellungen. Tippen Sie im Kalender oben links auf ☰, gehen Sie zu den *Einstellungen* und tippen Sie unter *Mehr* auf *Geburtstage* ❿. Schalten Sie nun bei *Mit Google Kontakte synchronisieren* den Regler durch Antippen auf *ein*. Die Synchronisierung kann mitunter etwas dauern, aber nach 24 Stunden sollte der Kalender die Geburtstage Ihrer Kontakte anzeigen.

Termine bearbeiten oder löschen

Natürlich können Sie Termine bearbeiten, z. B. um einen Termin zu verschieben, um einen Ort oder andere Informationen hinzuzufügen.

- **Termin bearbeiten:** Tippen Sie einmal auf den Termin und anschließend auf das Stiftsymbol ❶. Dann befinden Sie sich wieder in der Bearbeitungsansicht und können z. B. Ortsangaben hinzufügen.
- **Ort hinzufügen:** Tippen Sie auf *Ort hinzufügen* ❷. Geben Sie anschließend die zugehörige Adresse ein und bestätigen Sie mit *Speichern* ❸.
- **Tipp:** Der Termin enthält nun auch die Adresse ❹. Durch Antippen der Anschrift ⚲ öffnet sich Google Maps und navigiert Sie zur hinterlegten Adresse.
- **Termin löschen:** Zeigen Sie den Termin an und tippen Sie oben rechts auf *Menü* ❺. Wählen Sie *Löschen* ❻ und bestätigen Sie nochmals mit *Löschen*.

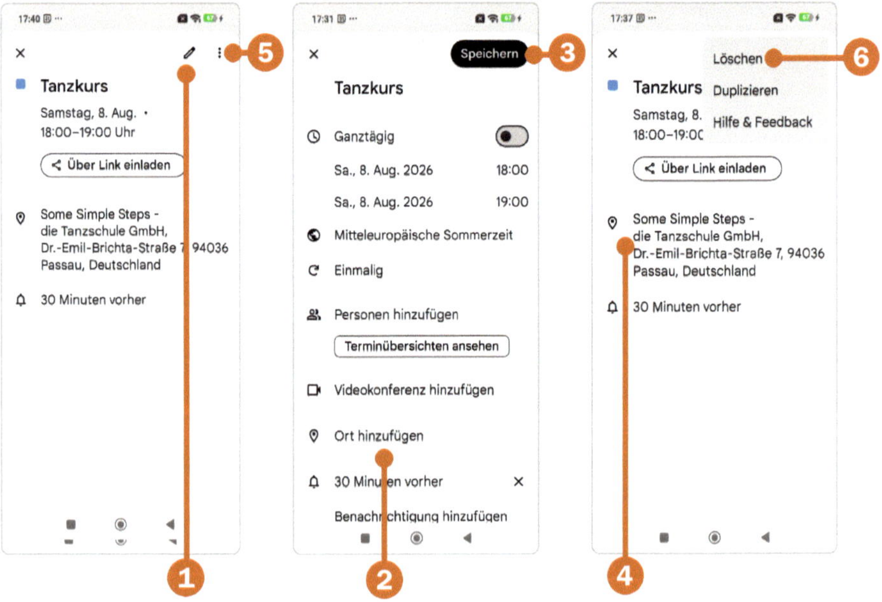

8.2 Die App Uhr

Die App Uhr bietet neben einer Weckfunktion auch verschiedene Zeitzonen (*Uhr*), eine *Stoppuhr* und einen *Timer*.

Vom Smartphone geweckt werden

☛ Öffnen Sie die App *Uhr*; der Bereich *Wecker* ❶ wird angezeigt. Erlauben Sie die Benachrichtigungen der App, um die Wecker-Funktion nutzen zu können.

In der App sind bereits drei Weckzeiten voreingestellt. Mit diesen Vorgaben würde der Wecker täglich um 6 Uhr morgens, Montag bis Freitag um 7 Uhr oder Samstag und Sonntag um 8 Uhr ertönen. Allerdings sind diese Wecker momentan noch nicht eingeschaltet.

Neuen Weckeintrag erstellen

- Tippen Sie auf das Symbol + ❷.
- **Weckzeit vereinbaren:** Verschieben Sie die Rädchen der Stunden ❸ und der Minuten, indem Sie mit dem Finger nach oben und unten wischen.
- **Tag(e) auswählen:** Sie können nicht nur eine einmalige Weckzeit festlegen, sondern auch Tage, an denen der Wecker generell ertönen soll. Tippen Sie hierzu auf *Wiederholen* ❹. Anschließend können Sie jene Tage markieren, an denen Sie den Wecker benötigen. Falls Sie einen Tag versehentlich ausgewählt haben, tippen Sie erneut auf diesen ❺. Bei Auswahl von mehreren Tagen bleibt der Wecker aktiv, um Sie am folgenden ausgewählten Tag, erneut zu wecken. Bestätigen Sie mit *Ok*.

  Wenn Sie keinen Tag auswählen, klingelt der Wecker *Einmalig* zum eingestellten Zeitpunkt und ist dann ausgeschaltet.

  Tipp: Man kann die Weckfunktion auch dazu verwenden, sich an etwas erinnern zu lassen, beispielsweise die Einnahme von Medikamenten am Abend. Dann wählen Sie einfach jeden Tag aus und geben eine passende Uhrzeit sowie Bezeichnung ein.
- Tippen Sie abschließend auf *Speichern* ✓.
- Im Drei-Punkte-Menü ❻ finden Sie die *Einstellungen* der App. Unter *Weitere Wecker-Einstellungen* finden Sie die Schlummerfunktion, also wann der Wecker, nachdem Sie die Schlummertaste gedrückt haben, erneut klingeln soll und wie oft.

Sie erkennen am Weckersymbol in der Statusleiste, dass ein Wecker in Kürze ertönen wird.

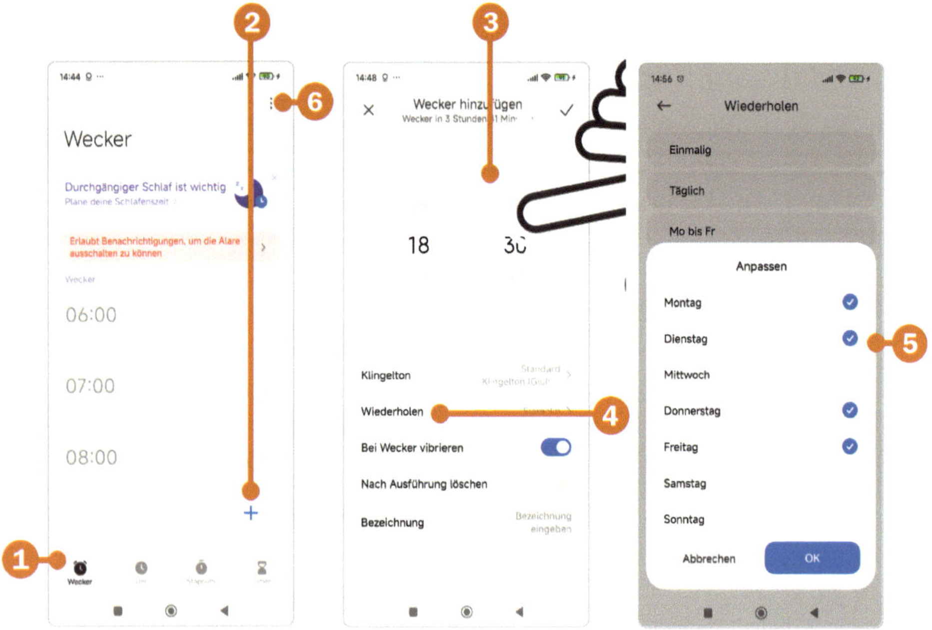

Schlummern oder aufstehen?

Wenn der Wecker klingelt, tippen Sie in der HyperIsland auf 7, dann ist Ruhe! Oder Sie wählen *Schlummern für 10 min* und der Wecker klingelt nach 10 Minuten erneut.

Wecker ein- und ausschalten

Im Register *Alarm* können mehrere Weckzeiten vereinbart sein. Aktive Weckzeiten erkennen Sie am eingeschalteten Regler. Ist der Regler ausgeschaltet, klingelt dieser Wecker nicht. Aus diesem Grund müssen Sie die Wecker nicht löschen. Es reicht sie zu deaktivieren, bis Sie diese wieder benötigen. Sie aktivieren bzw. deaktivieren einen Wecker, indem Sie den Regler antippen. Bei einem Wecker mit Wiederholung legen Sie beim Ausschalten fest, ob nur der nächste Weckruf deaktiviert wird oder auch alle zukünftigen.

Tipp: Schalten Sie einen Wecker ein, sehen Sie hier, wann ❽ der Wecker das nächste Mal klingelt.

Wecker bearbeiten und löschen

Tippen Sie einen Wecker an, um die Weckzeit zu ändern und bestätigen Sie mit *Fertig*. Möchten Sie den Weckton, den Wochentag oder die Bezeichnung ändern, tippen Sie stattdessen auf *Zusätzliche Einstellungen*. Um einen Wecker zu löschen, tippen Sie diesen in der Übersicht etwas länger mit dem Finger an. Dadurch erscheint unten *Löschen* 🗑 ❾.

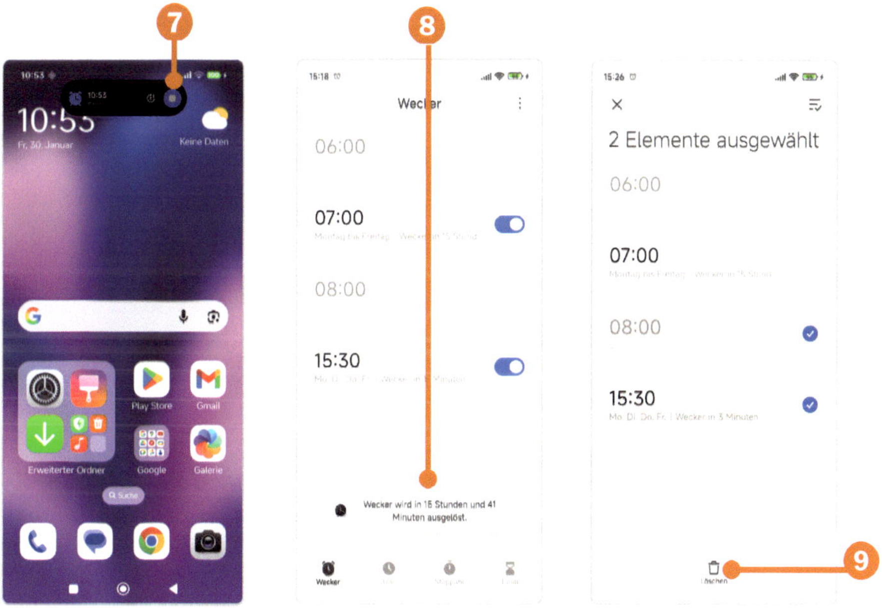

Das Smartphone als Eieruhr

Das Vier-Minuten-Ei rechtzeitig aus dem Topf holen oder die Backzeit für den Kuchen einstellen - auch das bietet die App Uhr.

- Wählen Sie den Bereich *Timer* ❶.
- Stellen Sie durch Ziehen mit dem Finger die Zeit ❷ ein, nach deren Ablauf das Smartphone klingeln soll, und tippen Sie dann auf ▶ .
- Während der Timer nach unten zählt, können Sie jederzeit pausieren ❸ (siehe Abb. nächste Seite) oder den laufenden Timer verwerfen ❹.

- Wenn Sie zu einer anderen App oder dem Startbildschirm wechseln, sehen Sie die verbleibende Zeit, indem Sie auf den Benachrichtigungsbildschirm wechseln oder einmal horizontal über die HyperIsland wischen, siehe Seite 63.
- Nach Ablauf ertönt ein Signal. Um dieses auszuschalten, tippen Sie auf *Ausschalten*.

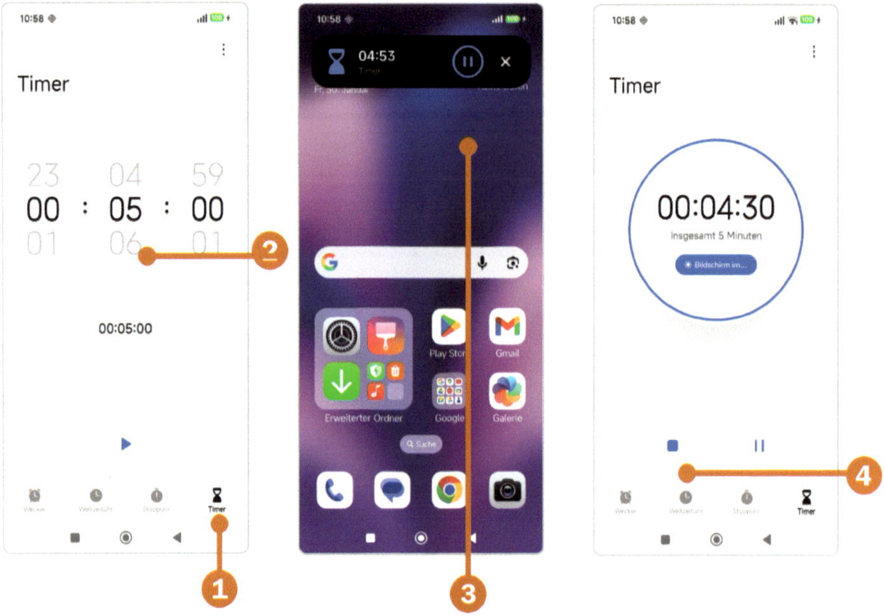

8.3 Notizen und Screenshots

Es gibt eine Vielzahl toller Apps, mit denen Sie Notizen erstellen, aufwendig bearbeiten, teilen und sowohl am Smartphone als auch am Laptop betrachten können. Wer hier mehr machen möchte, dem sei Microsoft OneNote empfohlen. Für den Einstieg und das bloße Anlegen von einfachen Listen verwenden wir die Xiaomi-App *Notizen*. Diese App ist bereits vorinstalliert. Sie finden Sie aber auch im Play Store.

Beim ersten Öffnen von **Notizen** werden Sie aufgefordert, Benachrichtigungen zu gestatten. Dies kann sinnvoll sein, wenn Sie die Aufgaben-Funktion der Notizen-App nutzen möchten und die Anwendung Sie zu einem späteren Zeitpunkt daran erinnern soll. Ansonsten tippen Sie auf *Nicht zulassen* ❶.

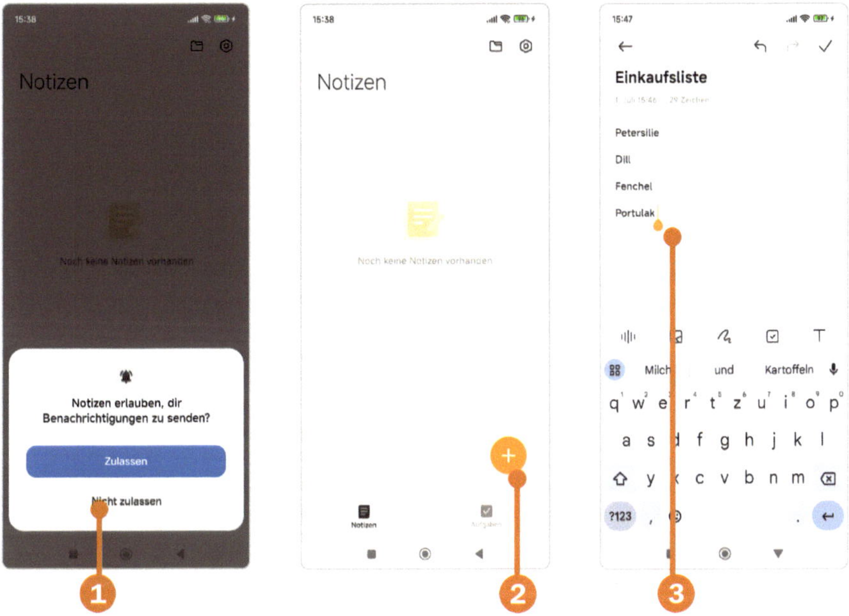

Notiz erstellen

- Stellen Sie sicher, dass Sie sich im Bereich *Notizen* befinden und tippen Sie auf + 2, um eine neue Notiz zu erstellen.
- Tippen Sie ggf. in den Notizenbereich 3, um die Tastatur anzuzeigen und die Notiz einzutippen. Durch Antippen von *Titel* geben Sie Ihrer Notiz eine Überschrift.
- Die Notiz wird automatisch gespeichert. Tippen Sie auf die Zurück-Taste (ggf. mehrmals) oder den Zurück-Pfeil, um zur Übersicht zu gelangen. Die einzelnen Notizen sind nach Änderungsdatum sortiert. Der vergebene Titel wird unter der Notiz angezeigt.

Notiz betrachten, bearbeiten und löschen

Inhalt einer Notiz betrachten: Tippen Sie die Notiz in der Übersicht 4 an, um deren Inhalt erneut anzuzeigen.

Notiz bearbeiten: Zur Ergänzung einer bestehenden Notiz zeigen Sie deren Inhalt an und tippen dann in den Notizenbereich. Die Eingabemarkierung (Cursor) steht vor dem ersten Wort.

- Um eine Liste am Ende weiterzuführen, tippen Sie hinter das letzte Wort. Um in einer neuen Zeile zu beginnen, wählen Sie ↩.
- Mit der Zurück-Taste ← kehren Sie wieder zur Übersicht zurück.
- Tippen Sie auf ☑ ❺, um Ihre Notizen mit Checklisten-Punkte zum Abhaken zu versehen. Mit markieren Sie besonders wichtige Punkte.

Notiz löschen: Tippen Sie in der Übersicht länger mit dem Finger auf die zu löschende Notiz. Diese wird dadurch markiert und Sie können unten *Löschen* ❻ wählen. Bestätigen Sie den Löschvorgang durch Antippen von *Löschen*.

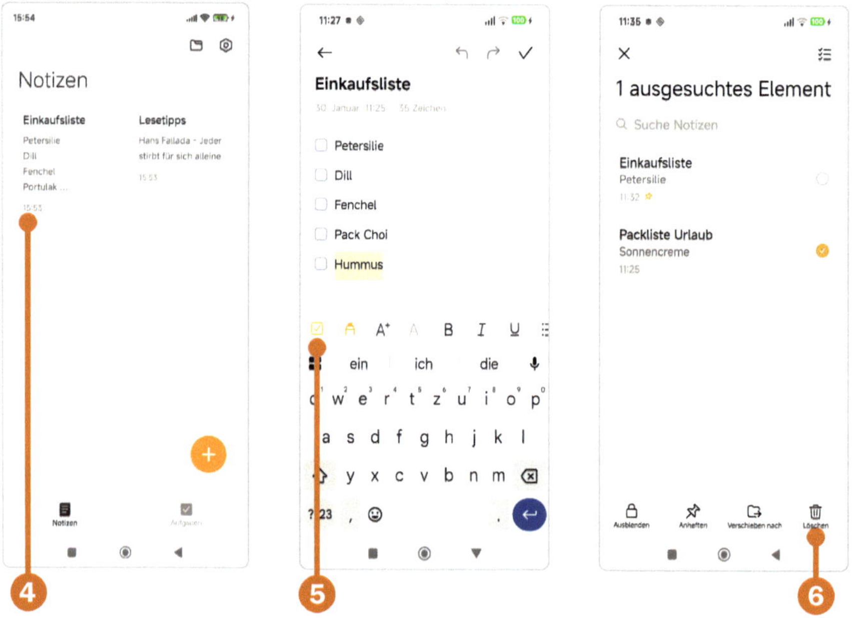

Screenshot erstellen

Ein Screenshot ist ein Foto von Ihrem Smartphonebildschirm. Diese Funktion ist praktisch, wenn Sie eine Frage zu einer App haben oder eine Meldung nicht verstehen. Dann machen Sie einfach einen Screenshot. Diesen können Sie, wie ein Foto, an jemanden in Ihrem Familien- oder Bekanntenkreis senden, der vielleicht eine Antwort weiß.

Das nächste nützliche Einsatzgebiet ist, wenn Sie Informationen behalten wollen, die Sie beispielsweise im Netz gefunden haben, etwa ein Rezept.

- Um einen Screenshot von Ihrem Bildschirminhalt (im Beispiel ein Rezept auf einer Webseite) zu erstellen, tippen Sie entweder kurz und zeitgleich auf die Leiser-Taste (Lautstärke) und die Funktionstaste oder Sie streichen am Display mit drei Fingern gleichzeitig von oben nach unten.
- Sie sehen, dass es funktioniert hat, wenn auf dem Bildschirm rechts oben das Bildschirmfoto ❶ erscheint.
- Nach Aufnahme des ersten Screenshot wird in der App *Galerie* im Bereich *Alben* ein neues Album erstellt mit dem Namen *Bildschirmfotos*.
- In der Tastatur finden Sie den Screenshot in der sogenannten Zwischenablage ❷ (siehe Seite 54). Tippen Sie auf Klemmbrett-Symbol 📋, um so das Bildschirmfoto, z.B. in einer E-Mail, schnell einzufügen. Gegebenenfalls müssen Sie die Zwischenablage vorher noch einschalten und in den Tastatureinstellungen ▶ *Zwischenablage* ▶ *Kürzlich aufgenommene Screenshots speichern* einschalten.

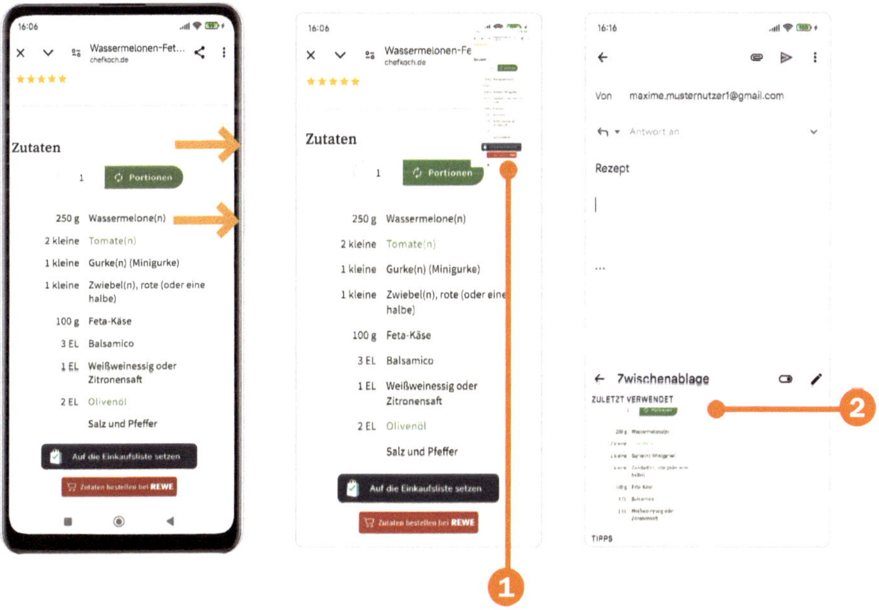

8.4 Gemini verwenden

Funktionen der sogenannte Künstliche Intelligenz (KI) haben mittlerweile auf den meisten Geräten Einzug gehalten. Möchten Sie beispielsweise Googles KI-basierten Assistenten verwenden, öffnen Sie die App *Gemini* . Weitere Einstellungen Gemini betreffend können Sie auch unter *Google* ▶ *Alle Dienste* ▶ *Google Suche, Google Assistant und Spracheingabe* ▶ *Gemini* vornehmen. Hier richten Sie sowohl die Sprachsteuerung als auch alle weiteren Assistant-Funktionen ein.

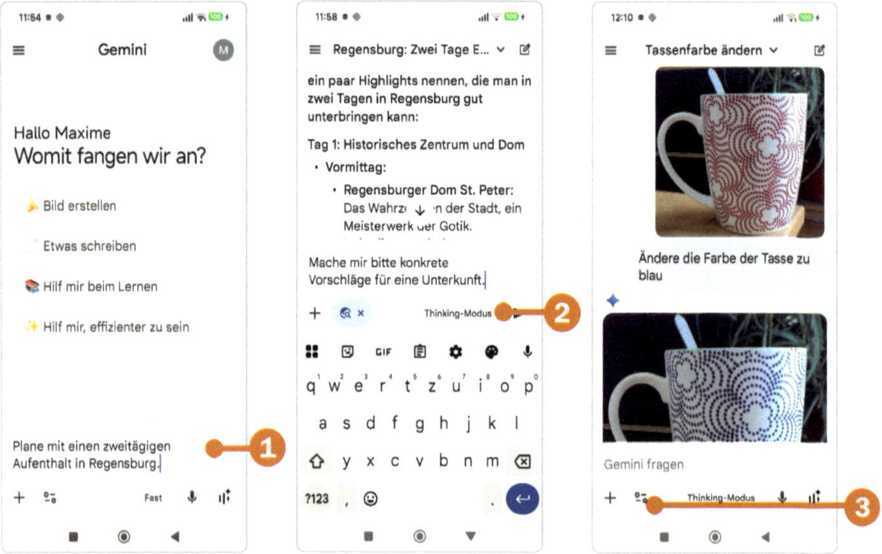

Sie können Gemini sowohl Fragen stellen oder bitten, Ihnen beim Recherchieren, Schreiben oder Lernen zu helfen. Auch Bildgenerierung und -bearbeitung ist möglich. Wie alle KIs wurde auch Gemini mit einer riesigen Menge an Daten trainiert. Informationen, die Sie im Chat zur Verfügung stellen, könnten ebenfalls für weiteres Training verwendet werden. Geben Sie daher keine persönlichen oder sensiblen Daten dort ein.

Gemini verwenden:

- Tippen Sie Ihre Frage in das Feld ❶ oder Sie diktieren nach Antippen des Mikrofons . Lassen Sie sich z. B. Tipps für einen Ausflug geben.
- Aktuell stehen in Gemini gratis drei Modi zur Verfügung, die Sie durch Antippen wechseln: *Fast* für leichte Aufgaben, *Thinking* ❷ für komplexe Herausforderungen sowie *Pro* zum Rechnen und Programmieren.

- Sie können mit + auch Dateien hochladen und unter ③ mit *Deep Research* tiefer gehende Recherchen anstoßen oder mit *Canvas* eine schnelle Bildbearbeitung (siehe Abbildung 3) durchführen lassen.
- Selbst Bilder nach Ihrer Beschreibung lassen sich generieren. Dies geschieht mit Googles Text-zu-Bild-Modells namens *Nano Banana* 🍌.
- Wenn Sie mit Gemini sprechen möchten, tippen Sie auf ④. Es wird ein Gespräch ähnlich einem Telefonat gestartet. Sie können nach dem Wetter fragen oder sogar ein Video starten, um Gemini etwas zu zeigen, sowie Ihren Bildschirm freigeben ⑤, damit Ihnen die KI bei einem Problem mit Ihrem Handy hilft. Möchten Sie das Gespräch beenden, tippen Sie auf *Auflegen*. Mit ⑥ stoppen Sie die Bildschirmfreigabe.

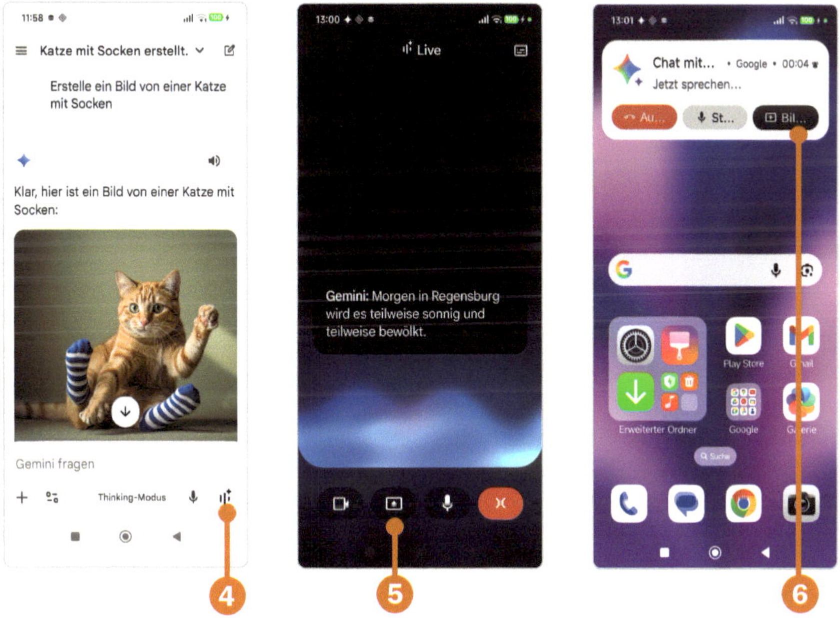

Das Tolle an einem KI-Assistenten im Gegensatz zu einer Suche im Internet ist, dass er genau auf die Frage antwortet und Sie mit ihm in einen Dialog treten. Wenn Sie also zuerst nach Sehenswürdigkeiten in Regensburg fragen und dann nach dem Wetter, wird sich die KI ebenfalls auf diesen Ort beziehen. Aber Achtung, KI ist nicht unfehlbar. Wenn Ihnen eine Antwort merkwürdig erscheint, fragen Sie nochmals nach und benennen den möglichen Fehler. Manchmal berichtigt sich sie selbst. Alternativ können Sie sich auch die Quelle nennen lassen, aus der die Information stammt und das selbst im Internet nachlesen.

9 Gesucht & Gefunden

Das Internet hält eine Vielzahl an nützlichen Informationen, lustigen Videos, Einkaufsmöglichkeiten u. v. m. bereit. Lassen Sie uns gemeinsam in die Tiefen des Surfens eintauchen! Dieses Kapitel beschäftigt sich mit den Möglichkeiten der App *Google*. Die App ist auf dem Smartphone vorinstalliert. Viele Suchen enden bei YouTube, einem Portal mit Videos zu Musik, Spielen, Informationen zu und Ausschnitten von Filmen, Sport und Anleitungen zu allen möglichen Themen. Auch diesem wollen wir uns kurz widmen.

9.1 Im Netz surfen

Google-App verwenden

Für eine Recherche im Internet verwenden Sie beispielsweise die App *Google*. Diese bietet neben der Suche noch weitere Informationsbereiche.

- Tippen Sie auf die App *Google* im Ordner *Google*.

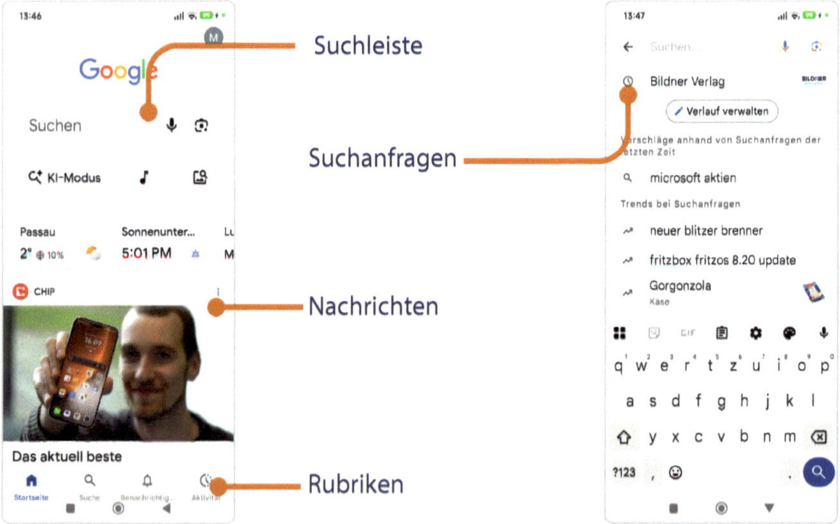

Auf der **Startseite** finden Sie die Suchleiste zur Eingabe Ihres Suchbegriffs und darunter eine Zusammenstellung aktueller Nachrichten.

Die Rubrik **Suche** bietet ebenfalls eine Suchleiste und zeigt den Verlauf - eine Liste Ihrer vergangenen Suchanfragen.

In der Rubrik **Aktivität** finden Sie gespeicherte Webseiten und Sammlungen.

- Für eine Suche muss der Bereich *Startseite* oder *Suche* ausgewählt sein. Geben Sie in der Suchleiste einen Begriff ein, z. B. Wanderwege Bayerischer Wald ❶. Schon nach Eingabe der ersten Buchstaben erscheinen Suchvorschläge ❷ zu Ihrem Begriff. Wählen Sie einen aus. Oder schreiben Sie das Wort bzw. die Wörter aus und tippen anschließend auf das Lupen-Symbol in der Tastatur.
- Sie erhalten nun eine Trefferliste mit einer Vielzahl an Webseiten zu Ihrer Suche. Wählen Sie eine Seite durch Antippen der blauen Seitenbezeichnung ❸ aus. Sie werden nun zu dieser Webseite weitergeleitet. Bevor Sie den Artikel lesen können, müssen Sie beim ersten Besuch der Seite die Cookies akzeptieren oder ablehnen ❹.

> Nach der geltenden DSGVO (Datenschutz-Grundverordnung) der Europäischen Union müssen sich Webseitenbetreiber die Zustimmung der Seitenbesucher einholen, ob und in welchem Umfang sie Cookies nutzen und verwerten dürfen. Dabei geht es auch darum, welche gesammelten Daten an Dritte weitergegeben werden dürfen. Daher werden Sie beim Öffnen einer Webseite (zumindest bei Webseiten aus der EU) gefragt, ob und wie Sie Cookies zulassen wollen. Leider ist diese Abfrage nicht standardisiert und sieht daher meist unterschiedlich aus.

- Wollen Sie wieder zur Auflistung Ihrer Suchergebnisse, tippen Sie auf die Zurück-Taste 〈 . Durch vertikales Wischen über die Trefferliste bzw. über den Webseiteninhalt zeigen Sie weitere Informationen an.

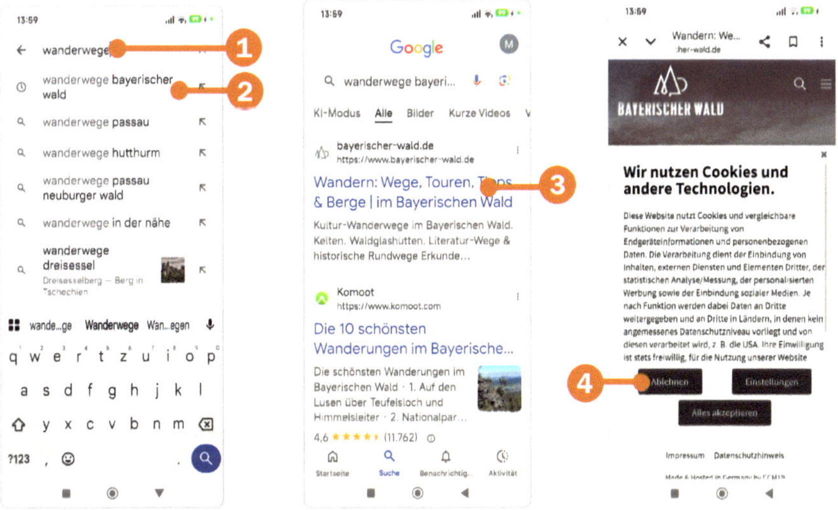

Tipp: *Chrome* von Google ist ein weitverbreiteter Browser. Ein Browser bietet gegenüber der Google App den Vorteil, dass Sie in die Suchleiste eine Internetadresse eintippen und diese direkt aufrufen können. Öffnen Sie *Chrome* und geben Sie in der oberen Suchleiste eine Internetadresse oder einen Suchbegriff ein und tippen auf das Pfeilsymbol auf der Tastatur.

Google-Widget Suche

Schneller starten Sie eine Suche über das Google-Widget auf dem Startbildschirm. In die Suchleiste können Sie Ihren Suchbegriff eintippen und dann mit der Lupe auf der Tastatur bestätigen. Wer möchte, kann die Anfrage auch diktieren. Tippen Sie dazu auf das **Mikrofon-Symbol** in der Suchleiste und stellen Sie zügig Ihre Frage. Es muss sich dabei nicht um einen vollständigen Satz handeln.

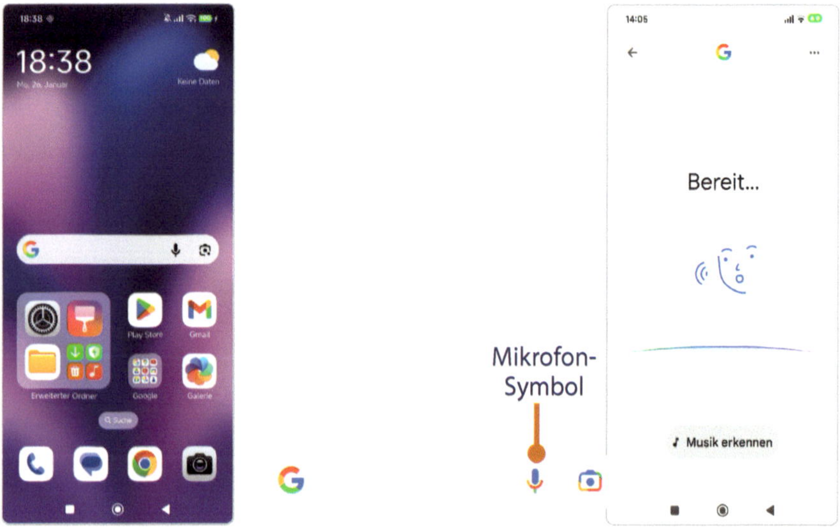

Google Lens: Nach allem was Sie sehen, können Sie suchen

Nach allem was Sie sehen, können Sie auch suchen! Mit *Google Lens* nehmen Sie ein Objekt mit Ihrer Kamera auf und starten eine Internetrecherche. Damit beantworten Sie ganz leicht Fragen wie: Was für eine Pflanze, Sehenswürdigkeit oder Hunderasse ist das?

- Tippen Sie in der Google-Suchleiste auf das Kamera-Symbol .

- Bei der ersten Verwendung müssen Sie einige Zugriffsrechte erteilen: Gewähren Sie Zugriff auf die Fotogalerie. Entscheiden Sie dann, ob Sie Google den *Vollen Zugriff erlauben* oder Sie bestimmte *Fotos und Videos auswählen*, auf die Google der Zugriff gewährt wird.
- Tippen Sie dann im oberen Bereich auf *Mit der Kamera suchen* und auf *Kamera öffnen* ❶. Anschließend erlauben Sie Google entweder generell *Bei Nutzung der App* oder vorerst *Nur dieses Mal* Bilder und Videos aufzunehmen.
- Achten Sie darauf, dass der Bereich Suche ❷ ausgewählt ist, nehmen Sie das Objekt ins Visier und drücken Sie den Auslöser ❸.
- Nun werden Ihnen im unteren Bereich die Informationen und eine KI-Zusammenfassung ❹ zu dem aufgenommenen Bild angezeigt. Scrollen Sie nach unten, wenn Sie weitere visuelle Übereinstimmungen zu Ihrem Bild oder weiterführende Webseiten sehen wollen.

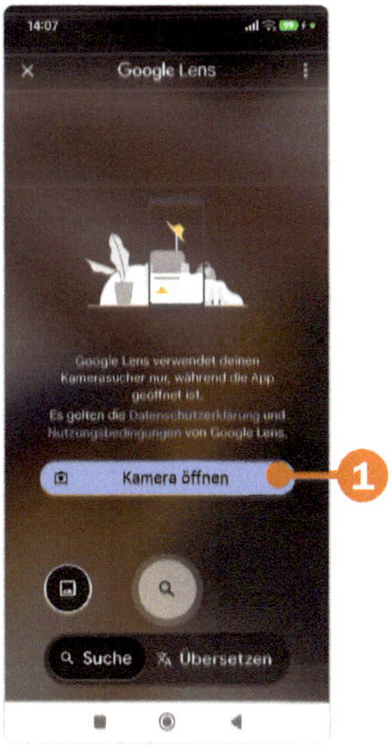

Circle to Search

Circle to Search ist eine Funktion von Google, mit der man etwas auf dem Smartphone-Bildschirm einkreisen kann und dann automatisch schnell eine Suche im Internet dazu startet. Der Vorteil ist, dass Sie die App, die Sie gerade verwenden, nicht verlassen müssen. Sie betrachten beispielsweise ein Bild auf Facebook und möchten erfahren, ob es sich um Falschnachrichten handelt. Mit Circle to Search kreisen Sie die Abbildung ein und finden mit der Bild-Rückwärtssuche schnell heraus, dass es sich um eine mit KI generierte Fälschung handelt. Sie können auch Text markieren und übersetzen lassen oder zu Textabschnitten eine Internetrecherche starten. So geht's:

- Halten Sie die Home-Taste ❶ gedrückt, bis die Google-Suche erscheint. Damit ist der Bildschirm eingefroren.
- Sie können nun in aller Ruhe mit dem Finger das Objekt umkreisen ❷, über das Sie mehr erfahren möchten. Bei kleineren Objekten oder Texten ist es einfacher, darüber zu kritzeln. Auch das funktioniert.
- Im unteren Bereich erhalten Sie nun visuelle Übereinstimmungen auf anderen Internetseiten ❸. Wenn Sie wieder zur App zurückkehren möchten, tippen Sie auf das x-Symbol ❹.

Circle to Search aktivieren bzw. deaktivieren Sie unter *Einstellungen* ▶ *System* ▶ *Navigationsmodus* ▶ *Circle to Search*.

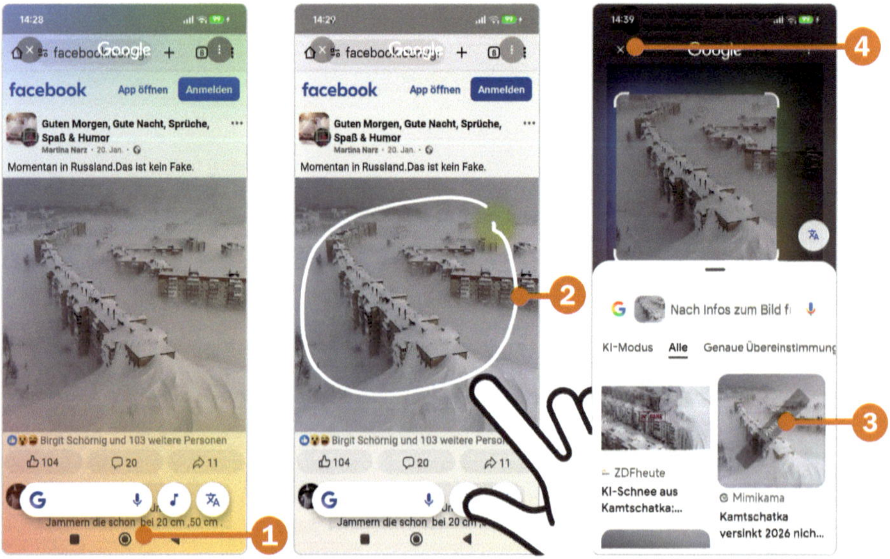

9.2 YouTube - das Videoportal

YouTube enthält alle Arten von Videos - sowohl informative als auch unterhaltende. Hier finden Sie Musikvideos, Tutorials (Anleitungen) zu allen möglichen Themen, Ausschnitte aus TV-Sendungen und vieles mehr. Die YouTube-Inhalte werden nicht auf ihre Richtigkeit überprüft und so kann jeder auch seine ganz persönlichen Ansichten der Welt mitteilen. Der Zuschauer muss selbst entscheiden, was er glauben möchte.

YouTube und auch die Personen (YouTuber, Influencer), die dort Videos hochladen, finanzieren sich durch Werbeeinblendungen. Aus diesem Grund sehen Sie am Anfang eines Videos und zum Teil auch als Videounterbrechung, Werbefilme. Das ist der Preis für das sonst kostenlose Angebot.

YouTube Premium: Während der Nutzung von YouTube wird Ihnen hin und wieder YouTube Premium angeboten. Dieses Angebot kostet nach Ablauf des Testzeitraums einen sich regelmäßig erhöhenden Betrag. Dafür wird neben weiterer Vorteile keine Werbung mehr eingeblendet. Tippen Sie auf das *x* oder auf *Schließen*, um auf dieses Angebot zu verzichten.

YouTube starten

Die App ist auf Ihrem Gerät vorinstalliert. YouTube gehört zum Google-Konzern. Aus diesem Grund finden Sie die App im Google-Ordner.

- Öffnen Sie den Google-Ordner durch Antippen und wählen dann die App *YouTube*.
- Beim ersten Öffnen entscheiden Sie, ob YouTube Ihnen Benachrichtigungen schicken darf und ggf. ob der Wiedergabeverlauf aktiviert werden soll. Mit aktiviertem Wiedergabeverlauf erhalten Sie aufgrund Ihres bisherigen Sehverhaltens Videoempfehlungen. Diese werden in den Bereichen *Startseite* ❶ (siehe Abbildung nächste Seite) und *Shorts* angezeigt.

Video suchen und abspielen

- Verwenden Sie die Suchleiste ❷ oder tippen Sie rechts oben auf die Lupe ❸. Geben Sie Ihren Suchbegriff ein und wählen Sie entweder aus den Vorschlägen ❹ aus oder tippen Sie auf Ihrer Tastatur auf die Lupe rechts unten.

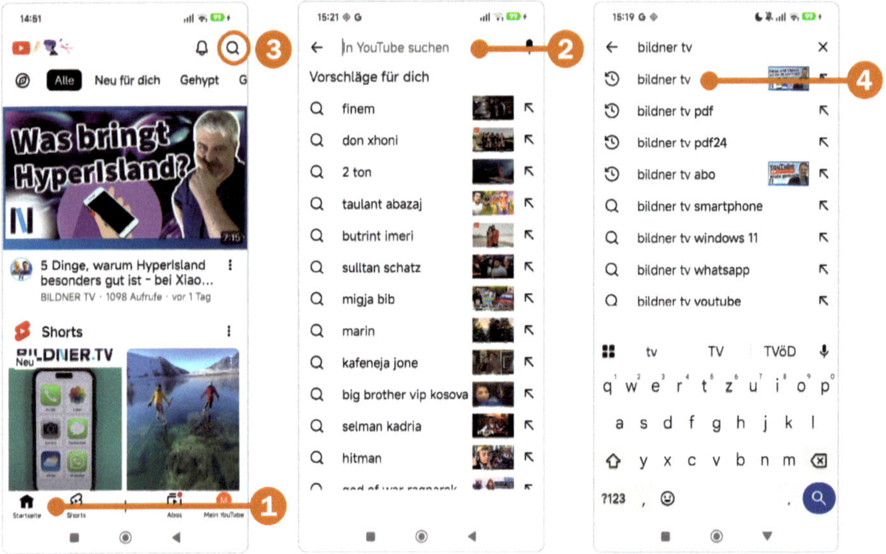

- Blättern Sie durch vertikales Wischen durch die Trefferliste. Wenn Ihnen ein Video zusagt, tippen Sie darauf ❺. Das Video wird sofort gestartet. Vor vielen Videos wird jedoch zunächst Werbung eingeblendet. Diese können Sie manchmal nach fünf Sekunden mit einem Tipp auf *Überspringen* ❻ beenden.
- Falls das ausgewählte Video keinen Ton hat, kontrollieren Sie die Lautstärke durch Drücken der Lautstärketaste rechts am Handy. Dadurch wird an der Seite die Lautstärkeleiste eingeblendet. Allerdings ist auch nicht jedes YouTube-Video mit Ton hinterlegt.
- Wenn Sie das Video pausieren wollen, tippen Sie auf das Videobild und anschließend auf ⏸ ❼. Wieder starten können Sie das Video mit ▶.
- Während das Video oben angezeigt wird, können Sie durch vertikales Wischen in der Trefferliste weiterstöbern. Mit der Zurück-Taste 〈 gelangen Sie wieder zum Suchfeld. Das Video wird nicht beendet, sondern im unteren Bereich eingeblendet. Um das aktuelle Video zu schließen, tippen Sie auf ❽ *x*.

> Wenn Sie die YouTube-App schließen, wird auch das Video beendet. Sie können also beispielsweise keine Musik hören und zeitgleich in anderen Apps aktiv sein. Das ist nur mit dem kostenpflichtigen Premium-Konto oder modifizierten Apps möglich.

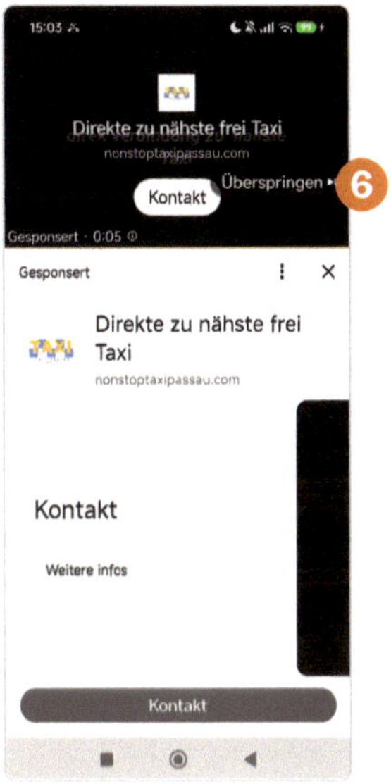

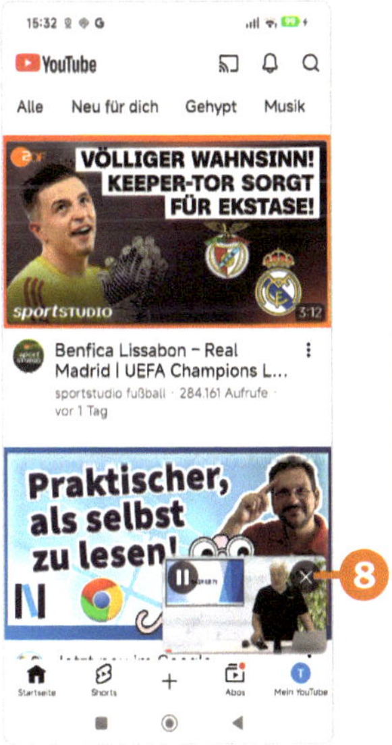

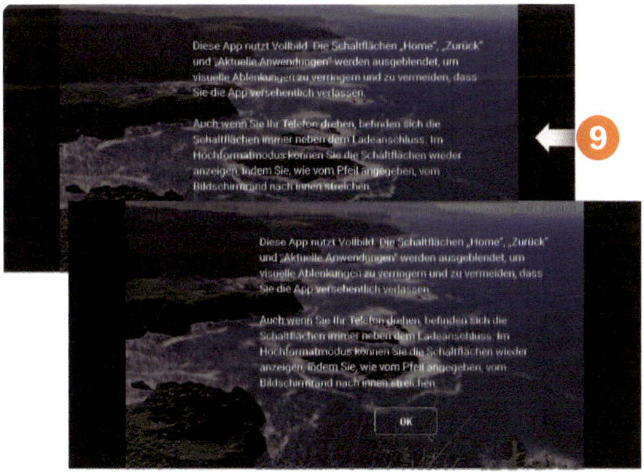

- **Videos im Querformat:** Damit das Video den gesamten Bildschirm ausfüllt, drehen Sie das Smartphone einfach ins Querformat. Das Video wechselt dadurch automatisch in den Vollbildmodus. Wenn Sie das Handy wieder im Hochformat halten, rutscht das Video automatisch ins obere Drittel des Displays zurück. Beim ersten Drehen werden Sie darauf hingewiesen, dass die Navigationsleiste abgeblendet wird. Streichen Sie einmal von der Seite nach innen ❾ (Abbildung vorherige Seite), um die Navigationsleiste anzuzeigen, und tippen Sie dann auf *OK*. Dies passiert nur beim ersten Mal, um Sie auf diesen Umstand hinzuweisen. Wenn die Navigationsleiste nicht angezeigt wird, streichen Sie mit dem Finger vom Rand des Bildschirms nach innen und zwar von der Seite, an der sich die Multifunktionsbuchse für den Anschluss des Ladegeräts befindet.

Der Bildschirm dreht nicht

Sollte sich der Bildschirm nicht automatisch drehen, gehen Sie so vor: Öffnen Sie das Kontrollzentrum indem Sie vom oberen Bildschirmrand nach unten wischen. Suchen Sie die Option *Sperre der Bildschirmausrichtung* und tippen Sie darauf. Dadurch wird die Funktion deaktiviert. Über diesen Weg können Sie jederzeit das Drehen des Bildschirms auch wieder erlauben.

Bildschirm dreht nicht

Bildschirm dreht

10 Verbindungen herstellen

Das Smartphone lässt sich für verschiedene Zwecke mit unterschiedlichen Geräten verbinden: Über Bluetooth koppeln Sie Geräte, wie die Freisprechanlage im Auto, einen Bluetoothkopfhörer oder Musiklautsprecher. Um im Internet mit dem Smartphone zu surfen, ohne Ihr Datenvolumen zu belasten, benötigen Sie eine Verbindung zum WLAN-Router und mittels USB-Kabel können Bilder vom Handy auf den PC übertragen werden.

10.1 Smartphone mit einem WLAN verbinden

Bei der Ersteinrichtung haben Sie schon eine Verbindung zu Ihrem WLAN Zuhause hergestellt. Sie können sich aber auch bei Freunden, im Hotel, oder unterwegs in öffentlichen Hotspots, mit dem vorhandenen WLAN verbinden.

- Tippen Sie auf *Einstellungen* und wählen Sie dann *WLAN* aus. Die WLAN-Funktion muss am Smartphone eingeschaltet sein ❶. Es erscheint eine Liste aller verfügbaren Netzwerke in der Umgebung.
- Tippen Sie das gewünschte WLAN ❷ an. Für den Zugang zu Netzwerken, die mit einem Schloss gekennzeichnet sind, benötigen Sie ein Kennwort. Geben Sie dieses ein und tippen Sie dann auf *Verbinden* ❸. Über das Auge-Symbol können Sie sich das von Ihnen eingetippte Passwort anzeigen lassen.
- Sind Sie verbunden, können Sie auf den Pfeil hinter dem WLAN-Namen tippen, um weitere Optionen einzusehen. Durch die aktivierte Option *Automatisch verbinden*, wird das Smartphone immer mit dem WLAN verbunden, wenn Sie erneut in der Nähe sind. Mit *Netzwerk vergessen* ❹ löschen Sie das WLAN aus der Liste der gespeicherten Netzwerke.
- WLAN-Netze ohne Schloss-Symbol sind öffentlich. Diese gibt es z. B. in der Bahn, an Flughäfen oder in Einkaufszentren. Hier benötigen Sie kein Kennwort. Sie müssen allerdings meist deren Nutzungsbedingungen akzeptieren. Dazu öffnet sich nach Verbindungsaufbau eine Webseite in Ihrem Browser. Erst dann können Sie das WLAN nutzen.

Achtung! In Hotels oder Ferienwohnungen muss das angebotene WLAN nicht immer kostenlos zur Verfügung stehen. Erkundigen Sie sich, bevor Sie sich verbinden.

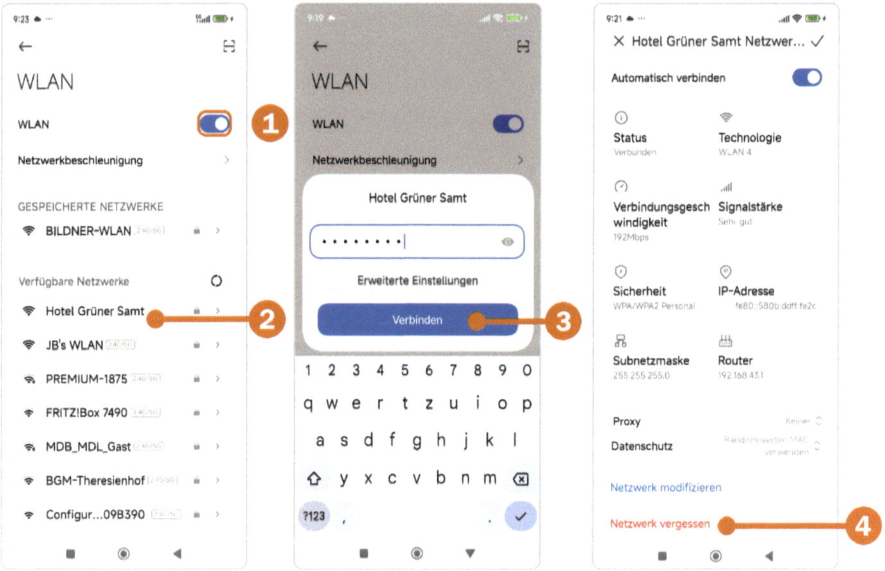

10.2 Smartphone mit dem PC verbinden

Das Smartphone lässt sich ganz einfach mit dem PC verbinden. Dazu brauchen Sie nur ein USB-Kabel, das Sie in der Regel in der Verpackung Ihres neuen Geräts finden. Gründe für eine Verbindung zum PC könnten sein:

- **Speicher aufräumen:** Wenn der Smartphonespeicher voll ist, sollte man vor allem Medien, wie Fotos oder Videos, vom Smartphone löschen. Damit diese aber nicht ganz verloren sind, kann man sie vorher auf den PC übertragen.
- **Sicherungskopien erstellen:** Fotos, Videos oder andere Dateien können zur Sicherheit auf den PC kopiert werden, vor allem wenn man keinen Cloud-Speicher verwenden möchte. So sind die wichtigsten Daten vorhanden, sollten Sie das Gerät verlieren oder Ihr Smartphone plötzlich nicht mehr funktionieren.
- **Musik kopieren:** Wer nicht auf Musik-Streaming-Dienste, z. B. YouTube oder Spotify, zurückgreifen möchte, kann sich Musikstücke vom PC auf das Smartphone kopieren, um sie dann ohne Werbeunterbrechungen oder zusätzliche Kosten anzuhören.

- **Lokales Back-up speichern:** Um alle Daten, z. B. Dateien, SMS, Kontakte, Termine etc., die sich auf dem Smartphone befinden, zu sichern, sollten Sie regelmäßige Back-ups machen. Dazu muss nur die kostenlose Software Smart Switch auf den PC geladen werden.

Bilder auf den PC übertragen

1 Verbinden Sie das Smartphone mit dem mitgelieferten Kabel über den USB-Port mit Ihrem PC oder Laptop. Wir setzen hier voraus, dass Sie mit Windows arbeiten. Entsperren Sie Ihr Smartphone.

2 Sie erhalten eine Benachrichtigung, dass das Gerät über USB aufgeladen wird. Falls Sie die Benachrichtigung verpasst haben, ziehen Sie vom oberen linken Bildschirmrand ❶ nach unten, um den Benachrichtigungsbereich anzuzeigen. Tippen Sie die Benachrichtigung *Gerät wird über USB aufgeladen* an. Wählen Sie dann *Datenübertragung/Android Auto* ❷ aus.

3 Öffnen Sie am PC den Datei-Explorer und klicken Sie links im Navigationsbereich unter *Dieser PC* auf den Namen Ihres Handys. Dadurch wird der *Interne gemeinsame Speicher* rechts angezeigt. Klicken Sie diesen doppelt an, um dessen Inhalt anzuzeigen.

- **Kopieren von Handy-Fotos auf den PC:** Klicken Sie den Ordner *DCIM* ❸ doppelt an und dann den Ordner *Camera*. Hier werden alle Fotos angezeigt, die Sie mit dem Smartphone geknipst haben. Bilder, die Sie über WhatsApp erhalten haben, sind nicht in diesem Ordner.
- **Kopieren von Musikdateien auf das Smartphone:** Wenn Sie Musik auf Ihrem PC oder Laptop gespeichert haben, die Sie gerne auch auf dem Handy hören möchten, dann kopieren Sie die Daten in den Ordner *Music* ❹.

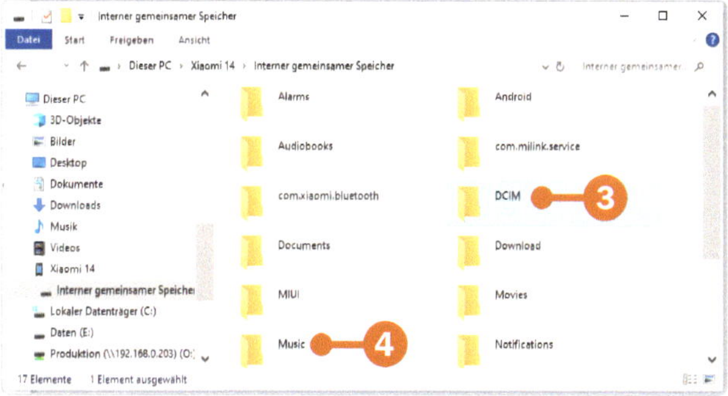

10.3 Zubehör über Bluetooth koppeln

Bluetooth ist eine Methode zur Datenübertragung via Funk zwischen zwei Geräten, die nicht weiter als zehn Meter voneinander entfernt sind. Damit können Sie verschiedene Geräte kabellos miteinander verbinden, beispielsweise Ihr Smartphone mit Bluetoothkopfhörern oder einem -lautsprecher, um Musik vom Handy zu übertragen.

So verbinden Sie ein Gerät via Bluetooth

- Öffnen Sie *Einstellungen* ▶ *Bluetooth*. Schalten Sie die Bluetooth-Funktion gegebenenfalls ein ❶.
- Es wird nun nach Geräten gescannt, die sich in der Nähe befinden und eine Liste mit *Verfügbaren Geräten* angezeigt. Falls Ihres nicht dabei ist, tippen Sie nochmals auf *Scannen* rechts oben. Das Gerät, welches Sie verbinden möchten, muss sich im Kopplungsmodus befinden, d. h. beispielsweise, dass der Bluetoothlautsprecher eingeschaltet ist, das Ladeetui der Kopfhörer muss geöffnet sein, etc.
- Tippen Sie auf das gewünschte Gerät ❷, um dieses mit Ihrem Smartphone zu koppeln. Bestätigen Sie mit *Verbinden* oder *Koppeln* ❸.

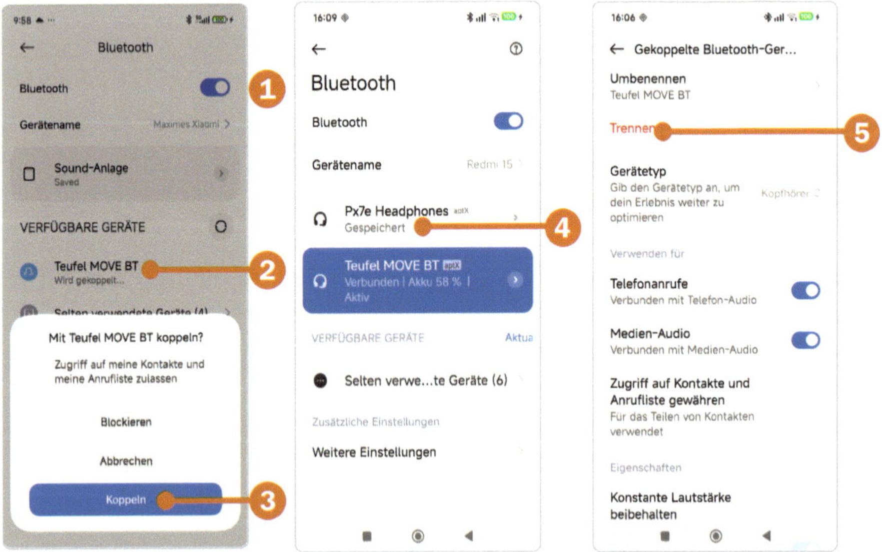

Grundsätzlich bleiben alle Geräte, die in Verwendung sind, gekoppelt. Sie schalten das Gerät nur ab oder legen die Ohrhörer in das Etui zurück. Beim nächsten Gebrauch eines als *Gespeichert* ❹ markierten Gerätes, muss nur Bluetooth aktiviert und das Gerät eingeschaltet sein, dann wird es automatisch verbunden.

Gerät entkoppeln

Die Verbindung entkoppeln Sie beispielsweise, wenn das Gerät entsorgt oder verschenkt wird. Durch die Entkopplung wird es nicht mehr als *Gespeichert* oberhalb der Liste der *Verfügbaren Geräte* angezeigt.

Dazu tippen Sie auf den Pfeil rechts neben dem Gerätenamen und wählen *Trennen* ❺. Dort können Sie auch dem Bluetooth-Gerät einen anderen Namen geben. Bedenken Sie jedoch, dass die Umbenennung in den allermeisten Fällen nur auf Ihrem Gerät stattfindet. Verbinden Sie Ihr Bluetooth-Gerät also mit einem anderen Smartphone, wird es dort wieder unter dem originalen Gerätenamen angezeigt.

10.4 Quickshare und Xiaomi Share

Sowohl bei Quickshare als auch Xiaomi Share handelt es sich ebenfalls um drahtlose Methoden des Dateitransfers, um etwa Daten, wie Bilder, Videos, Dokumente, sehr schnell und ohne Internetverbindung direkt an andere Geräte in der Nähe zu senden. Hierfür wird via Bluetooth und Wi-Fi Direct eine Verbindung zwischen zwei Geräten aufgebaut.

Dateien mit Quickshare versenden

- Öffnen Sie Ihre Galerie, zeigen Sie das Bild in der Einzelansicht an und wählen Sie *Senden* .
- Im nächsten Schritt können Sie sowohl *Quickshare* als auch *Xiaomi Share* auswählen. Der Vorteil von ist *Quickshare* ist, dass diese Technologie mit allen anderen Android-Smartphones und Chromebooks interoperabel ist. Der Vorteil von *Xiaomi Share*, dass das Senden an Apple-Geräte, wie iPhones oder Macbooks möglich ist, sofern dort zuvor die Xiaomi Interconnectivity App installiert wird. Dank EU-Richtlinien, wie den Digital Markets Act, wird demnächst jedoch auch *Quickshare* und Apples *Airdrop* miteinander kompatibel werden.

- Im Beispiel entscheiden wir uns nun für *Quickshare* ❶.
- Tippen Sie in der Liste der Geräte in der Nähe auf den Empfänger ❷. Sollte dieser nicht auftauchen, so lässt sich auch ein QR-Code ❸ anzeigen, den der Empfänger scannen kann, um die Verbindung manuell aufzubauen.

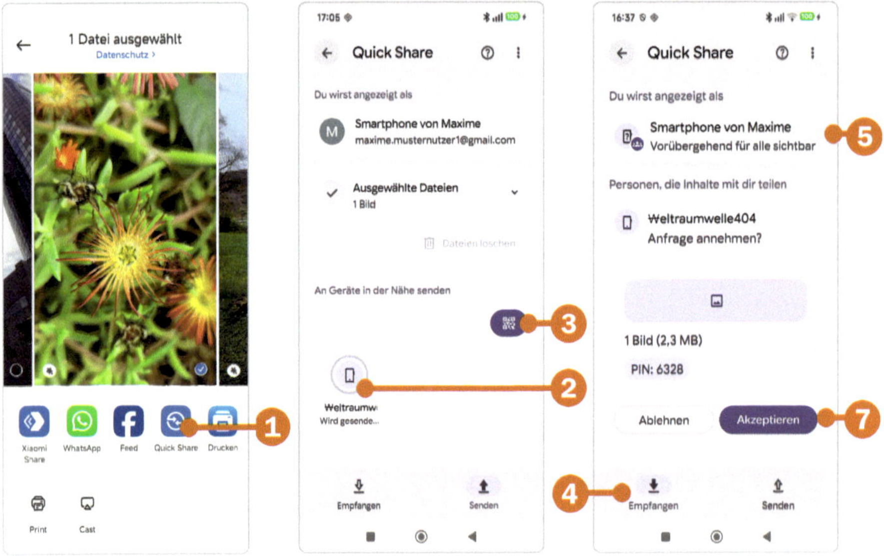

- Die Übertragung startet sobald der Empfänger die Anfrage akzeptiert.

Quickshare aktivieren, um Dateien zu empfangen

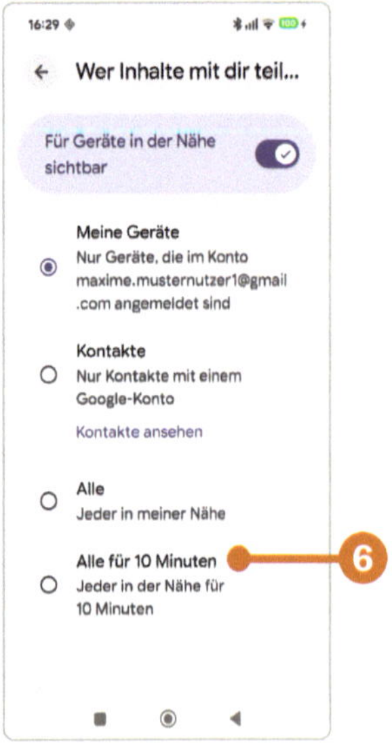

- Tippen Sie im Kontrollzentrum auf *Quickshare* und dann auf *Empfangen* ❹.
- Der Name Ihres Smartphones wird angezeigt und Sie sind nun bereit Dateien zu empfangen. Sollte Ihr Gerät für den Sender nicht sichtbar sein, tippen Sie auf ❺ ▶ *Wer Inhalte mit dir teilen kann* und aktivieren Sie den entsprechenden Schalter bei *Für Geräte in der Nähe sichtbar*. Wählen Sie *Alle für 10 Minuten* ❻.
- Sie nehmen eine Sendungsanfrage mit *Akzeptieren* ❼ an.

Ganz ähnlich verfahren Sie mit *Xiaomi Share*. Schalten Sie hierfür die Interkonnektivität ein, wie auf der nächsten Seite beschrieben.

Xiaomi Interkonnektivität

Mit der sogenannten Interkonnektivität werden Xiaomi-Produkte, wie Smartphones, Tablets, Wearables, Smart-TV und Smart-Home-Geräte, miteinander vernetzt. Dadurch werden Funktionen wie eine nahtlose App-Fortsetzung, gemeinsame Zwischenablage, Bildschirmspiegelung bzw. -übertragung etc. ermöglicht. Auch Apple-Produkte können in dieses System eingepflegt werden. Die Basis bilden drei Voraussetzungen:

- Xiaomi-Geräte benötigen HyperOS3, Apple-Geräte die neuste Version der Interconnectivity App.
- Alle Geräte müssen mit demselben Xiaomi-Konto angemeldet sein.
- Alle Geräte sind im selben WLAN und alle haben Bluetooth aktiviert.

Um den Dienst zu nutzen, tippen Sie in den *Einstellungen* auf *Interkonnektivität* ❶ und aktivieren Sie diese auf Ihrem Gerät.

Wählen Sie anschließend, ob *Xiaomi Share*, geräteübergreifende *Benachrichtigungen*, *Anrufsynchronisation* und die gemeinsame *Zwischenablage* eingeschaltet werden soll. Mit *Übertragen* ❷ starten Sie eine Miracast-Verbindung zu einem Fernseher, der sich im gleichen WLAN befindet. Tippen Sie auf *Einschalten* ❸ und dann ggf. auf *Hilfe*, um eine detaillierte Schritt-für-Schritt-Anleitung aufzurufen.

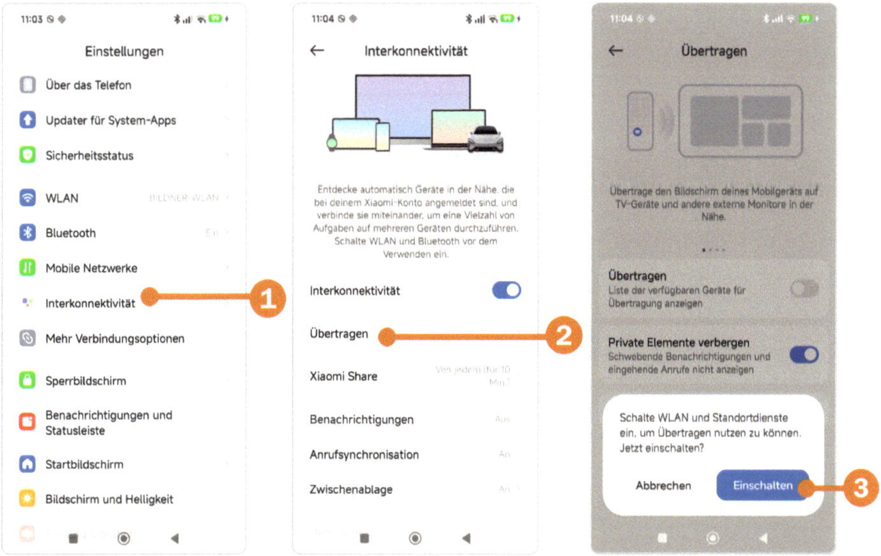

11 Unterwegs und im Urlaub

11.1 Navigation mit Google Maps

Google Maps ist auf Ihrem Handy vorinstalliert, kostenlos und absolut ausreichend, wenn Sie bei der Navigation zu Fuß oder im Auto Unterstützung benötigen. Die App berechnet die beste Route zu Ihrem Wunschziel und achtet dabei sogar auf die aktuelle Verkehrslage. Damit das funktioniert, müssen Sie Google erlauben Ihren Standort zu ermitteln.

☛ Öffnen Sie *Maps* im Ordner *Google* auf Ihrer Startseite.

- Kontrollieren Sie in den Schnelleinstellungen, ob die **Standortermittlung** auf Ihrem Smartphone aktiviert ist: Wischen Sie mit dem Finger vom oberen Bildschirmrand zweimal nach unten (oder einmal mit zwei Fingern) und überprüfen Sie, ob der Zugriff auf den *Standort* ❶ aktiviert ist. Falls nicht, tippen Sie das Symbol an.
- **Maps erlauben, den Gerätestandort abzurufen:** Jetzt müssen Sie noch sicherstellen, dass Maps die Berechtigung hat, auf Standortinformationen zuzugreifen (siehe Seite 114). Beim Antippen von ◉ wird Ihr aktueller Standort auf der Karte angezeigt.

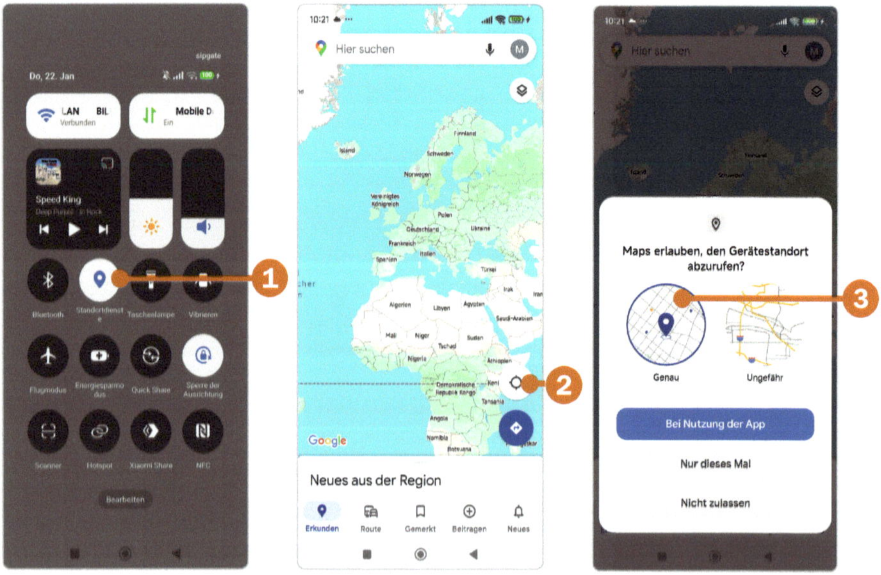

- Wird dieses Symbol ◈ ❷ (Abbildung vorige Seite) angezeigt, erhalten Sie beim Antippen eine Zugriffsabfrage, da Google Maps nicht die erforderliche Berechtigung hat. Wählen Sie dann die Option *Genau* ❸ und *Bei Nutzung der App*.

Eine Route festlegen

▶ **Ziel auswählen:** Geben Sie in der Suchleiste ❶ (siehe nächste Seite) die Zieladresse ein. Beginnen Sie mit der Straße, dann die Hausnummer gefolgt vom Ort. Tippen Sie auf die Lupe auf der Tastatur, um den gesuchten Ort auf der Karte anzuzeigen. Meist müssen Sie gar nicht alles eingeben, da Sie in der Trefferliste schon passende Vorschläge erhalten. Tippen Sie diesen dann an.

Bei langen Straßen ist es sinnvoll, die Hausnummer einzugeben. Wenn Sie einen Vorschlag verwenden möchten, tippen Sie bei diesem auf *Hausnummer hinzufügen* ❷. Der Vorschlag wird ins Suchfeld übernommen und Sie können dann sofort die Hausnummer eintippen. Danach verwenden Sie wieder das Lupen-Symbol auf der Tastatur.

▶ **Route bestimmen:** Tippen Sie links unten auf *Route* ❸. Google Maps zeigt Ihnen die schnellste Route unter Berücksichtigung der Verkehrslage in blauer Farbe an. Der Kartenausschnitt beinhaltet mehrere Routen (alternative Routen sind grau dargestellt). Wählen Sie eine andere Route aus, indem Sie auf diese tippen. Unten sehen Sie für die ausgewählte Route die zu fahrenden (Kilo-)Meter und die aktuelle Fahrzeit ❹.

▶ **Wie bin ich unterwegs?** Zur Bestimmung der besten Route ist natürlich auch wichtig, ob Sie mit dem Auto, dem Fahrrad oder gar zu Fuß unterwegs sind. Zur Auswahl des Verkehrsmittels tippen Sie das passende Symbol ❺ an; das kann selbstverständlich die Streckenführung beeinflussen.

▶ **Startpunkt manuell festlegen:** Durch die Standortfreigabe ermittelt Maps Ihre aktuelle Position und zeigt die Route beginnend bei Ihrem aktuellen Standort an. Falls das nicht so ist, könnte Google unter Umständen die Berechtigung für den Standort fehlen (siehe Seite 89). Natürlich kann auch ein anderer Startpunkt gewählt werden. Tippen Sie auf *Mein Standort* ❻ und geben Sie einen anderen Ort ein.

- **Navigation beginnen und beenden:** Mit der Schaltfläche *Starten* ❼ beginnen Sie die Navigation. Neben der Anzeige am Bildschirm ertönt dann auch eine Stimme, die die Abzweigungen rechtzeitig und mehrfach nennt. Eventuell müssen Sie die Lautstärke am Smartphone anpassen. Zum Abbrechen der Navigation tippen Sie unten links auf *x*.

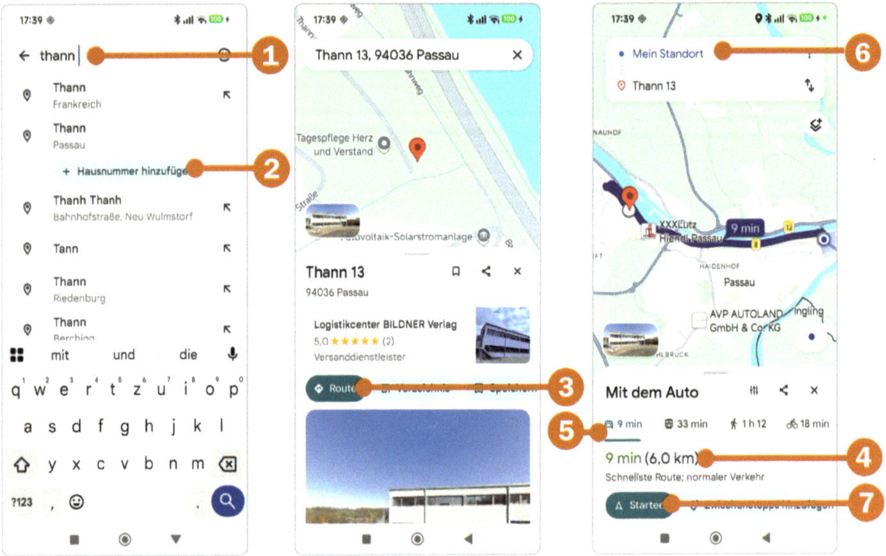

Offlinewegbeschreibungen

Bei Verbindungsproblemen und vor allem im Urlaub sind Offlinekarten toll. Damit laden Sie die Wegbeschreibung einfach auf Ihr Smartphone und sind damit unabhängig.

- **Kartenausschnitt herunterladen:** Geben Sie einen Ort ein, für den und dessen Umgebung Sie eine Offlinekarte benötigen. Tippen Sie unten auf den Bereich mit dem Ortsnamen und anschließend tippen Sie rechts unten auf *Mehr* ❶ und wählen hier *Offlinekarte herunterladen* ❷.

  Sie können jetzt mit dem Finger den Kartenausschnitt verschieben, um andere Orte einzubeziehen. Außerdem können Sie den angezeigten Bereich etwas kleiner zoomen (Daumen und Zeigefinger auf der Karte aufeinander zu bewegen), um weitere Gebiete in den Download aufzunehmen. Dieser wird dadurch größer. Wie viele Megabyte (MB) heruntergeladen werden, sehen Sie unten. Bestätigen Sie den Download nochmals mit *Herunterladen* ❸.

- Die Offlinekarte wird automatisch verwendet, wenn Sie über keine Internetverbindung verfügen. In diesem Fall erhalten Sie keine Informationen zur Verkehrslage und auch keine zu Fahrrad- oder Fußwegen.

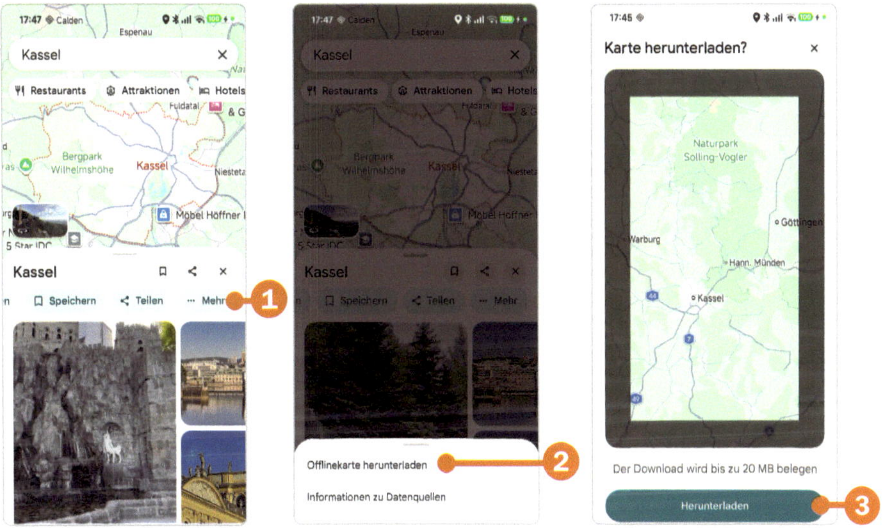

- **Offlinekarte verwalten:** Sie finden die Offlinekarten, wenn Sie in Maps rechts oben auf Ihr Profilsymbol ❹ tippen.
- Wählen Sie im Menü *Offlinekarten* ❺ aus.
- Um eine heruntergeladene Karte zu aktualisieren, zu löschen, umzubenennen oder anzuschauen, tippen Sie auf das Drei-Punkte-Symbol ❻ hinter der heruntergeladenen Karte und wählen den entsprechenden Befehl aus. Heruntergeladene Karten sind 365 Tage lang offline verfügbar. Wenn sie aktualisiert werden, beginnt die Frist von neuem zu laufen. Karten die Sie verwenden, werden automatisch bei bestehendem WLAN aktualisiert.

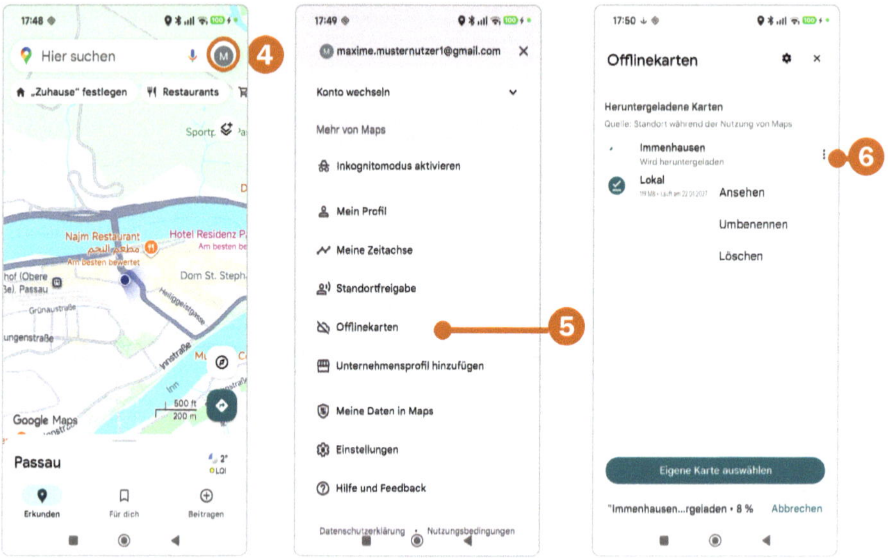

11.2 Mit der Bahn verreisen

Für eine Reiseauskunft muss man nicht immer zum Bahnhof. Sie können die Informationen schnell im Internet nachschlagen. Wer öfter mit der Bahn verreist, kann auch die App der Deutschen Bahn herunterladen.

- Geben Sie, wie auf Seite 164 beschrieben, den Suchbegriff *Bahn* in die Google-Suchleiste ein und öffnen Sie die Webseite.
- Auf der Startseite sehen Sie sofort die Reiseeingabefelder (Abfahrts- und Ankunftsort, Datum und Uhrzeit). Geben Sie in die Felder die entsprechenden Details ein ❶. Start- und Zielbahnhof, Datum und Uhrzeit, Anzahl der Reisenden, Erwachsene oder Kinder, Bahncard-Auswahl, etc. Wählen Sie das Passende aus.
- Bestätigen Sie Ihre Eingaben mit *Suchen* ❷.
- Es wird eine Liste mit verschiedenen Abfahrten angezeigt. Tippen Sie auf *Früher* ❸ oder *Später*, um sich Informationen von vorherigen bzw. kommenden Abfahrten anzeigen zu lassen.
- Wenn Sie auf *Details einblenden* ❹ tippen, werden Ihnen weitere Informationen angezeigt. Über *Zwischenhalte einblenden* sehen Sie, wo und wann der Zug auf der Strecke hält.

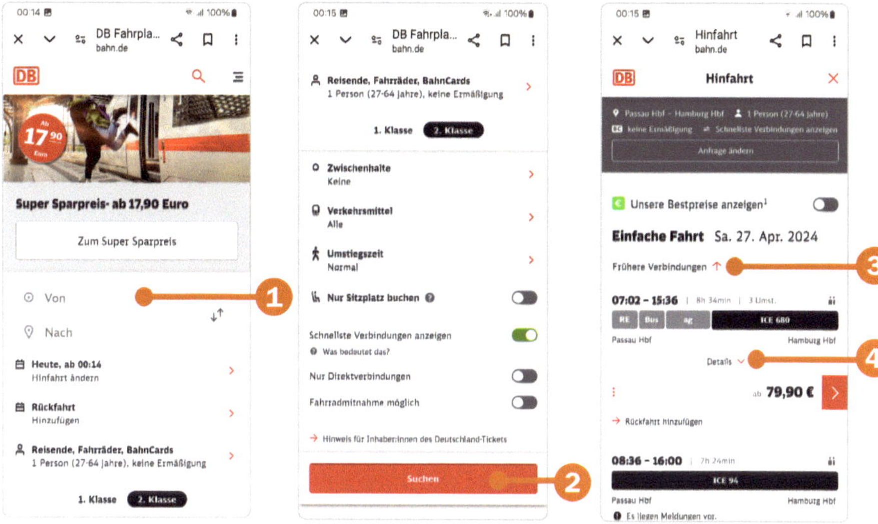

11.3 Das sollten Sie im Ausland beachten

Das Smartphone ist natürlich auch im Urlaub ein wertvoller Begleiter. Allerdings kann es, wenn Sie Ihr Smartphone im Ausland (im Besonderen außerhalb der EU) so verwenden wie Zuhause, schnell teuer werden. Hier gibt es einiges zu beachten.

Überlegen Sie sich vor Reiseantritt, über Google Maps eine Offlinekarte der Region herunterzuladen. Stöbern Sie im Play Store, ob es für das Urlaubsziel Apps zu Sehenswürdigkeiten, Wanderwegen oder Busnetzen gibt. Vielleicht benötigen Sie auch einen Währungsumrechner. Apps, die Sie für den Urlaub herunterladen, sollten nach Möglichkeit auch offline, also ohne Verbindung zum Internet, verwendbar sein. Das ist natürlich nicht immer möglich.

Daten-Roaming aktivieren bzw. deaktivieren

Wenn Sie ins Ausland reisen, verbindet sich Ihr Smartphone mit dem ausländischen Mobilfunknetz. Da Sie auf der Grundlage Ihres Vertrags in der Regel nur für die Nutzung des Mobilfunknetzes Ihres Anbieters bezahlen, fallen für die Verwendung des fremden Netzes zusätzliche Gebühren an, z. B. für Anrufe, die Sie erhalten oder tätigen, für das Surfen im Internet mit dem Smartphone oder für das Versenden von Nachrichten in WhatsApp.

Eine Möglichkeit, wie Sie diesen sogenannten Roaming-Gebühren im Ausland entgehen können, ist, das Smartphone nur zu nutzen, wenn dieses mit einem WLAN (z. B. das WLAN des Hotels) verbunden ist. Durch die EU-Roaming-Verordnung von 2017 soll mit diesen Zusatzkosten zumindest im EU-Ausland Schluss sein. Die Idee ist, dass Sie im EU-Ausland telefonieren, surfen oder Nachrichten verschicken und dabei nur den Tarif bezahlen, den Sie im Heimatland bezahlen würden. Welche Regelung genau für Ihren Vertrag gelten, müssen Sie vor Reiseantritt mit Ihrem Anbieter oder durch Durchsicht Ihres Vertrags klären. Verlassen Sie sich nicht pauschal darauf, dass keine Roaming-Gebühren entstehen.

Die Mailbox - also der Anrufbeantworter Ihres Smartphones - sollte vor Reiseantritt ebenfalls deaktiviert werden. Auch das kann zusätzliche Kosten verursachen. Erkundigen Sie sich auch hier bei Ihrem Mobilfunkanbieter.

> **Eine Kreuzfahrt, die ist lustig** Aber Achtung! Auf Schiffen oder in Flugzeugen gilt die EU-Roaming-Verordnung nicht. Hier können hohe Roaming-Gebühren anfallen. Auch das WLAN auf einem Kreuzfahrtschiff oder im Flugzeug kostet in der Regel extra.

Überprüfen Sie vor Antritt einer Auslandsreise ins Nicht-EU-Ausland, ob das Daten-Roaming ausgeschaltet ist. Bei ausgeschaltetem Daten-Roaming können Sie nicht im Internet surfen und erhalten auch keine WhatsApp-Nachrichten.

Im EU-Ausland können Sie das Daten-Roaming in der Regel aktivieren. Sie erhalten von Ihrem Anbieter eine entsprechende SMS, die Sie über die geltenden Regelungen informiert. Besonders aufmerksam sollten Sie bei Reisen nach Großbritannien sein. Nach dem Brexit gehört es nicht mehr zur EU, wird aber netterweise von manchen Anbietern noch so behandelt; von anderen allerdings nicht und es entstehen Zusatzkosten.

- Öffnen Sie die *Einstellungen* . Tippen Sie auf *Mobile Netzwerke* ❶.
- Wählen Sie dann *Datenroaming* ❷ aus.
- Dort finden Sie dann die Einstellungen für Internationales Roaming. Im Bild rechts ist das Daten-Roaming ausgeschaltet ❸.

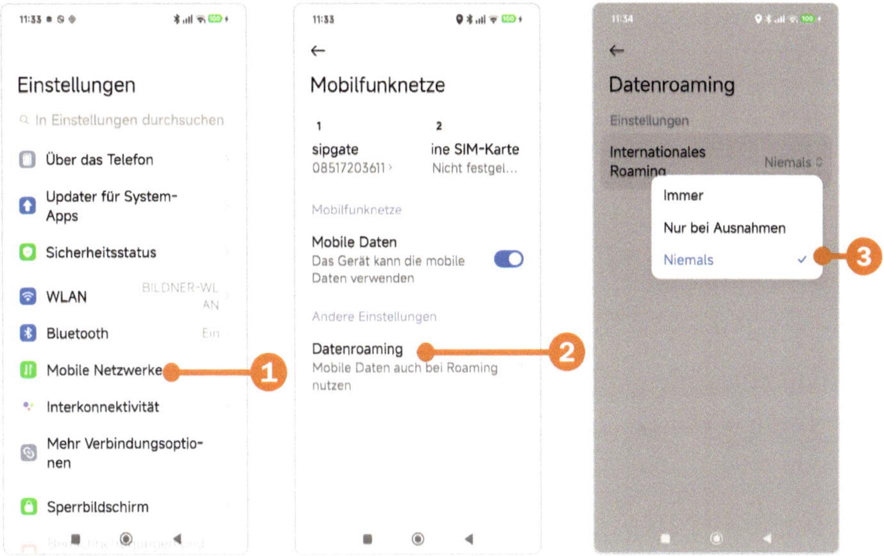

- Wenn Sie das Daten-Roaming einschalten möchten, wählen Sie *Immer*. Soll nur ein bestimmtes Limit an Daten oder nur eine ausgewählte App Datenroaming nutzen, entscheiden Sie sich für *Nur bei Ausnahmen*.
- Unter *Mobilfunknetze* können Sie auf den SIM-Karteneintrag tippen, um Netzwerkeinstellungen, wie bevorzugter Netzwerktyp (z.B. 5G) festzulegen, *Voice-over-LTE* oder WLAN-Anrufe zu aktivieren bzw. zu deaktivieren.

Offlinemodus

Im Offlinemodus, auch Flugmodus genannt, sind mobile Daten, WLAN und Bluetooth ausgeschaltet. Sie sind telefonisch nicht erreichbar und erhalten auch keine SMS oder WhatsApp-Nachrichten. Natürlich können Sie auch nicht im Internet surfen.

- Öffnen Sie das Kontrollzentrum und tippen Sie auf Flugmodus ❶. Das Feld wird blau und ist somit aktiv ❷.

Sie sehen auch, dass der Flugmodus aktiv ist, am Flugzeugsymbol in der Statusleiste. Auf demselben Weg schalten Sie den Modus auch wieder aus.

Tipp! Sie können nach Einschalten des Offlinemodus die Optionen *Bluetooth* ❸, *WLAN* und *Quickshare* durch Antippen wieder aktivieren, falls Sie mit einem Bluetoothkopfhörer Musik über das Smartphone hören möchten, eine WLAN-Verbindung aufbauen oder Dateien an ein anderes Gerät senden möchten.

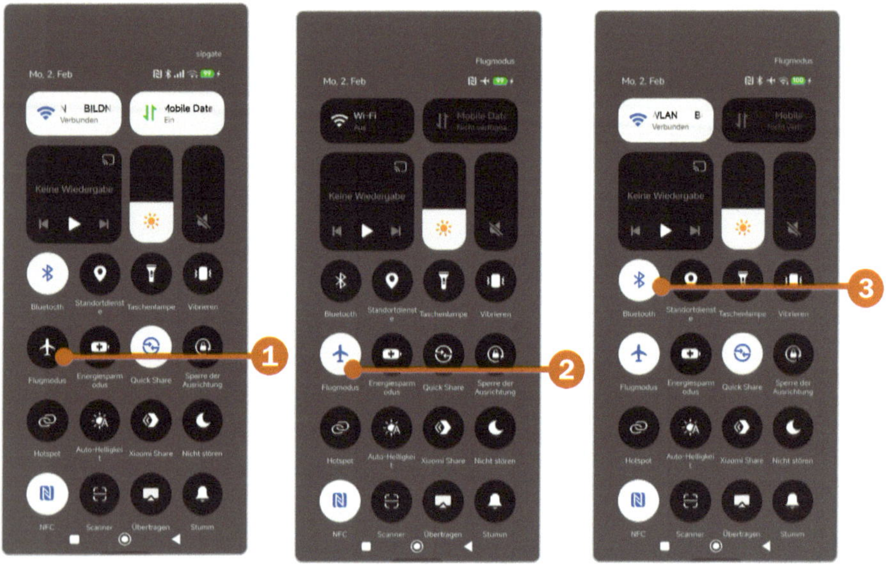

12 Back-up und Daten übertragen

Der Umzug von einem Smartphone auf das nächste ist vielleicht ganz schnell geschehen. Manchmal treten Probleme auf und man muss sich überlegen, wie man zuverlässig alle Daten von einem auf das andere Smartphone übertragen kann. Den einen Weg gibt es nicht, da zu viele Faktoren in den Übertragungsprozess hineinspielen, z. B. Handymodell, installierte Apps, welche Daten werden synchronisiert usw. Wir zeigen Ihnen, wie Sie die Daten mit dem Mi Mover übertragen. Das hat für uns immer gut funktioniert. Dennoch sollten Sie vorher einige Sicherungen einbauen:

Vorbereitung

- Jetzt ist ein guter Zeitpunkt, Ihr altes Smartphone aufzuräumen. Deinstallieren und löschen Sie, was nicht mehr benötigen.
- Kopieren Sie Daten, wie Musik oder Fotos, via Datenkabel auf Ihren PC, wie auf Seite 173 beschrieben.
- Falls nicht vorhanden, erstellen Sie eine Liste aller verwendeten Konten mit E-Mail-Adresse und Kennwort: allen voran natürlich das Google-Konto und ggf. das Xiaomi-Konto, aber auch alle Cloud-Speicher, die Sie in Gebrauch haben, das Amazon-Konto, WhatsApp-Account, Signal, Instagram etc. Gehen Sie Ihre Apps durch und verifizieren Sie, dass Sie für jede App, bei der Sie sich angemeldet haben, auch die Zugangsdaten vorliegen. Falls Ihnen jetzt auffällt, dass Ihnen Kennwörter fehlen, ist es leichter, solange noch alle Konten verbunden sind, ein neues Kennwort zu beantragen.
- Erstellen Sie Back-ups wo möglich. Die Inhalte von WhatsApp können beispielsweise auf Google Drive gesichert werden und so ganz leicht auf das neue Smartphone übertragen werden. Ihre Kontaktdaten werden wahrscheinlich mit dem Gmail-Konto synchronisiert usw.
- Erstellen Sie Screenshots (siehe Seite 158) von Ihren Start- und App-Bildschirmen und übertragen Sie diese ebenfalls auf Ihren PC. So haben Sie eine Vorlage, falls etwas schief geht.
- Haben Sie eine Push-TAN-App Ihrer Bank auf dem Smartphone sollten Sie sich vorher erkundigen, wie diese auf ein neues Handy umziehen kann. Es kann sein, dass Sie die App vom alten Handy abmelden müssen.

Back-up

Ein Back-up, also die Sicherung Ihrer Daten auf einem externen Speicher, ist immer sinnvoll, nicht nur beim Wechsel des Smartphones. So haben Sie Zugriff auf Ihren Daten, auch wenn Sie Ihr Smartphone verlieren oder dieses kaputt geht. Am einfachsten ist die Nutzung eines Cloud-Speichers für die Sicherung, wie Google Drive. Dieser Online-Speicherplatz mit einer Größe von 15 GB wird Ihnen kostenlos zur Verfügung gestellt. Hier wird auch das Back-up von WhatsApp gespeichert, was mit der Zeit sehr viel Platz einnehmen kann. Eine kostenpflichtige Erweiterung ist möglich.

Für die Sicherung in Google Drive ist in den *Einstellungen* ▶ *Google* ❶ ▶ *Sicherung* ❷ bereits das Google-Konto hinterlegt. Die Sicherung auf Google Drive haben Sie vielleicht bei der Einrichtung des Handys schon erlaubt. Falls nicht, wählen Sie, was gesichert werden soll (Kontakte, Anruflisten, Einstellungen, Apps und SMS) und tippen Sie auf *Bestätigen* ❸. Im nächsten Schritt tippen Sie auf *Jetzt sichern* ❹, um eine Sicherung anzustoßen. Tippen Sie auf einen Eintrag unter Backup-Details, um mehr über die Menge und Art der gesicherten Daten zu erfahren. Neigt sich der kostenlose Speicherplatz dem Ende, so können Sie mit *Speicherplatz freigeben* ❺ entweder Daten löschen, um Speicherplatz frei zu machen oder mehr Speicherplatz käuflich erwerben. Achten Sie darauf, dass der Schalter bei *Sicherung über mobile Daten* ❻ ausgeschaltet ist, damit Ihr Datenvolumen nicht sofort ausgeschöpft wird. Oben sehen Sie wie viel Speicherplatz bereits belegt ist.

Soll ich auch meine Fotos und Videos sichern?

Die Antwort lautet natürlich „Ja", an den Fotos hängt man ja oft am meisten. Allerdings nehmen sie auch oft den größten Teil des Speichers ein. Deshalb sind hier die Fotos von der Sicherung ausgenommen! Falls Sie nur wenig mit dem Handy knipsen, können Sie die Fotos auch automatisch auf Google Drive sichern. Dazu tippen Sie unten auf *Fotos und Videos*, erlauben den Zugriff, tippen dann bei *Sicherung* auf den Schalter und dann auf *Jetzt starten.* Bedenken Sie, dass bei Sicherung vieler Fotos und Videos der Speicherplatz selbst von 15 GB schnell voll sein könnte.

Haben Sie viele Fotos, benötigen Sie eine andere Lösung. Am einfachsten ist es, von Zeit zu Zeit Fotos vom Smartphone auf den Computer oder ein anderes externes Speichermedium zu übertragen. Natürlich kann das Smartphone in der Zwischenzeit kaputt gehen und Sie verlieren Fotos oder aber der Computer stellt den Dienst ein. Am besten also Sie speichern wichtige Bilder zusätzlich auf einen USB-Stick oder auf einer externe Festplatte. Es gibt auch andere Cloud-Speicherdienste, die Sie nutzen könnten. Aber auch diese Cloudspeicher könnten z.B. gehackt werden, durch einen Software-Fehler Ihre Bilder gelöscht werden oder die sogenannte Serverfarm, wo die Bilder aus der Cloud in Wirklichkeit gespeichert sind, kann abbrennen. Zugegebenermaßen passiert das sehr selten, aber absolute Gewissheit hat man nie.

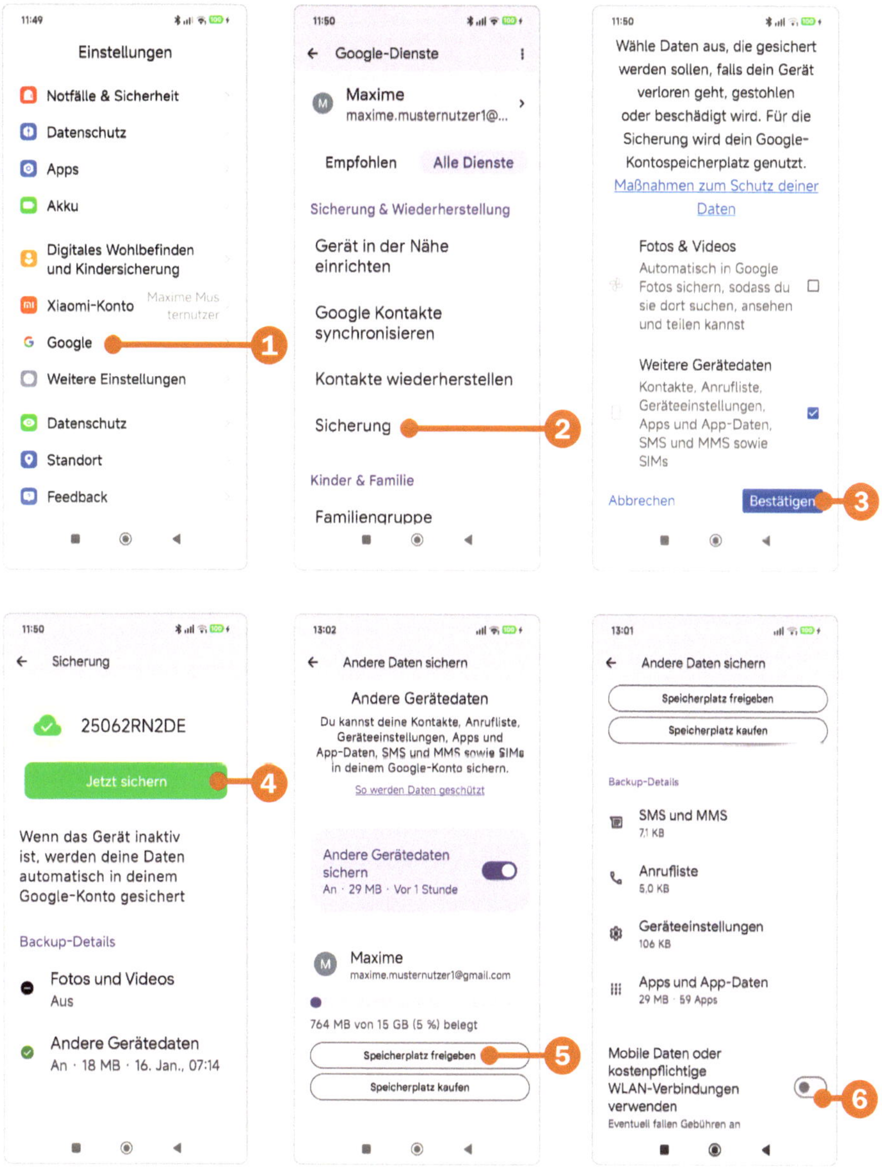

Option 1: Mit einem anderen Gerät einrichten

Wie auf Seite 30 geschildert, können Sie Ihr neues Handy während des Einrichtungsprozesses direkt mit einem alten Gerät einrichten. Gehen Sie hierzu wie folgt vor:

- Tippen Sie auf Ihrem Xiaomi auf *Android-Gerät* ❶; es wird anschließend ein QR-Code ❷ angezeigt.
- Scannen Sie dann diesen Code mit Ihrem alten Gerät und tippen Sie auf *Öffnen* ❸.

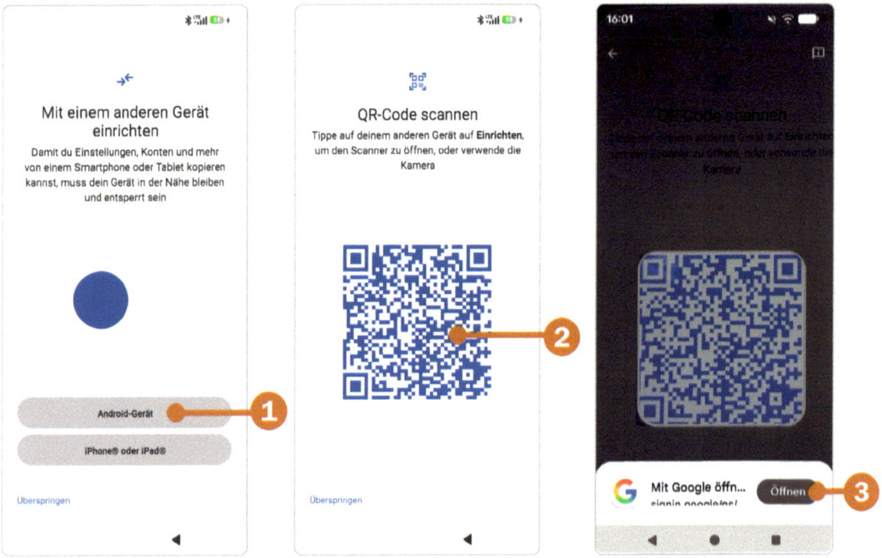

- Fahren Sie am alten Gerät fort indem Sie bei *Berechtigung zur Standortermittlung aktivieren* auf *Weiter* ❹ tippen. Sie erhalten dann eine Anzeige, dass eine Verbindung zum alten Gerät aufgebaut wird.
- Auch auf Ihrem neuen Gerät erhalten Sie nun die Meldung, dass die Verbindung zum WLAN hergestellt wird. Durch den QR-Code wurde bereits Ihr WLAN-Passwort vom alten Gerät auf das neue übertragen. Sie müssen im nächsten Schritt daher nur noch auf *Weiter* ❺ tippen.
- Das Gerät wird nun vorbereitet, erste Daten und Konten kopiert. Bestätigen Sie nun Ihre Identität durch Eingabe Ihres Google-Passworts ❻.
- Sie werden am alten Gerät hingewiesen, die Einrichtung am neuen Xiaomi fortzusetzen. Wählen Sie aus, was genau kopiert ❼ werden soll.

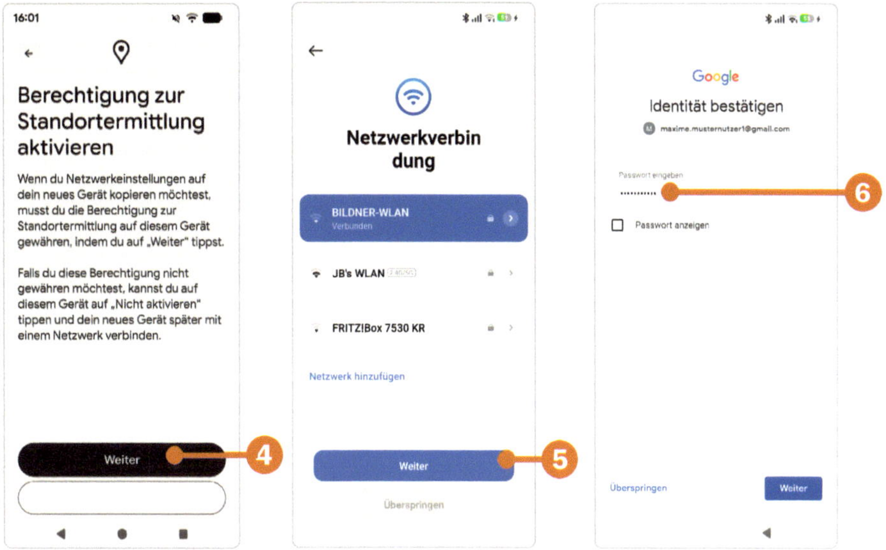

- Die Übertragung der ausgewählten Daten, Einstellungen und Apps beginnt. Sobald der Kopiervorgang beendet ist, bestätigen Sie dies am neuen Handy mit *Fertig* 8 und am alten Gerät mit *Schließen* 9.
- Setzen Sie nun den Einrichtungsprozess wie auf Seite beschrieben fort.

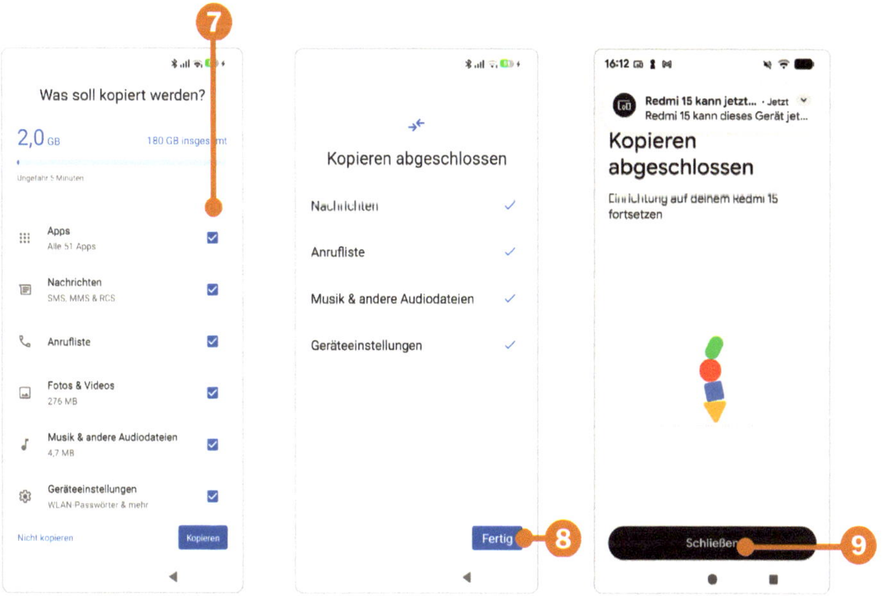

Option 2: Mi Mover

Die zweite Option, die Ihnen für eine Datenübertragung zur Verfügung steht, ist der sogenannte Mi Mover. Hierbei handelt es sich um eine kostenlose App von Xiaomi. Mit ihr werden nicht nur Fotos, sondern auch Kontaktdaten, Apps, Geräteeinstellungen und so weiter von Ihrem alten Smartphone auf Ihr neues übertragen. Am besten klappt das zwischen zwei Xiaomi-Geräten, die App kann jedoch auch auf allen Android-Geräten über den Play Store installiert werden, um Daten zu senden.

- Um die Anwendung nutzen zu können, muss zuerst der Einrichtungsprozess am neuen Smartphone abgeschlossen werden.
- Achten Sie darauf, dass beide Smartphones mit dem gleichen WLAN-Netzwerk verbunden und die Akkus ausreichend geladen sind.

Achtung! Wenn Sie WhatsApp verwenden, müssen Sie in WhatsApp ein Back-up auf Google Drive erstellen und dieses später auf dem neuen Smartphone herunterladen. Auch bei Signal muss zuerst ein Back-up erstellt werden, welches danach manuell auf das neue Smartphone geladen werden muss, da der Mi Mover keine Chatverläufe überträgt.

Neues Smartphone einrichten

- Beginnen Sie mit der Einrichtung Ihres neuen Smartphones. Wählen Sie die Sprache und Region und akzeptieren Sie den Nutzervereinbarung etc.
- Melden Sie sich im Einrichtungsprozess am besten bereits mit dem selben Google-Account an, den Sie auf Ihrem alten Handy verwenden. Wenn Sie möchten, können alle in Ihrem Google One-Back-up gespeicherten Daten mithilfe der Funktion *Apps & Daten kopieren* bereits im Einrichtungsprozess übertragen werden. Folgen Sie hierzu den Anweisungen am Bildschirm Schritt für Schritt und setzen Sie anschließend die Einrichtung wie ab Seite 31 beschrieben fort.
- Sobald der Einrichtungsprozess abgeschlossen ist, öffnen Sie entweder den Play Store oder die Mi Mall, um den *Mi Mover* zu installieren.
- Altes und neues Smartphone sollten nun nahe zusammen liegen.

Altes Smartphone:

- Installieren Sie auch hier die App *Mi Mover*. Öffnen Sie die App und tippen Sie auf *Alt* ❶, um die Daten Ihres alten Smartphones zu senden.
- Damit Ihr Smartphone auch wirklich alles an das neue Gerät senden kann, müssen Sie der App nun eine Reihe an speziellen Berechtigungen erteilen: Den Zugriff auf den genauen Standort, Zugriff auf die Anrufliste, Kontakte, Musik- und Audiodateien, Fotos und Videos, auf SMS, die Erlaubnis Pop-Up-Fenster zu öffnen, Benachrichtigungen zu senden, den Zugriff auf Nutzungsdaten als auch auf alle restlichen Dateien auf dem Smartphone sowie die Erlaubnis Systemeinstellungen zu ändern. Außerdem müssen WLAN, Bluetooth sowie GPS aktiv sein.
- Beachten Sie, dass je nach Berechtigungsart der App-Name zwischen *Daten verschieben* und *Mi Mover* wechselt.
- Anschließend wird nach dem neuen Smartphone gesucht. Sobald dieses gefunden wurde, können Sie es antippen ❷, um die beiden Geräte zu verbinden und den Übertragungsprozess zu starten.
- Befolgen Sie parallel die weiteren Schritte für das neue Smartphone auf der nächsten Seite.
- Im nächsten Schritt wählen Sie am alten Smartphone, welche Daten an das neue Gerät übermitelt werden und tippen dann auf *Next* ❸.

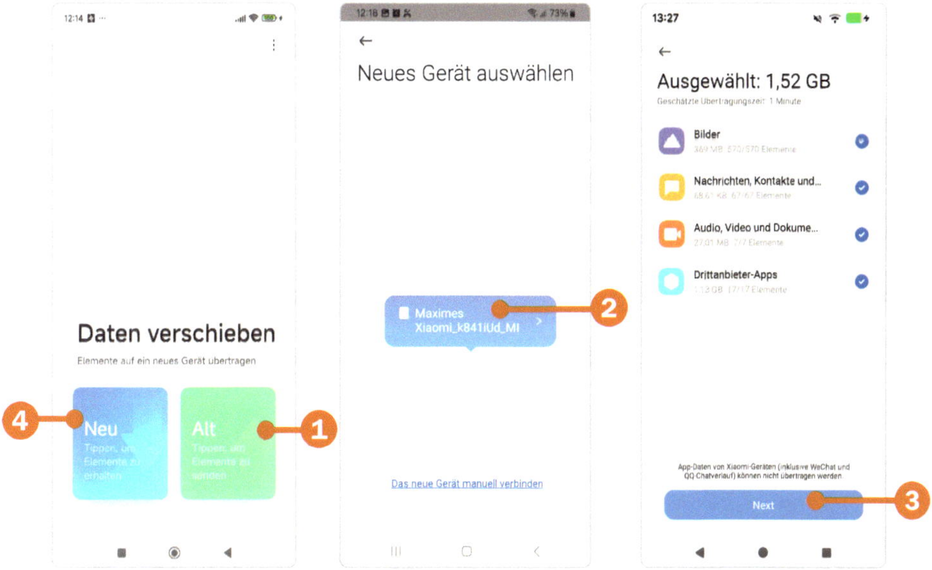

Neues Smartphone

- Tippen Sie am neuen Gerät auf *Neu* ④ und wählen Sie, ob es sich beim Alten um ein Xiaomi-, Apple- oder Android-Smartphone ⑤ handelt.

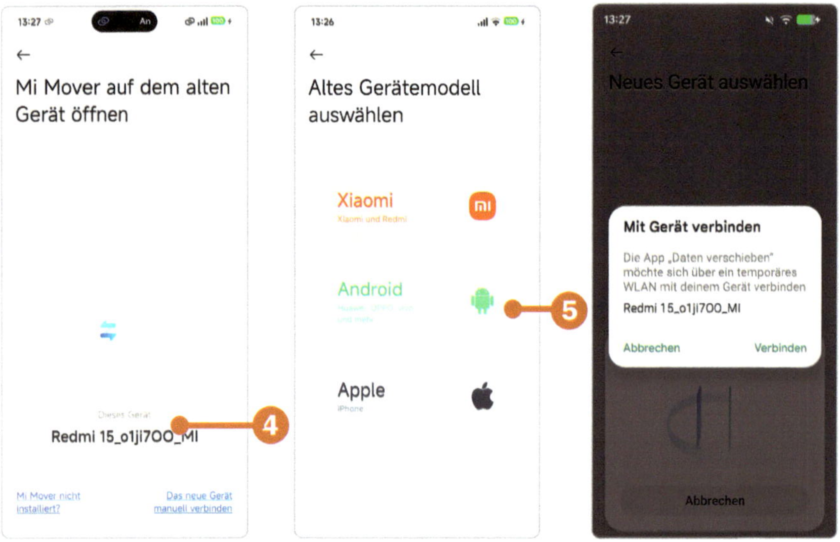

- Bestätigen Sie nun die *Wichtigen Informationen* und tippen Sie *Verbinden*. Die Übertragung startet daraufhin auf beiden Geräten ⑥.
- Sobald die Übertragung beendet ist, tippen Sie auf *Fertig* ⑦.

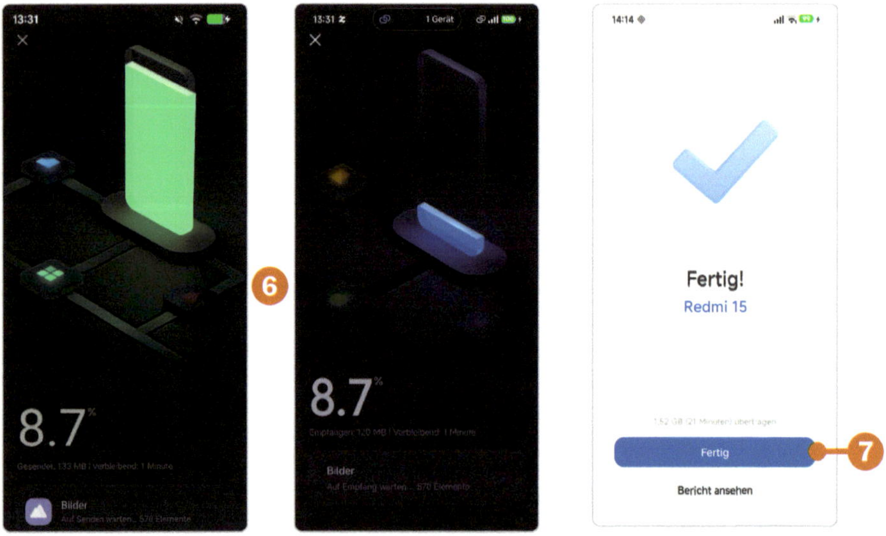

Altes Smartphone | Neues Smartphone | Neues Smartphone

Smartphone zurücksetzen

Sie sollten Ihr Smartphone erst zurücksetzen, wenn Sie kontrolliert haben, dass Ihr neues Smartphone alle gewünschten Daten enthält. Das Zurücksetzen auf Werkseinstellungen bedeutet, dass das Smartphone auf den Auslieferungszustand zurückgesetzt wird. Beim Einschalten des Smartphones muss dieses erneut eingerichtet werden; alle Fotos, Anpassungen, neu hinzugefügte Apps etc. werden vom Gerät dauerhaft entfernt.

Google-Konto entfernen

Wenn Sie Ihr altes Gerät weitergeben, müssen Sie das Google- sowie Xiaomi-Konto vom Gerät entfernen, da sich sonst der neue Besitzer möglicherweise nicht mit seinem Konto anmelden kann.

Dazu öffnen Sie die *Einstellungen* und tippen in die Suchleiste *Konten* ein. Hier wählen Sie dann *Konten und Synchronisieren* ❶ durch Antippen aus und anschließend *Google*. Tippen Sie auf *Mehr* und wählen Sie *Konto entfernen* ❷.

Das Konto wird selbstverständlich nur von diesem Gerät gelöscht. Für Ihr nächstes Smartphone sollten Sie dasselbe Google-Konto wiederverwenden.

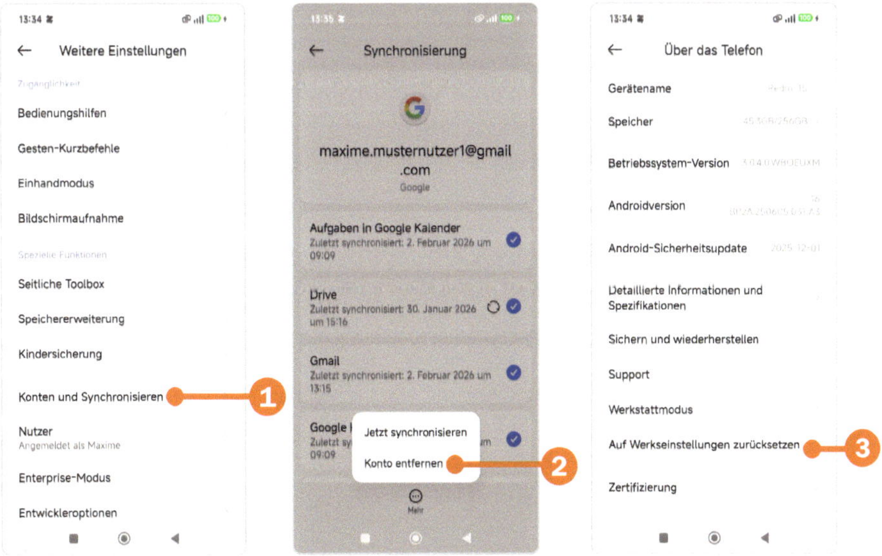

Auf Werkseinstellungen zurücksetzen: Öffnen Sie *Einstellungen* ▶ *Über das Telefon* ▶ *Auf Werkseinstellungen zurücksetzen* ❸. Wählen Sie im nächsten Schritt *Alle Daten löschen*. Wenn Sie einen PIN etc. als Geräteschutz vereinbart haben, muss dieses eingegeben werden.

Glossar

5G: 5G steht für „fünfte Generation" des Mobilfunks und ist der Nachfolger von 4G / LTE. 5G ermöglicht höhere Datenraten, geringere Verzögerungen (Latenzen) und kann sehr viele Geräte gleichzeitig versorgen. Das ist vor allem wichtig für Anwendungen wie hochauflösendes Streaming, Online-Gaming, vernetzte Geräte im Smart Home etc. Um 5G nutzen zu können, benötigen Sie ein 5G-fähiges Smartphone und einen passenden Mobilfunkvertrag, außerdem muss 5G an Ihrem Aufenthaltsort bereits ausgebaut sein.

Account: englische Bezeichnung für ein Nutzerkonto, z. B. ein E-Mail-Konto.

Android: Betriebssystem von Google, das als technische Grundlage für die meisten Smartphones und Tablets dient. HyperOS nutzt es als Kern, um darauf ein eigenes spezialisiertes System für das gesamte Xiaomi-Ökosystem weiterzuentwickeln.

App (Anwendung): Der Begriff App ist eine Abkürzung der englischen Bezeichnung Application, zu deutsch Anwendung oder Programm. Apps aus dem Google Play Store werden speziell für Endgeräte mit einem Android-Betriebssystem entwickelt und optimiert.

Auracast ist ein neuer Bluetooth-Standard (Teil von LE Audio), der Audioinhalte von einem Sender an viele Empfänger, wie Kopfhörer oder Hörgeräte, gleichzeitig überträgt. Das ist z. B. in Museen, Flughäfen oder Konferenzen nützlich. Die Verbindung erfolgt einfach über QR-Code oder Bluetooth-Scan. Voraussetzung ist, dass Sender und Empfänger Auracast unterstützen.

Back-up: Um dem Verlust Ihrer Daten (Fotos, Videos, Nachrichten, Musik etc.) vorzubeugen, kopieren Sie diese auf ein externes Speichermedium oder in die Cloud. Diese Kopien werden als Back-up oder Datensicherung bezeichnet. Bei einem Defekt des Smartphones oder falls dieses verloren geht, haben Sie zumindest noch Ihre Daten. Sie können Ihre Daten beispielsweise in die Google Cloud (siehe Google Drive) sichern oder Ihre Fotos auch auf den Computer kopieren.

Betriebssystem: Ein Betriebssystem, z. B. Android von Google, iOS von Apple bietet die Plattform zur Speicherung der Apps und deren Bedienung, vergleichbar mit Windows für PCs. HyperOS - das Betriebssystem von Xioami - basiert auf Android, wurde aber stark an das eigene Ökosystem angepasst.

Bildschirm-Time-out: Wenn Sie für kurze Zeit nichts am Smartphone machen, dann wird der Bildschirm ausgeschaltet und das Handy automatisch mit dem Sperrbildschirm geschützt. Diese Funktion nennt sich Bildschirm-Time-out.

Bluetooth: Bluetooth ist eine Methode zur Datenübertragung via Funk über eine Distanz von nicht mehr als zehn Metern. Damit können Sie verschiedene Geräte kabellos miteinander verbinden, beispielsweise Ihr Smartphone mit Bluetooth-Kopfhörern oder einem -Lautsprecher, um Musik vom Handy zu übertragen. Durch Bluetooth können Sie auch Ihr Smartphone mit der Freisprechanlage im Auto verbinden oder mit einem anderen Smartphone. Achten Sie beim Kauf von Bluetooth-Geräten darauf, dass diese mindestens den Standard 5.2 oder neuer unterstützen, da dieser viele zukünftige Funktionen, wie Auracast, unterstützt.

Browser: Als Browser (engl. to browse = durchsuchen) bezeichnet man Apps, mit denen Sie im Internet surfen, z. B. Chrome von Google oder Firefox.

Chat: Als Chat (engl. to chat = plaudern) bezeichnet man eine Unterhaltung bzw. einen Austausch von kleinen Textnachrichten über das Internet. Synonym verwendet werden kann der Begriff Instant Messaging.

Chrome: Der Browser von Google, mit dem Sie Seiten im Internet anzeigen.

Circle-to-Search: Mit dieser Funktion kreisen Sie auf Ihrem Bildschirm einen beliebigen Inhalt ein, um schnell eine Suche mit Google Lens zu starten.

Cloud(-Speicher): In der Cloud speichern bedeutet, Daten nicht auf dem lokalen Speicher des eigenen Handys, sondern auf einem entfernten Server zu sichern und über das Internet auf diese zuzugreifen. Der Begriff „Cloud" (zu deutsch Wolke) rührt daher, dass für die Nutzer der genaue Speicherort nicht nachvollziehbar ist. Ein Cloud-Speicher (bekannt sind z. B. Google Drive oder OneDrive) dient der Speicherung von Sicherungskopien und dem Austausch von Daten.

Datenvolumen: Als Teil Ihres Vertrags für Ihr Smartphone wird Ihnen ein bestimmtes Datenvolumen für den laufenden Monat zur Verfügung gestellt, z. B. 1 GB (ein Gigabyte). Dieses Datenvolumen verbrauchen Sie, wenn Sie nicht mit einem WLAN-Netzwerk verbunden sind und im Internet surfen oder z. B. WhatsApp verwenden.

Display: Das Display ist der digitale Anzeigebereich, also der Bildschirm. Auf einem Touchdisplay können Eingaben mittels Antippen erfolgen.

Download: Der englische Begriff für das Herunterladen von Daten aus dem Internet.

Drag & Drop: Hierbei handelt es sich um die Funktionsbezeichnung, bestimmte Daten, Apps oder Ordner durch Antippen/Anklicken über das Display zu ziehen, um diese zu verschieben.

EDGE: Das kleine **E** in der Statusleiste des Smartphones steht für **E**nhanced **D**ata Rates for **G**SM **E**volution und bedeutet, dass Ihr Handy aktuell nur Empfang des Mobilfunknetzes der 2. Generation (GSM) hat. Anrufe und das Versenden von SMS sind noch möglich, die meisten Webseiten laden mit EDGE-Empfang jedoch nur sehr langsam oder gar nicht.

E-Mail: Das ist ein „elektronischer" Brief, der über das Internet versendet wird.

Emoji: Ein Emoji (jap. für Bildschriftzeichen) ersetzt insbesondere in Kurznachrichten und Chats längere Begriffe. Emojis können Gesichter bzw. Gesichtsausdrücke darstellen, aber auch Herzen, Gesten, Objekte usw.

Emoticon: Als Emoticons (engl. Kofferwort aus emotion = Gefühl und icon = Symbol) werden bestimmte Zeichenfolgen bzw. Symbolkombinationen bezeichnet, die ähnlich wie Emojis Gefühle ausdrücken. Berühmtestes Beispiel ist der aus Doppelpunkt, Minus und schließender Klammer bestehende Smiley. :-)

eSIM: Eine eSIM (embedded SIM) ist eine fest im Gerät eingebaute SIM-Karte. Statt eine physische SIM-Karte ins Smartphone einzulegen, wird das Mobilfunkprofil per QR-Code, App oder Aktivierungscode auf die eSIM geladen. So können Sie bequem zwischen Tarifen oder Anbietern wechseln, ohne eine neue Karte einsetzen zu müssen. Viele aktuelle Smartphones, Tablets und Smartwatches unterstützen bereits eSIM.

Facebook: Facebook ist ein sogenanntes „soziales Netzwerk", in dem man sich ein Mitgliederprofil erstellen und damit Texte, Fotos, Videos etc. hochladen kann. Außerdem ist es möglich, Inhalte zu bewerten, zu kommentieren und sie mit anderen Nutzern zu teilen.

FAQs: Unter **F**requently **A**sked **Q**uestions findet man auf Webseiten und Shops im Internet einen Bereich mit häufig gestellten Fragen und deren Antworten.

Flatrate: Eine Flatrate ist ein Pauschaltarif, mit dem man zu einem monatlichen Fixpreis z. B. unbegrenzt telefonieren oder Daten aus dem Internet herunterladen kann.

Flugmodus: Aktivieren Sie den Flugmodus Ihres Smartphones, werden alle Funkschnittstellen, wie die Telefonfunktion, Bluetooth, NFC oder WLAN, abgeschaltet.

Galerie dient der Anzeige und Bearbeitung Ihrer Fotos und Videos. Nahezu jeder Hersteller entwickelt eine eigene Variante einer Galerie-App.

Gemini ist Googles KI-Assistenten, der Fragen beantworten, Texte verarbeiten, Code schreiben und komplexe Aufgaben über verschiedene Google-Dienste hinweg lösen kann. Auf vielen Android-Geräten kann Gemini den Google Assistant als primären Assistenten ersetzen; je nach Gerät und Funktion wird Google Assistant aber weiterhin teilweise genutzt.

Gmail: App zum Empfangen und Versenden von E-Mails. Die Gmail-Adresse, die Sie bei der Einrichtung des Smartphones verwendeten, ist hier bereits hinterlegt.

Google (App): Die Google-App ist kein Browser im engeren Sinne, obwohl Sie auch mit dieser Suchanfragen stellen und das Internet durchsuchen können. Darüber hinaus bietet sie noch weitere Funktionen, z. B. Zusammenstellung aktueller Nachrichten.

Google Assistant: Mit diesem Dienst steuern Sie Ihr Smartphone via Sprachbefehl. Sie können sich einen Witz erzählen lassen, nach dem Wetter fragen oder Ihr Smartphone beauftragen, eine Person anzurufen. Der Google Assistant wird sukzessive vom neuen KI-Assistenten Gemini abgelöst.

Google Cast: Google-basierter Streaming-Standard, der Medieninhalte über das WLAN direkt aus dem Internet auf einen Fernseher im Heimnetzwerk app-basiert überträgt, während das Mobilgerät sozusagen lediglich als Fernbedienung dient.

Google Drive: Cloud-Speicher von Google. 15 GB kostenloser Speicherplatz steht zur Verfügung.

Google Lens: eine App zur Bilderkennung, die künstliche neuronale Netzwerke zur Identifizierung von Objekten, Pflanzen, Texten etc. verwendet.

GPS: Global Positioning System (Globales Positionsbestimmungssystem) bedeutet, dass Ihr aktueller Standort via Satellit ermittelt wird.

Hotspot: Als Hotspot bezeichnet man einen öffentlichen Internetzugang, meist kostenloses WLAN, in das man sich einloggen kann.

HyperOS ist Xiaomis Plattform für Smartphones, Smart-Home-Geräte und weitere Smart-Produkte.

Icon: ein grafisches Symbol, das auf dem Display die verschiedenen Apps, Dateien usw. darstellt.

Instagram ist ein werbefinanzierter Onlinedienst zum Teilen von Fotos und Videos. Nutzer können ihre Fotos und Videos bearbeiten und mit Filtern versehen.

Konto: Ein Konto wird im Internet zur Nutzung verschiedener Angebote benötigt, z. B. E-Mail oder in Form eines Kundenkontos beim Einkaufen im Internet. Zu einem Konto gehören in der Regel eine E-Mail-Adresse und ein Kennwort. Die E-Mail-Adresse ist weltweit einzigartig und erfüllt eine ähnliche Funktion wie die Kontonummer eines Bankkontos. Manchmal wird die E-Mail auch durch eine andere Anmeldemethode, z. B. eine Telefonnummer, ersetzt.

Link (Hyperlink): Als Link oder Hyperlink bezeichnet man einen Verweis auf eine Information, die sich an einem anderen Ort befindet. Ein Antippen eines Links genügt, um zu dieser Stelle zu gelangen. Auf diese Weise „surfen" Sie im Internet zwischen den unterschiedlichsten Seiten.

LTE: LTE steht für Long Term Evolution und bezeichnet die vierte Generation des Mobilfunks, weshalb man auch häufig nur von 4G spricht. Die LTE-Technik ermöglicht schnellere mobile Internetverbindungen als ihre Vorgänger.

Malware: Als Malware bezeichnet man eine Software, z. B. Viren, die entwickelt wurde, um in Systemen Schäden zu verursachen. Viren kann man sich unter anderem im Netz beim Surfen, beim Öffnen eines E-Mail-Anhangs etc. einfangen. Mit der nötigen Software kann man dem aber entgegenwirken.

Maps: Karten-App von Google, hier können Sie nach Adressen suchen und eine Navigation von Ort zu Ort durchführen.

Megabit: Einheit, mit der die Datenübertragungsgeschwindigkeit angegeben wird. Ab einer Downloadgeschwindigkeit von ungefähr 25 Megabits pro Sekunde (Mbit/s oder auch MBps) gilt eine Internetverbindung am Handy als sehr schnell. Mit LTE sind theoretisch bis zu max. 500 Mbit/s möglich. Übrigens: Acht Megabits ergeben ein Megabyte.

Megabyte: Einheit zur Messung von Datengrößen (kurz MB). 1024 Megabytes entsprechen 1 Gigabyte (1 GB), 1 MB entsprechen 1024 Kilobytes und 1 KB sind 1024 Bytes.

MicroSD-Karte: Eine microSD-Karte ist ein digitales Speichermedium, das aufgrund seiner geringen Größe häufig bei mobilen Endgeräten zum Einsatz kommt. Mit ihrer Hilfe lässt sich der Speicherplatz auf dem Handy vergrößern.

Miracast: Herstellerübergreifender Funkstandard, der per Wi-Fi Direct eine direkte 1:1-Bildschirmspiegelung von Smartphones oder PCs auf einen Fernseher ermöglicht, ohne dass ein bestehendes WLAN-Netzwerk erforderlich ist.

Online/Offline: Online bedeutet, mit dem Internet verbunden, offline das Gegenteil.

PDF: ein Dateiformat für Text und Bild, das sich dadurch auszeichnet, Inhalte originalgetreu wiederzugeben und das nicht versehentlich verändert werden kann.

Pixel (Megapixel): Als Pixel bezeichnet man die Bildpunkte, die zur Darstellung auf dem Bildschirm verwendet werden. Die Auflösung eines Bildschirms gibt die Anzahl der darstellbaren Pixel pro Zeile und Spalte an. Eine Million Pixel bilden zusammen ein Megapixel.

Play Store: Hier können Sie sowohl kostenlose als auch kostenpflichtige Apps, Spiele, Filme und Bücher herunterladen.

Podcast: Ein Podcast ist ähnlich einer Radioshow eine Serie von Medienbeiträgen, wie Interviews, Meldungen, Reportagen, Comedy-Beiträge usw., welche in bestimmten Abständen regelmäßig über Apps wie Spotify, Pocket Cast oder YouTube Music bezogen werden können.

QR-Code: QR steht für Quick Response (schnelle Antwort). Ein QR-Code liefert Informationen, wenn man ihn mit dem Smartphone einscannt, z. B. Webadressen, Telefonnummern etc.

RAM: bezeichnet den Arbeitsspeicher (engl. RAM = Random Access Memory) eines Gerätes. Dort werden aktuell ausgeführten Programme, Prozesse und verwendeten Daten zwischengespeichert. Die Größe des Arbeitsspeichers ist im Wesentlichen für die Leistungsfähigkeit eines Gerätes verantwortlich.

RCS: Der offizielle Nachfolger der SMS und somit ebenfalls ein Kommunikationsstandard im Mobilfunk. Im Gegensatz zur SMS sind Chatgruppen möglich. RCS ist unter Android seit Jahren Standard. Mit iOS 18 (Sept. 2024) unterstützen jetzt auch iPhones RCS, was eine bessere Nachrichtenübermittlung zwischen Android-Geräten und iPhones ermöglicht.

Reminder: Eine Funktion oder ein Dienst, welcher den Ersteller oder Abonnenten an etwas Bestimmtes erinnert, z. B. durch eine Benachrichtigung oder einen Alarm.

Roaming: Mobilfunknutzung im Ausland, umfasst Telefonie, SMS und mobiles Internet. Innerhalb der EU fallen für Roaming in der Regel keine zusätzlichen Gebühren mehr an.

Router: Router sind kleine Geräte, die in einem lokalen, d. h. räumlich begrenzten, Netzwerk die korrekte Übermittlung der Daten regeln und das Netzwerk mit dem Internet verbinden. Aus Sicherheitsgründen sollte jeder Router mit einem Kennwort gesichert werden.

Screenshot: Wenn man einen Screenshot macht, wird der aktuelle Bildschirminhalt abfotografiert und automatisch abgespeichert.

Scrollen: Als Scrollen bezeichnet man das horizontale und/oder vertikale Verschieben des sichtbaren Bildschirmausschnitts. Sie streifen dazu mit dem Finger über den Bildschirm.

Signal (Messenger): Ein freier und sicherer Messenger-Dienst, der von Sicherheitsexperten und Datenschützern empfohlen wird. Die Kommunikation erfolgt verschlüsselt. Signal speichert im Vergleich zu anderen Diensten nur ein Minimum an Metadaten.

SIM-Karte: Eine SIM-Karte ist eine Chipkarte, die ins Handy eingelegt wird. Ohne SIM-Karte ist das Telefonieren und das Versenden von SMS nicht möglich. Ausnahmen bilden die eSim und das Absetzen von Notrufen, was unter Umständen ohne SIM-Karte möglich ist.

SMS: **S**hort **M**essage **S**ervice ist ein Telekommunikationsdienst zur Übertragung von Textnachrichten, die meist Kurzmitteilungen oder SMS genannt werden.

Spam: Nervige oder gar gefährliche Nachrichten, die Werbung oder sogar Viren auf Ihr Gerät zu schleusen versuchen. Meist wird mit billigen Produkten, Gewinnen oder dergleichen versucht, den Empfänger zu locken.

Standort: Wenn Sie die Standortermittlung zulassen, dann wird die Position Ihres Smartphones via GPS ermittelt. Viele Apps (Wetter, Google-Suche, Google-Maps, Fahrpläne etc.) nutzen diese Standortinformationen, um Ihnen passgenaue Informationen anzubieten.

Stock-Android: Oder auch AOSP, frei verfügbare Quellcode, der das Herzstück des Android-Betriebssystems bildet und den jeder Hersteller kostenlos als technisches Fundament eigene Betriebssysteme wie HyperOS nutzen und anpassen kann. Auch viele andere Hersteller, darunter Samsung oder Google, nehmen Veränderungen an Android vor und passen die Oberfläche entsprechend an.

Update: Sowohl Ihre Apps als auch die Software Ihres Smartphones erhält von Zeit zu Zeit Aktualisierungen, um Sicherheitslücken zu schließen, Fehler zu beheben, bestehende Funktionen zu verbessern oder neue hinzuzufügen.

VoIP: Mit **V**oice **o**ver **I**nternet **P**rotocol wird zum Telefonieren nicht der traditionelle Mobilfunk genutzt, sondern die Internetverbindung.

VPN (Virtual Private Network): Dienst zum Verschlüsseln der eigenen Internetverbindung, um die Privatsphäre zu schützen und einen anderen Standort zu simulieren.

WhatsApp: Mit WhatsApp schreiben Sie Nachrichten, versenden Fotos oder telefonieren mit der Familie auch per Video. Diese App muss heruntergeladen und installiert werden.

Widget: Mit Widgets kann man die wichtigsten Informationen einer App schnell anzeigen, z. B. aktuelle Termine der App Kalender. Widgets können in verschiedenen Größen auf dem Startbildschirm angeordnet werden und zeigen Inhalte, ohne dass man sie öffnen muss.

Wi-Fi: steht für Wireless Fidelity und ist die Markenbezeichnung für einen drahtlosen Datenübertragungsstandard des Institute of Electrical and Electronics Engineers. Wi-Fi-gekennzeichnete Geräte sind fähig, WLAN zu empfangen. Daher werden die Begriffe WLAN und Wi-Fi meist synonym gebraucht, obwohl Wi-Fi nicht die einzige Art von WLAN ist.

WLAN: steht für Wireless Local Area Network, also ein kabelloses, lokales Netzwerk. Für Zuhause haben Sie wahrscheinlich einen Router (Internetzugang über die Telefonleitung) oder ein Kabelmodem (Internetzugang über eine TV-Kabelverbindung) erhalten und eingerichtet. Mit diesem Gerät verbinden Sie Ihr Smartphone, aber auch den Computer, Laptop oder das Tablet und erhalten dadurch eine Verbindung zum Internet. Außerhalb eines WLANs verbindet sich das Smartphone über das Mobilfunknetz mit dem Internet (mobile Datenverbindung).

YouTube: Portal mit Videos zu fast allen Themen, kann kostenlos verwendet werden.

Zwei-Wege-Authentifizierung: Das ist ein zusätzlicher Sicherheitsschutz. Ein Konto wird nicht nur durch ein Passwort geschützt, sondern durch eine weitere Abfrage, z. B. kann ein Code via SMS zugeschickt werden, der dann zusätzlich zum Kennwort eingegeben werden muss.

Index

A

B

C

D

E

F

G

H

K

L

M